CUBRE

Curso breve de gramática española

Richard V. Teschner
University of Texas—El Paso

The McGraw-Hill Companies, Inc.
College Custom Series

New York St. Louis San Francisco Auckland Bogotá
Caracas Lisbon London Madrid Mexico Milan Montreal
New Delhi Paris San Juan Singapore Sydney Tokyo Toronto

McGraw-Hill's **College Custom Series** consists of products that are produced from camera-ready copy. Peer review, class testing, and accuracy are primarily the responsibility of the author(s).

McGraw·Hill

*A Division of The **McGraw·Hill** Companies*

CUBRE: Curso breve de gramática española

234567890 HAM HAM 909876

ISBN 0-07-063384-3

Editor: Judith A. Wetherington
Cover Design: Warren Abbay
Printer/Binder: HAMCO/NETPUB Corporation

PREFACIO EN ESPAÑOL

CUBRE es un manuscrito de 350 páginas, utilizado como libro de texto por más de 300 estudiantes desde que se finalizó la etapa inicial de su versión presente en mayo de 1994, y de una u otra forma en circulación a partir de 1985. CUBRE pretende cubrir en compendio la gramática española, como lo indica su título; su público son los alumnos del tercer o cuarto año de licenciatura ('estudios de subgrado'), inscritos en un curso a nivel avanzado de gramática española bajo diversas nomenclaturas, tales como "Repaso de gramática", "Estructura del español", "Morfología y sintaxis española", etcétera, o meramente interesados en incrementar el dominio del idioma.

El enfoque de CUBRE es la lengua misma más que la teoría: le interesa proporcionar al alumna toda la posible información de fácil asimilación del español. en vez de enseñarle la teoría estándar, la gramática universal, la teoría de gobierno y ligamiento, o el programa minimalista. En consecuencia, CUBRE no es un curso panorámico de lingüística contemporánea, ni tampoco pretende ofrecer una primera aproximación a la gramática española, por dirigirse al estudiante avanzado de licenciatura que ya habrá tomado al menos dos años de clase de español a nivel elemental e intermedio. No obstante, CUBRE procura no asumir nada por sabido y por ello mismo cada capítulo contiene un promedio de 11.4 ejercicios de una a seis páginas, para así brindar a todo estudiante la máxima práctica intensiva inmediatamente después de presentarse un tema.

Por concentrarse en la gramática de una lengua determinada en un curso que se orientara hacia alumnos avanzados de licenciatura, CUBRE cubre todos los temas comunes a cualquier tradado norteamericano de la gramática española, tales como contraste entre indicativo y subjuntivo, sintaxis del adjetivo, concordancia y correferencialidad, reflexividad, voces activa, pasiva y media, pronominalización y los pronombres relativos, tiempo y aspecto, probabilidad/hipoteticalidad, contraste entre ser y estar, morfología de las formas verbales, género del sustantivo, morfología de sustantivos, adjetivos y determinantes, género de sustantivos, morfología de sustantivos, adjetivos y determinantes, etcétera; pero a la vez sin olvidar la necesaria relación entre todas estas entidades y la totalidad primordial que es la cláusula y la oración de la cual la cláusula constituye una parte. Por ello el primer capítulo empieza con una explicación de la diferencia entre enunciado, oración, cláusula y frase. Desde el principio se le presentan al alumno los importantes conceptos de **sujeto** y **predicado**. En ese primer capítulo también se examinan someramente las principales partes de la oración (sustantivos, adjetivos, verbos, adverbios, pronombres, determinantes, cuantificadores, intensificadores, preposiciones y conjunciones), las cuales se estudiarán con más detalle en capítulos posteriores. Luego el capítulo inicial distingue entre oraciones sencillas y compuestas para así poder ofrecerle al alumno un sólido trasfondo en los diferentes tipos de oraciones compuestas, o sea, coordinadas y

subordinadas.   Después se presentan las cinco categorías
principales de la coordinación, seguidas de los tres tipos de
subordinación (nominativa, adjetival y adverbial).

El capítulo dos, como era de esperarse, lógicamente constituye un
examen más minucioso de la subordinación, aunado a una
concentración específica en un tema importantísimo de la
subordinación: el contrasste entre indicativo y subjuntivo. El
capítulo dos empieza con un breve repaso o preámbulo de la
morfología del subjuntivo; a continuación responde a la pregunta
"¿Para qué se usa el subjuntivo?" A través de esta presentación se
relaciona consistentemente la forma con la función al explicarse,
con respecto al tipo de cláusula en el que se encuentran
(nominativa, adjetival o adverbial), las tres manifestaciones
semánticas de la búsqueda o pérdida de control: persuasión, duda
y comentario.

El capítulo tres ofrece una amplia presentación de la morfología
verbal del español, además de cierto análisis de su funcionamiento
sintáctico, a partir de un examen de la noción de la morfología en
general hasta una discusión de cada uno de los temas más destacados
de la morfología verbal española. Tras una amplia fundamentación
de los conceptos de persona, número, formalidad, género y tiempo
sencillo en contraposición al tiempo compuesto, se discute la
morfología verbal regular que sirve a su vez como introducción a la
morfología de los verbos irregulares. Se relaciona de nuevo la
forma con la función al explicársele exactamente al alumno por qué
se estudiarán primero las irregularidades de los tiempos presentes
y luego las de los tiempos pretérito e imperfecto de subjuntivo,
futuro, condicional, etc. Los tiempos perifrásticos se contrastan
con los sintéticos. La (ir)regularidad en los participios pasados
y los gerundios lleva a la exposición de los 21 tiempos compuestos
de la voz activa. El capítulo termina con una exposición bien
estructurada de los once tipos de irregularidad estrictamente
ortográfica que manifiesta el verbo español.

Los capítulos cuatro y cinco tratan sobre la mayoría de los
restantes temas principales de la morfosintaxis española. Tras una
extensa fundamentación en los conceptos de correferencialidad y
concordancia, se exponen en el capítulo cuatro los determinantes
(demostrativos, artículos y posesivos), así como los posesivos que
no son determinantes. Entonces, precisamente, se le plantea al
alumno el concepto crítico de la ambigüedad. Siguen después
exposiciones profundas de los conceptos de número y--sobre todo--de
género y su aplicación al sustantivo, de la morfología y la
sintaxis del adjetivo, y de las formas y las funciones de los
pronombres personales además de un examen de su ambigüedad. El
capítulo cinco empieza con el concepto de la transitividad,
prosigue lógicamente con una exposición completa de las voces
activa, pasiva y media, y sigue con un análisis de la sintaxis de
los pronombres clíticos; continúa con la discusión de la
tematización y la formación de preguntas. Luego se aborda la
pronominalización, las cláusulas relativas, las construcciones
hendidas y temas relacionados; posteriormente, las formas y

funciones de los pronombres interrogativos junto con las de los pronombres admirativos. Finalmente se discute el contraste entre <u>ser</u> y <u>estar</u>, el aspecto verbal y la probabilidad/hipoteticalidad.

Aún cuando el autor de <u>CUBRE</u> asume toda la responsabilidad por los defectos tanto como por las virtudes del presente libro de texto, también quiere darles las gracias a varias personas que han hecho valiosas contribuciones a la versión final de la obra, en particular al maestro José de Jesús García Núñez, Universidad Autónoma de Chihuahua en Ciudad Juárez, quien me ha servido de redactor, lector de pruebas y "españolizador" general del manuscrito; al doctor Fernando García Núñez de la Universidad de Texas en El Paso y al doctor Mario Montalbetti, actualmente de la Universidad de Arizona, por su valiosa ayuda en cuestiones de uso; y a la Sra. Judy Wetherington, redactora asociada, Primis Custom Publishing/McGraw-Hill College Custom Publishing, Englewood, Colorado, por todo el trabajo que ha realizado en la producción del presente manuscrito.

Richard V. Teschner
Department of Languages and Linguistics
The University of Texas at El Paso

PREFACE IN ENGLISH

CUBRE is a 350-paged manuscript which has been classroom-tested over six semesters with more than 300 students since the initial stage of its current version was completed in May of 1994. (The text itself has been appearing in one form or another since 1985.) As its title indicates, CUBRE seeks to cover (though with brevity) the grammar of Spanish. The target audience is the junior- or senior-year university undergraduate enrolled in an advanced Spanish grammar course, however titled: "Review of Grammar," "Structure of Spanish," "Spanish Morphology and Syntax," etc. Upper-division students in courses such as these may be majors or minors in Spanish or Linguistics, certificands in pedagogical fields such as Bilingual Education, or merely interested parties seeking to improve their command of the language.

CUBRE is language-focussed rather than theory-focussed. That is to say, it is interested in giving students as much readily-assimilatable information as possible about Spanish rather than teaching them about standard theory, universal grammar, government and binding theory, or the minimalist program. CUBRE then is not a survey of contemporary linguistics. And while CUBRE hardly attempts to offer up a "first view" of Spanish grammar (given its orientation towards the upper-division undergraduate, who is presumed to have completed at least two years of beginning- and intermediate-level coursework in Spanish), it nonetheless makes every effort to take nothing for granted. To that end, each chapter contains an average of 11.4 exercises which range from one to six pages in length in order to provide all students with maximum intensive practice immediately after a given topic is presented.

In focussing on the grammar of one particular language in a course that is geared for upper-division undergraduates, CUBRE covers all those topics that normally appear in any standard North American treatise of Spanish grammar--the indicative-subjunctive contrast; adjective position; coreferentiality and concordance; reflexivity; active, passive and middle voices; pronominalization and relative pronouns; tense and aspect; hypotheticality; the ser-estar contrast; verb morphology; noun gender; noun, adjective and determiner morphology, etc.--while simultaneously keeping in mind the necessary relationship between all these entities and the overarching whole which is the clause (and the sentence of which the clause may constitute a part). CUBRE therefore begins its first chapter by explaining the difference between the utterance, the sentence, the clause and the phrase. Students are introduced early to the critical concepts of **subject** and **predicate**. Cursory, introductory treatment is also given in Chapter One to each major part of speech (noun, adjective, verb, adverb, pronoun, determiner, quantifier, intensifier, preposition, conjunction), most of which will be dealt with in greater detail subsequently. Chapter One then distinguishes between simple and compound sentences so as to give the student a thorough background in the different types of compounding, i.e., coordinate and subordinate. The five major categories of coordination are then presented, followed by the three types of subordination (noun-clause subordinates, adjective-clause subordinates and adverb-clause subordinates).

Logically, Chapter Two would constitute a more detailed examination of subordination along with a specific focus on a highly important subordination topic, the indicative-subjunctive contrast, and indeed it does so. Chapter Two begins with a brief "review" (which could actually serve as a preview) of subjunctive morphology, and goes on to provide answers to the question "For what purpose is the subjunctive used?" Throughout this presentation, matters of form are consistently related to those of function as the three semantically-based manifestations of seeking or failing to possess control--persuasion, doubt, and commentary--are also explained in terms of the type of clause (noun, adjective or adverb) that they appear in.

Chapter Three offers up a thorough presentation of Spanish verb morphology (along with some discussion of syntactic function) as it proceeds from an examination of the notion of morphology in general through a discussion of each of the salient topics in Spanish verbal morphology. After a thorough grounding in the notions of person, number, formality, gender and simple tense versus compound tense, regular verbal morphology is discussed, and this in turn serves as an introduction to the morphology of irregular verbs. Again, form is related to function as students are told exactly why they will study the irregularities of the present tenses first, followed by those of the preterite/imperfect subjunctive, the future and conditional tenses etc. Periphrastic tenses are contrasted with synthetic. (Ir)regularity in past participles and gerunds leads to a presentation of the 21 active-voice compound tenses. The chapter concludes with a highly-structured discussion of the eleven types of strictly orthographic irregularities that the Spanish verb manifests.

Chapters Four and Five deal with most of the remaining important topics in Spanish morphology and syntax. Following a thorough grounding in the notion of coreferentiality and concordance, determiners (demonstratives, articles and possessives) are presented in Chapter Four, as are, subsequently, possessives that are not determiners. Here, students are introduced to the critical concept of ambiguity. There then follow substantive discussions of noun number and, especially, gender; of adjectival morphology and syntax; and of the forms and functions of the personal pronouns along with an examination of their ambiguity. Chapter Five begins with the concept of transitivity, continues--quite logically--with a thorough examination of active, passive and middle voices, and goes on to examine the syntax of clitic pronouns. Discussions of topicalization and of question formation follow. Next presented are pronominalization, relative clauses, clefting and related topics. Interrogative pronouns' forms and functions are then examined along with those of exclamatory pronouns. Discussions of ser vs. estar, of verbal aspect and of hypotheticality ensue.

While <u>CUBRE</u>'s author takes sole responsibility for the defects as well as the virtues of this textbook, he nonetheless wants to thank those several people who have contributed to the final version of the work, in particular Prof. José de Jesús García Núñez, Universidad Autónoma de Chihuahua en Ciudad Juárez (México), my copy-editor, proof-reader, and overall manuscript "Spanishizer"; Dr. Fernando García Núñez, the University of Texas at El Paso and Prof. Mario Montalbetti, now of the University of Arizona, for valuable help in usage; and Judy Wetherington, associate editor, Primis Custom Publishing and McGraw-Hill College Custom Publishing, Englewood, Colorado, for all the work she did in producing this manuscript.

Richard V. Teschner
Department of Languages and Linguistics
The University of Texas at El Paso

ÍNDICE GENERAL

Prefacio en español.. ii
Preface in English... v
Índice general... 1

Capítulo 1--El enunciado, la oración y la cláusula....... 11

(A) Enunciados, oraciones y cláusulas...................... 11

Sujetos y predicados: Una brevísima introducción......... 12

EJERCICIO 1.1.. 14

(B) La frase y las categorías gramaticales................ 15

(1) La frase.. 15

(2) Los componentes de la frase o sea las categorías
       gramaticales....................................... 19

n: sustantivo.. 21
adj: adjetivo.. 21

EJERCICIO 1.2... 23

v: verbo... 24

EJERCICIO 1.3... 25

adv: adverbio.. 26

EJERCICIO 1.4... 27

pro: pronombre... 27

EJERCICIO 1.5... 29

det: determinante.. 29

EJERCICIO 1.6... 30

cuant: cuantificador..................................... 31
int: intensificador...................................... 32

EJERCICIO 1.7... 33

prep: preposición.. 33

EJERCICIO 1.8.. 34

conj: conjunción

EJERCICIO 1.9.. 36

EJERCICIO 1.10--Ejercicio general sobre lo anterior....... 37

(C) Oraciones sencillas y oraciones compuestas........... 38

(D) Las oraciones compuestas............................. 39

(1) La O-Cor (oración compuesta de cláusulas coordinadas). 39

(2) Categorías de coordinación........................... 41

(a) coordinación adversativa............................. 41
(b) coordinación copulativa.............................. 42
(c) coordinación distributiva............................ 42
(d) coordinación disyuntiva.............................. 42
(e) coordinación explicativa/consecutiva................. 42

EJERCICIO 1.11... 43

(3) La O-Sub (oración compuesta de cláusulas subordinadas). 44

O-Sub nominativas.. 45
O-Sub adjetivales.. 46
O-Sub adverbiales.. 47

Las cláusulas subordinadas y los árboles................. 48

EJERCICIO 1.12... 49

Capítulo 2--Las cláusulas subordinadas y el modo subjuntivo 52

(A) El modo (indicativo vs. subjuntivo): El subjuntivo
    en cláusulas nominativas, adjetivales y adverbiales.. 52

(1) Breve repaso de las formas de los dos tiempos
    subjuntivos.. 52

Las formas del presente de subjuntivo.................... 53

EJERCICIO 2.1... 54

(2) Las formas del imperfecto de subjuntivo.............. 55

EJERCICIO 2.2... 56

(3) El modo subjuntivo en los otros tiempos verbales...... 57

(B) ¿Por qué y para qué se usa el subjuntivo? Las tres
    categorías semánticas y el empleo del subjuntivo..... 60

(1.a) La persuasión y el mandato subordinado: Primera
    parte... 61

Relación entre categorías semánticas y categorías
    sintácticas.. 62

(1.b) La persuasión y el mandato subordinado: Segunda
    parte... 63

EJERCICIO 2.3... 67

(2) El subjuntivo de duda/no-experiencia/inexistencia/fu-
    tureidad y los tres tipos de clausula subordinada.... 69

(2.a.) El subjuntivo de duda (etc.) y la cláusula
    nominativa... 70

(2.b.) El subjuntivo de duda (etc.) y la cláusula
    adjetival.. 71

(2.c.) El subjuntivo de duda (etc.) y la cláusula
    adverbial.. 73

EJERCICIO 2.4... 75

(3) El comentario en la cl-m sobre un hecho en la cl-s
    nominativa y el subjuntivo en ésta................... 77

EJERCICIO 2.5... 79

EJERCICIO 2.6--Ejercicio de conjunto sobre el subjuntivo
    en general... 80

Capítulo 3--La morfología y el verbo español............. 87

(A) Morfemas libres y ligados............................ 87

Libres... 88
Ligados.. 88

EJERCICIO 3.1.. 92

(B) Los morfemas ligados gramaticales (MLG) y las formas
    verbales... 94

(1) Los pronombres personales sujeto..................... 94

(2) El número (singular/plural) y la persona (1/2/3)...... 95

(3) Ud./Uds.: **Segunda** persona en el sistema pronominal, pero **tercera** persona en el sistema verbal........... 95

(4) La gran importancia de la tercera persona............ 96

EJERCICIO 3.2.. 96

(C) Los MLG de las formas verbales: Un verbo regular..... 98

EJERCICIO 3.3.. 99

(1) Raíz, vocal temática, tiempo y aspecto, terminación personal.. 101

EJERCICIO 3.4.. 102

(D) Los MLG de las formas verbales: Las tres conjugaciones.. 104

(1) Tres verbos regulares que representan sus respectivas conjugaciones... 105

EJERCICIO 3.5.. 106

(2) Los dos tiempos presentes y la vocal temática: El intercambio entre _a_ <---> _e_/_i_........................ 110

(3) La mínima diferencia entre las conjugaciones segunda y tercera... 111

EJERCICIO 3.6

(E) Los MLG de las formas verbales: La irregularidad morfológica en general..................................... 115

EJERCICIO 3.7.. 118

(F) Los MLG de las formas verbales y la irregularidad morfológica según el tiempo............................... 119

(1) Los tiempos presentes.................................. 119

Patrones de irregularidad en los tiempos presentes........ 119

Examen detallado de patrones y modelos.................... 120

EJERCICIO 3.8.. 129

Irregularidades **asistemáticas** (o sea individuales) en el presente.. 133

EJERCICIO 3.9.. 136

(2) Los tiempos pasados.................................. 137

El PISUB y sus dos patrones de irregularidad.............. 137

Patrón A ("3:3")... 138

EJERCICIO 3.10... 140

Patrón B ("1-5")... 140

Los dos modelos verbales del patrón B: 141

El modelo /u/.. 142
El modelo /i/.. 144

Patrones misceláneos: Los verbos *dar* y *ser/ir*........... 145

EJERCICIO 3.11... 146

El imperfecto de indicativo y sus tres verbos irregulares. 147

EJERCICIO 3.12... 148

(3) Los tiempos futuros sintéticos: El futuro y el
        condicional...................................... 148

EJERCICIO 3.13... 150

(4) Los tiempos futuros perifrásticos.................... 152

<u>Formas</u> del futuro perifrástico y del condicional
        perifrástico..................................... 152
<u>Funciones</u> del futuro perifrástico y del condicional
        perifrástico..................................... 153

EJERCICIO 3.14... 154

(5) Los tiempos compuestos............................... 155

Los tiempos perfectos.................................... 156

Los participios pasados.................................. 157

Participios pasados del patrón A: *-to*.................. 158
Participios pasados del patrón B: *-cho*................. 160

EJERCICIO 3.15... 160

Los tiempos progresivos.................................. 162

Los gerundios.. 163

Gerundios del patrón A................................. 163
Gerundios del patrón B................................. 164
Gerundios del patrón C................................. 164

EJERCICIO 3.16... 164

Los tiempos perfectos progresivos...................... 165

EJERCICIO 3.17... 166

(G) El verbo español y los cambios ortográficos........... 167

(1) Tabla de los doce procesos ortográficos del verbo
     español... 168

(2) Los cuatro patrones de cambios ortográficos verbales.. 169

Patrón A... 169
Patrón B... 170
Patrón C... 171
Patrón D... 172

EJERCICIO 3.18... 174

Capítulo 4--Temas morfosintácticos varios (Primera parte). 176

(A) Algunas cuestiones morfosintácticas preliminares...... 176

Los componentes de la frase nominativa.................. 176

La concordancia.. 177

Los diferentes tipos de concordancia que tiene el español. 178

(1) Concordancia entre sujeto y verbo finito conjugado.... 187

(2) Concordancia entre sustantivos, adjetivos, cuantifi-
    cadores y determinantes............................ 178

¿Toda concordancia siempre se revela?.................. 180

EJERCICIO 4.1.. 182

(B) La morfosintaxis de los determinantes: Demostra-
    tivos; artículos; posesivos........................ 184

(1) Los demostrativos.................................. 184

La morfología de los demostrativos..................... 185

(2) Los artículos...................................... 188

Las dos contracciones................................... 189

EJERCICIO 4.2.. 190

(3) Los posesivos...................................... 192

Los posesivos no pronominales: Formas y contextos........ 192

Los posesivos pronominales: La pronominalización de
    "det + n + posesivo pospuesto"....................... 194

La ambigüedad de los posesivos *su...* , *suyo...*, *el suyo...* 196

Los posesivos: Problemas de múltiple clasificacion
    gramatical.. 197

EJERCICIO 4.3.. 198

(C) Sustantivos: Número y género...................... 202

(1) El número: La pluralización de los sustantivos....... 202

Reglas de pluralización............................... 202

Pluralizaciones excéntricas o indecisas................. 204

EJERCICIO 4.4.. 205

(2) El género gramatical: El natural vs. el artificial... 206

El género natural..................................... 207

El género natural y los sustantivos ambivalentes de
    género... 207

El sustantivo epiceno: Una excepción a la regla del
    género natural.................................... 209

El género artificial: Un resumen anticipado............ 210

Las terminaciones **femeninas** -d, -a.................. 210

Los sustantivos -ma masculinos........................ 212

Los sustantivos -a masculinos misceláneos.............. 212

Las terminaciones **imprecisas** "-n, -z, -s"............ 212

-n.. 212
-z.. 214
-s.. 215

Las terminaciones **masculinas**: Las restantes
(-<u>l</u>, -<u>o</u>, -<u>r</u>, -<u>e</u>; -<u>t</u>/<u>i</u>/<u>m</u>/<u>y</u>/<u>u</u>/<u>x</u> et al.)............... 216

Los pares homofónicos.................................. 218

El género artificial **indeciso**: Los sustantivos no homofónicos que tienen **dos** géneros..................... 220

Sustantivos de género artificial femenino que requieren
los artículos singulares <u>el</u>, <u>un</u> sin dejar de ser
femeninos... 221

EJERCICIO 4.5.. 222

(D) Adjetivos: Morfología y sintaxis................... 228

(1) Morfología: Las dos macrocategorías................ 228

Macro # 1: Los adjetivos que tienen por lo menos cuatro
formas... 229

Macro # 2: Los adjetivos que tienen sólo dos formas...... 232

EJERCICIO 4.6.. 233

(2) Sintaxis adjetival: Los adjetivos en la fn atributiva... 235

Principio # 1.. 235
Principio # 2.. 236
Principio # 3.. 237
Principio # 4.. 239

EJERCICIO 4.7.. 240

(E) Pronombres personales: Morfología, caso, función..... 242

(1) Morfología... 242

(2) Personas... 243

EJERCICIO 4.8.. 244

(3) Los diferentes casos: Para qué sirven, cómo se usan
y de qué manera se forman............................ 246

Sujeto... 246
Objeto de preposición (Oprep).......................... 246
Objeto reflexivo (Oref)................................ 246
Objeto directo (OD).................................... 248

Objeto indirecto (OI).................................. 251

(4) La sintaxis de los pronombre átonos (pa).............. 253

La colocación de los pa con relación al verbo............ 254

La doble transitividad y la regla anti-lelo.............. 256

EJERCICIO 4.9... 257

(5) La ambigüedad pronominal: Formas y funciones ambiguas 261

EJERCICIO 4.10... 263

Capítulo 5--Temas morfosintácticos varios (Segunda parte). 264

(A) La transitividad..................................... 264

(1) Verbos transitivos e intransitivos.................. 264

(2) La construcción intransitiva y la imposibilidad de OD;
    la construcción transitive y la presencia o supresión
    del OD.. 266

EJERCICIO 5.1.. 268

(B) La voz pasiva y la voz media........................ 269

(1) La formación de la voz pasiva....................... 269

(2) Los tiempos de la voz pasiva: Tabla morfológica...... 272

EJERCICIO 5.2.. 273

(3) La voz media.. 275

EJERCICIO 5.3.. 278

(C) La topicalización................................... 281

EJERCICIO 5.4.. 283

(D) La formación de preguntas........................... 284

EJERCICIO 5.5.. 287

(F) Los pronombres relativos............................ 288

(1) Formas, orígenes y funciones de los pro rel.......... 292

(2) Restricciones en cuanto a los ambientes en los que
    aparece el pro rel.................................. 292

(a) Las cláusulas restrictivas........................... 293

(b) Las cláusulas no restrictivas....................... 296

(c) Construcciones hendidas, seudo-hendidas y seudo-hendidas inversas................................... 298

EJERCICIO 5.6... 302

(F) Los pronombres interrogativos....................... 307

(1) Morfología y función............................... 307

(2) Los pronombres interrogativos y las oraciones subordinadas.................................... 308

(3) Las preguntas informativas "/k/" vs. las preguntas confirmativas de contestación *sí/no*............... 309

EJERCICIO 5.7... 310

(G) Los pronombres admirativos.......................... 313

EJERCICIO 5.8... 314

(H) Los verbos copulativos (<u>ser</u>/<u>estar</u>).................... 316

(1) *Ser* vs. *estar* con complementos nominativos......... 317

(2) *Ser* vs. estar con complementos adjetivales........... 318

(3) *Ser* vs. estar con complementos adverbiales........... 320

EJERCICIO 5.9... 321

(I) El aspecto (el pretérito vs. el imperfecto).......... 325

EJERCICIO 5.10.. 326

(J) La hipoteticalidad.................................. 330

(1) Las cinco gradaciones de verosimilitud............... 331

EJERCICIO 5.11.. 334

Índice alfabético de materias........................... 336

Notas... 346

Entorno al autor.. 349

Capítulo 1--El enunciado, la oración y la cláusula

(A) Enunciados, oraciones y cláusulas

Primero definamos estos términos:

--Enunciado: Un **enunciado** es cualquier sonido humano que tenga sentido (o, en lo escrito, cualquier garabato que sea legible y al leerse tenga sentido). Así que todos los siguientes "sonidos" (y muchísimos más) son enunciados:

    (1) ¡Ah!

    (2) ¡Chsst!

    (3) ¡Carajo!

    (4) Ni modo.

    (5) Usted.

    (6) Háblame.

    (7) Juan compró una manzana.

    (8) Los siete emigrantes uruguayos extenuados escribieron una larga novela policíaca sobre las extrañas aventuras que habían tenido en la selva amazónica del país vecino.

--Oración: Una **oración** es cualquier enunciado que en lo escrito empiece (tras punto y seguido o tras puntos suspensivos) con letra mayúscula y que termine con punto, con puntos suspensivos, con signo interrogativo (?) o con signo de admiración (!). De modo que todos los ejemplos anteriores de enunciado--de 1 a 8--son oraciones; de la misma manera, los ejemplos siguientes--de 8 a 17-- son oraciones también:

    (9) Ajá. ¡El mayordomo! [Este ejemplo contiene **dos** oraciones distintas.]

    (10) No sé ... Quizás sí. [Este ejemplo contiene **dos** oraciones distintas.]

    (11) ¿Y?

    (12) Tu hijo ... Lo que yo daría por conocerlo. [Este

ejemplo también contiene **dos** oraciones distintas.]

(13) ¡Asesino!

(14) Para la señora.

(15) Piden pan.

(16) María Elena hace el viaje todos los años en carro de San Antonio a Los Ángeles.

(17) La vecina quiere que dejes de practicar el piano porque dice que los horrendos ruidos que haces le molestan mucho y no puede dormir su acostumbrada siesta de las 3 de la tarde en su recámara porque da al cuarto de música de la casa de nosotros.

Por lo visto, las definiciones de **enunciado** y de **oración** son muy amplias; admiten--tanto en lo escrito como en lo hablado--cualquier cosa inteligible que un ser humano pueda decir o escribir. Pero la **sintaxis** ('el estudio de la coordinación y unión de las palabras en frases, cláusulas y oraciones') nos recuerda que sí hay una diferencia entre **enunciado** y **oración**: en lo escrito ésta tiene que empezar (tras punto y seguido o tras puntos suspensivos) con letra mayúscula y tiene que terminar y/o empezar con un punto, un signo interrogativo, un signo admirativo o unos puntos suspensivos a los que sigue la oración nueva.

--Cláusula: En cambio, una **cláusula** está mucho más restringida de definición. Para que a un enunciado se le pueda designar cláusula, es absolutamente necesario que dicho enunciado tenga los dos componentes siguientes: (1) un **sujeto**, y (2) un **predicado**. En términos muy generales, el **sujeto** es aquello del que se dice algo-- el enfoque principal de la cláusula--, mientras que el **predicado** es todo el resto de la cláusula--todo lo que no sea sujeto. En la oración que sigue, el sujeto está subrayado mientras que el predicado sale en letras cursivas:

El anciano rey de Roma *se asoma a la puerta todos los días.*
    sujeto   **predicado**

Si determinado enunciado no tiene ambas cosas--sujeto y predicado-- no pasa de ser un puro enunciado, por muy oración que sea.

--Sujetos y predicados: Una brevísima introducción. En muchas cláusulas españolas (pero no en todas), el sujeto está constituido por el que hace la acción y el predicado es donde se indica el tipo de acción de la cual se trata. Examinemos las siguientes cláusulas--muchas de las cuales son también oraciones--para ver algunos de los diferentes tipos de sujeto y de predicado que puede haber:

```
        sujeto  ¦  predicado
```

(18)   El sol ¦ se levanta.

(19)   Julio ¦ corre.

(20)   Esos ¦ sonreían.

(21)   Todos ¦ empujaron.

(22) El perro ¦ roía un hueso.

(23) Mi abuelo ¦ vendió el último terreno que tenía.

(24)   Él y yo ¦ estamos perdidos en un bosque salvaje.

(25) La escuela¦ decidió por fin echar fuera a más de mil
              ¦   delincuentes juveniles de lo más feroces.

(26)   Yo ¦ no quiero llegar tarde a la entrevista.

(27) Ese industrial ¦ era dueño de muchas fábricas.

(28) [   ]   ¦Morirás lejos de tu patria. (Los corchetes--
     [   ]--indican que puede haber sujeto {en este caso *tú*)--
     pero como el sujeto no sale, podemos decir que está
     suprimido. A un sujeto que no sale en la superficie de
     la oración se le llama **sujeto suprimido**. Todo sujeto
     suprimido tiene la posibilidad de reemplazarse, es decir,
     agregarse a su cláusula.)

(29)   Ø   ¦ Llueve todos los días en la selva amazónica.
     (Aquí se trata, no de un sujeto suprimido o sea
     reemplazable, sino de un **sujeto inexistente**. Como los
     sujetos inexistentes no existen--no hay manera de decir
     que *"Juan llueve todos los días" o *"El tiempo llueve
     todos los días", etc.--, no sólo no se encuentran en la
     superficie de la oración sino tampoco se encuentran en la
     estructura "profunda" de la misma. Simplemente no
     existen.)

--La posición del sujeto. Aunque en la mayoría de las oraciones
españolas el sujeto se coloca al principio--la posición canónica o
sea usual del sujeto en español--, no es forzoso que así sea
siempre, ya que el sujeto puede encontrarse en muchas otras
posiciones también:

(30) Anoche vino ¦ mi primo Anastasio.
     predicado   sujeto

(31) Y ¿a qué hora vas a venir a la fiesta ¦ tú?

| predicado | sujeto |

(32) El sábado que viene los vamos a desenterrar ¦ nosotros.

| predicado | sujeto |

(33) Siempre nos ha dicho ¦ Juan ¦ la pura verdad.

| predicado ... | sujeto | ... predicado |

● EJERCICIO 1.1 ---

(A) (1) **Diga qué es cada uno de los ítemes siguientes:** enunciado nomás, enunciado/oración que no es cláusula, enunciado/oración que sí es cláusula, o cualquier combinación de los anteriores. También (2) **diga si el sujeto se encuentra en la posición canónica usual.** Y (3) **si no hay sujeto en la superficie de la oración, diga si el sujeto está suprimido o si es inexistente.**

1. ... este ...

2. Ganó Pedro.

3. ¿Pedro?

4. Que la ... Si no me la pagas ... ¡Recórcholis!

5. ¿A poco no está la comida?

6. Mi magnífica madrecita me mimará mucho mañana en Miami.

7. ¿Anteayer, ayer, hoy, mañana o pasado?

8. Ya se fue.

9. Entran unos y salen otros.

10. Los niños buenos, sanos e inteligentes siempre comen todo lo que hay en el plato.

11. Hace muchísimo frío en enero en el Canadá.

12. ¿No sacaste apuntes?

13. Pero si te vino a recoger Marianela.

14. Yo ya lloré ayer. ¿Y tú?

15. ¡Al paredón!

(B) La frase y las categorías gramaticales

(1) La frase

Ya hemos dicho (1.A. supra) que toda cláusula siempre necesita **sujeto** y **predicado**. Pero el análisis de la gramática del español no se limita a sujetos y predicados sino que va más allá--a veces mucho más allá--de los mismos. La categoría gramatical que le sigue al sujeto y al predicado es la **frase**, así que vamos a comenzar esta continuación de nuestro análisis con un breve examen de varios de los componentes de la categoría "frase".

La presentación de los diferentes tipos de la categoría **frase** en una oración/cláusula como "El perro desenterró el hueso" puede hacerse más inteligible por medio de la representación pictórica que nos da un **árbol** como el siguiente:

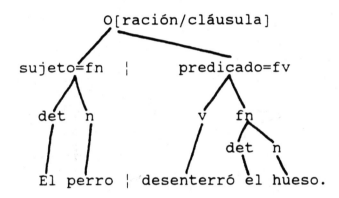

Así se entiende este árbol lingüístico: (1) todo árbol comienza con el símbolo "O" que representa "oración/[que es una]cláusula". Como toda oración/cláusula ha de consistir siempre en sujeto y predicado, éstos se encuentran inmediatamente abajo en el renglón que sigue. Todo sujeto contiene por lo menos una frase nominativa o sea "fn", todo predicado contiene por lo menos una frase verbal o sea "fv", y así se indica en el árbol. Como la oración/cláusula a analizar es "El perro desenterró el hueso", determinamos cuáles son los componentes del sujeto, los analizamos como parte de una **frase nominativa**--la primera de nuestras **frases**--, y los ponemos en el renglón que se encuentra inmediatamente abajo: "det[erminante]-- en este caso el artículo definido masculino singular *el*]" y luego "n[ombre, o sea sustantivo, en este caso *perro*]". La **frase verbal** consiste en esta instancia en un **verbo**--*desenterró*--y de otra frase nominativa (*el hueso*) que a su vez consiste en los mismos componentes que la primera frase nominativa: det[erminante] y n[ombre o sea sustantivo].

Tanto el sujeto/fn como el predicado/fn puede hacerse más largo mediante la adición de **frases adjetivales** y **frases preposicionales**. Veamos algunos ejemplos:

--adición de <u>frase adjetival ('fadj')</u>:

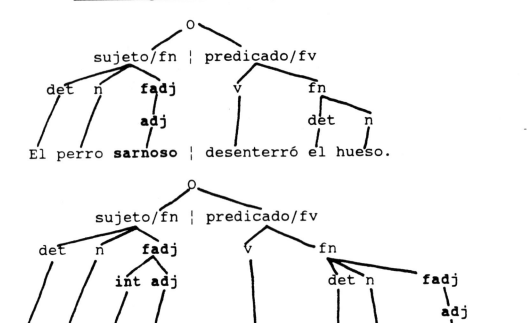

--adición de <u>frase preposicional ('fprep')</u>:

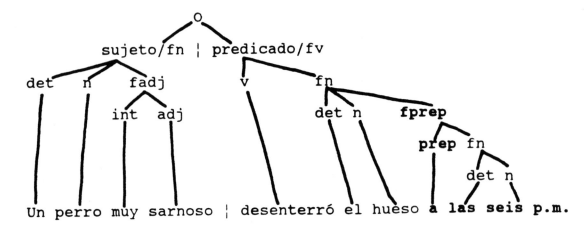

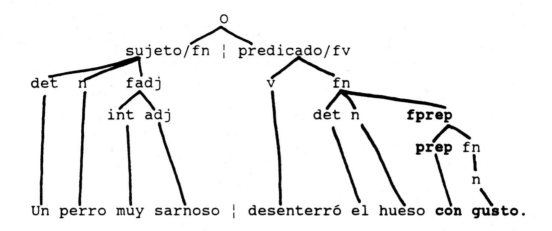

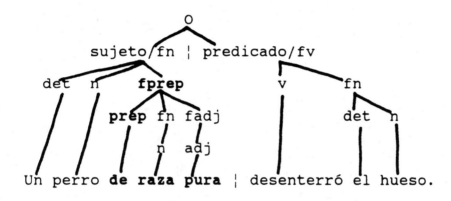

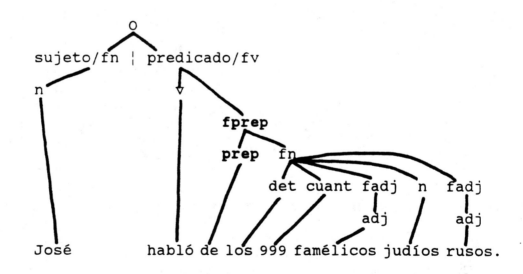

De igual manera, el predicado puede hacerse más largo mediante la adición de **frases adverbiales:**

--adición de _frase adverbial_ ('fadv'):

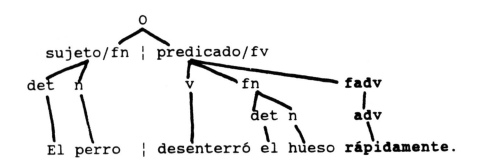

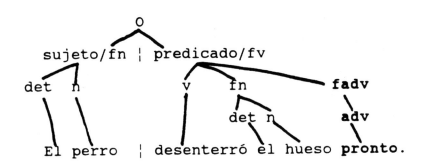

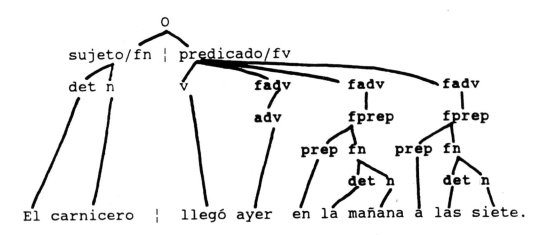

¿Cómo vamos a definir la palabra **frase**? ¿Qué significa este término gramatical? Definámosla contrastándola con un término que ya nos es bastante conocido--la **cláusula**. Salta a la vista una diferencia muy obvia: las cláusulas tienden a ser largas y las frases cortas. Sin embargo, esa diferencia no es nada científica, así que mencionemos otra: como toda cláusula tiene que tener un sujeto/fn y un predicado/fv, la cláusula es una unidad que suele tener más componentes que la frase (y por eso "tiende a ser más larga"). En cambio, la **frase** puede consistir, o en una frase nominativa (el típico componente del sujeto/fn) o en una frase verbal (el típico componente del predicado/fv), pero nunca abarca las dos cosas a la vez. (Si la cláusula es corta en determinada ocasión, es porque ha habido una supresión de sujeto, así--"[La abeja] Me picó."--o porque el sujeto es inexistente: "[Ø] Llovió mucho.")

(2) Los componentes de la frase o sea las categorías gramaticales

También conocidas como "partes de la oración" (en inglés *parts of speech*), las diferentes categorías gramaticales son aquéllas que hemos venido nombrando desde el comienzo del presente capítulo-- nombre/sustantivo, adjetivo, verbo, adverbio, determinante y preposición--más varios otros como los que siguen: pronombre (personal, relativo, interrogativo, indefinido), conjunción, intensificador y cuantificador, más los diferentes tipos en los que se divide la categoría "determinante", a saber: artículos, demostrativos y posesivos antepuestos. A continuación se presenta una tabla resumidora de las mismas en orden alfabético según el símbolo habitual de cada categoría:

CATEGORÍAS GRAMATICALES ('partes de la oración')

símbolo	nombre de la categoría	ejemplos (sólo unos cuantos de cada categoría)
adj	adjetivo	*sarnoso, inteligente, desconfia-do, feliz*
adv	adverbio	*ferozmente, ayer, rápido, rápidamente, feliz*
conj	conjunción	*o, ni, pero, que, si, sino, y* *a menos que, antes de que, aunque, con tal de que, de manera que, en caso de que, hasta que, mientras que, para que, porque, puesto que, sin que, ya que*
cuant	cuantificador	*mucho/a(s), poco/a(s), dos, tres, cuatro, cinco. . . , algun(o)/a(s), tanto/a(s)*

det		determinante	
	dem	demostrativo	*este... ese... aquel...*
	pos	posesivo	*mi(s), nuestro/a(s) . . .*
	art	artículo	*el/los/la/las, un/unos/una/unas*
int		intensificador	*muy, algo, bastante, tan, medio*
n		sustantivo ("nombre")	*perro, María Elena, país, sótano, hueso, árbol, democracia, pecado*
prep		preposición	*a, ante, bajo, con, contra, de, desde, durante, en, entre, excepto, hacia, hasta, mediante, para, por, salvo, sin, sobre, tras*
pro		pronombre	
	pro pers	pronombre personal	*yo, me, mí; él, lo, le, se, sí*
	pro rel	pronombre relativo	*que, quien(es), el que, el cual, lo que, lo cual, cuando, como, cuyo, donde*
	pro inter	pronombre interrogativo	*qué, quién(es), cuál, dónde, cómo, cuánto/a(s)*
	pro indef	pronombre indefinido	*alguien, nadie, algo, nada*
v		verbo (en general)	
	v trans	verbo transitivo	*comprar, asesinar, vender, admitir*
	v intrans	verbo intransitivo	*andar, llegar, ladrar, ocurrir*
	v cop	verbo copulativo	*ser, estar, parecer, quedar*

En este capítulo lo que se pretende lograr de estas categorías gramaticales es un conocimiento entre general y específico de los ejemplos más destacados de cada categoría a fin de que dicha categoría se pueda tener en mente cuando se comente otra vez con más detalles en los próximos capítulos. A continuación se presentarán los comentarios respectivos de nuestras diez categorías--adj, adv, conj, cuant, det, int, n, prep, pro, v--y las respectivas subcategorías de algunas de ellas. La presentación se hará en orden de lo que creemos que es la relativa importancia de cada una, no en orden alfabético. En algunos casos se combinarán las explicaciones de varias categorías de formas semejantes o de funciones algo parecidas.

n: sustantivo
adj: adjetivo

Respecto a su función tanto como su significado, el n ("nombre", o sea sustantivo) es el núcleo, el centro y el punto clave e indispensable de cualquier fn (frase nominativa) de cualquier oración. Como ya sabemos, no hay cláusula sin su correspondiente fn, y el n (el sustantivo) es siempre el centro y el enfoque imprescindible de la fn. (Y puesto que las frases nominativas no se limitan a una posición inicial de oración, sino que se encuentran en cualquier otra parte de la misma--en frases verbales, en frases preposicionales, adjetivales, adverbiales ... --el sustantivo asume aún más importancia.)

Tanto la función como el significado del adjetivo "gira alrededor" del sustantivo. El adjetivo típico modifica, describe y/o limita el sustantivo al que se refiere. (Por ejemplo, cuando decimos-- usando la palabra *grande* como adjetivo modificador del sustantivo *casa*--"Quiero una casa grande", limitamos a las grandes las casas a escoger, y así eliminamos a toda casa que no sea grande.) Los árboles anteriores ya demostraron que la fadj (frase adjetival) desciende de una fn y por lo tanto forma parte dependiente de ella (y no vice versa), así:

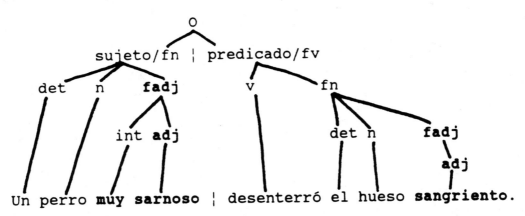

A fin de cuentas se puede saber cuál de dos palabras próximas--p. ej. "hueso" y "sangriento"--es el n y cuál es el adj por medio de una **prueba de importancia de función**. Es afortunado que la función tenga esta importancia porque en la mayoría de los casos la forma misma no ayuda a distinguir entre sustantivos y adjetivos. Por ejemplo, de las 125 terminaciones que caracterizan a los adjetivos, 114 se usan para caracterizar a los sustantivos también.

Un buen ejemplo de esta **plurivalencia**--de esta multiplicidad de usos--es la palabra <u>místico</u>. Examinemos sus dos usos--primero como adjetivo y segundo como sustantivo:

>   (1a)   Este santo contribuyó mucho al pensamiento <u>místico</u> del catolicismo. **[uso adjetival]**

>   (1b)   Este santo fue un gran <u>místico</u>. **[uso sustantival]**

En cuanto a su forma, esta terminación--<u>-ico</u>--se identifica casi siempre con los adjetivos (hay más de 2,000 adjetivos que terminan en <u>-ico</u>) pero también se identifica con los sustantivos (hay unos 425 que terminan en <u>-ico</u>). En muchas ocasiones son la misma palabra, como queda demostrado con nuestro <u>místico</u>, que en 1.a. se emplea como adjetivo y en 1.b. como sustantivo. Hay miles y miles de palabras que como <u>místico</u> no cambian de forma cuando pasan de sustantivo a adjetivo o vice versa. Las dos categorías gramaticales--tanto los sustantivos como los adjetivos--forman sus plurales de la misma manera agregando el morfema -(<u>e</u>)<u>s</u>; las dos categorías necesitan marcar el género (masculino o femenino); las dos categorías generalmente necesitan acompañarse por algún determinante; y así sucesivamente. Todavía queda sin contestarse, pues, la pregunta clave: ¿Hay alguna manera de saber <u>por la forma</u> si la palabra es sustantivo o adjetivo?

La respuesta--en general negativa--nos vuelve a plantear la misma cuestión de función que contestamos arriba: **la palabra funciona como ADJETIVO si acompaña, modifica o describe a un sustantivo en la misma FN.**[1] Pero <u>si</u> **no** <u>acompaña o si</u> **no** <u>necesita acompañar a ninguna otra palabra que no sea determinante, intensificador o cuantificador, es SUSTANTIVO.</u> Por ejemplo:

>   (2) Un <u>portugués</u> que se llama Joaquim se casó con María Elena.

>   (Aquí la palabra <u>portugués</u> es **sustantivo** porque no le acompaña ninguna otra palabra en la misma FN excepto el determinante <u>un</u>.)

>   (3) Un esposo <u>portugués</u> es lo que buscaba María Elena.

>   (Aquí es **adjetivo** porque acompaña, modifica y describa a <u>esposo</u>, que es, además, la palabra de mayor peso e importancia de la frase, ya que <u>portugués</u> dice de qué tipo de esposo se trata [pero <u>esposo</u> no nos dice de qué tipo de portugués se trata]. En esta oración la palabra <u>portugués</u> sirve para distinguir a un tipo de esposo de otro posible tipo de esposo: dentro de la categoría "esposo" hay subcategorías de diferentes tipos de esposo: esposos portugueses, esposos inteligentes, esposos feos, esposos gordos, esposos flojos . . .)

(4) El otro <u>portugués</u> guapo pretendió casarse con María Elena, pero ella no lo quería.

(**Sustantivo** porque las demás palabras de la FN--<u>el</u>, <u>otro</u>, <u>guapo</u>--no pueden entenderse como el centro o la clave de la FN, sino que sirven de descriptores de <u>portugués</u>.)

(5) Ahora viven muy felices en Oliveira do Hospital, un pequeño pueblo <u>portugués</u>.

(**Adjetivo**, porque aquí el centro--la palabra de mayor peso semántico--es la palabra <u>pueblo</u>.)

El sustantivo puede ser **nombre propio** o **sustantivo común**. Los **nombres propios** son fáciles de identificar porque su primera letra es siempre una mayúscula: "Vino Julio", "Me escribieron los González", "Se muda a Asunción", etc. Casi todos los demás sustantivos son **sustantivos comunes**. (Son muy contados los sustantivos comunes que aparecen como la primera palabra de la oración y que por eso necesitan empezar con letra mayúscula, p.ej., "Carne no hay." Si no se está seguro si *carne* es nombre propio o sustantivo común, cambie el orden de las palabras y quedará resuelto el problema ["No hay carne"].)

● **EJERCICIO 1.2** ---

(A) Identifique las palabras subrayadas como adjetivos o sustantivos. (Si es sustantivo, diga si es nombre propio o sustantivo común.)

1. Un <u>tigre</u> <u>triste</u> se tragó a <u>Tomás Trillo</u>.

2. Esa <u>niña</u> nació en un <u>rancho</u> <u>lejano</u>.

3. Vivimos todos nosotros en un <u>rancho</u> <u>grande</u>.

4. El <u>grande</u> queda muy lejos de aquí pero el <u>chico</u> queda cerca.

5. El <u>triste</u> se pegó un <u>tiro</u> a los 18 <u>años</u> y el <u>alegre</u> vivió hasta los 90.

6. Mi mamá me mandó un martillo moderno desde Monterrey.

7. Entraron en el restaurante cuatro gordos panzonsísimos pero no

   cupieron en las sillas nuevas así es que se tuvieron que ir.

8. Unos tigres talentosos tomaron el tercer tren a Tlatelolco.

9. El macho de la casa resultó ser un cobarde.

10. Los García me quisieron vender un carro usado feo, pero no lo
    compré.

11. Los hombres cobardes tienen un temor infinito.

12. Rigoberto compró un condominio elegante en la Quinta Avenida.

----

v: verbo

Cualquier palabra que pueda conjugarse es verbo. Pero ¿qué se
entiende por 'conjugarse'? Este término lingüístico--*conjugarse*--
se refiere al **cambio de una forma a otra** que ocurre cuando la
palabra (si es verbo) pasa desde un sujeto a otro. Por ejemplo:
el vocablo *hablar* cambia a *hablamos* si el sujeto que lo controla es
el pronombre personal *nosotros*, pero cambia a *hablan* si el sujeto
controlador es *ellos*, a *hablas* si el sujeto es *tú*, a *habla* si el
sujeto es *Ud.*, *él* o *ella*, y así sucesivamente. En cambio, una
palabra como *palabra* no puede ser verbo porque no hay manera de que
pueda someterse a la conjugación, como demuestran las siguientes
formas agramaticales que procuran pertenecer a un tiempo verbal que
se llama 'presente de indicativo': *yo palabro, *tú palabras, *Ud.
palabra, *nosotros palabramos, *Uds. palabran, etc. (Compare estas
formas falsas con las siguientes correctas que sí pertenecen a la

conjugación de un verbo en el **presente de indicativo**: *yo paro, tú paras, Ud. para, nosotros paramos, Uds. paran.*)

Otra manera de determinar si la palabra es verbo es procurar usarla en el predicado de una cláusula (es decir, en una frase verbal): *antes: *Tú <u>antes</u> todos los días a las tres.* Compare en cambio: *comes: Tú <u>comes</u> todos los días a las tres.*

● EJERCICIO 1.3 --

(A) Diga si cada una de las siguientes palabras es verbo. Luego procure usar cada palabra en una frase verbal para demostrar su "verbalidad" o su falta de ella.

1. entonces

2. mandíbula

3. come

4. estacionan

5. luego

6. entiendo

7. socialismo

8. nací

9. comprenderás

10. banderas

11. magnífico

12. identifico

13. voy

14. Eloy

15. práctico

16. practico

17. practicó

18. practicar

----

adv: adverbio

El **adverbio** tiene con el verbo una relación que se parece mucho a la que tiene el adjetivo con el sustantivo: el adverbio modifica, describe, restringe y sobre todo se refiere al verbo, que constituye el corazón de significado de la frase verbal. En cuanto a las formas que toman, sin embargo, los adverbios son mucho más fáciles de distinguir de los verbos que lo son los adjetivos de los sustantivos. La gran mayoría de los adverbios que son palabras individuales, o terminan en -mente (*felizmente, rápidamente, tontamente,* etc.) o pueden sustituirse por equivalentes que así terminan: "Rosaura vive *feliz* en Acapulco" = "Rosaura vive *felizmente* en Acapulco". Además, casi todos los vocablos que terminan en -mente son adverbios. Son también adverbios *más* y *menos,* que se emplean en construcciones comparativas y superlativas modificando a sustantivos, adjetivos, verbos y otros adverbios.

Veamos algunos ejemplos:

(1) Alicia canta *tristemente* una antigua melodía.

(2) La maestra explicó *inteligentemente* la materia.

(3) Raúl siempre nos habla *arrogante* [*arrogantemente*].

(4) Trabajaron *duro* [*duramente*] por más de 14 horas.

(5) María Dolores es *más* estudiosa que Sandra y Susana.

(6) Fernando es el *menos* estudioso de los cuatro.

Los adverbios no se limitan a palabras individuales sino que muchas veces constituyen **frases adverbiales** o sea frases que tienen una función adverbial. Muchas de dichas frases son **frases preposicionales de forma** pero su **función** es adverbial. Siguen varios ejemplos:

(7) Manuel llegó *a las ocho.*

(8) Alejandra trabaja *cuando le dé la gana.*

(9) Aquí se come *como en casa.*

(10) Juan y María quedaron en verse *en el Parque de Chapultepec.*

¿Cómo se decide que determinada frase o palabra es adverbial? Es adverbial toda frase o palabra que conteste una de las preguntas siguientes u otras parecidas:

¿Cuándo? ("Llegó *a las ocho.*")
¿Dónde?/¿Adónde? ("Acabaron *en el centro.*")

¿**Por qué/Por cuál razón?** ("Toma demasiado *porque quiere*.")
¿**Hasta qué punto/medida/grado?** ("Se desvelaron *hasta más no poder*.")
¿**Con qué fin o propósito?** ("Te las doy *para que aprendas*.")
¿**Con qué estado de ánimo?** ("Vive muy *alegre* en su islita.")
¿**Cómo?/¿De qué modo/manera/forma?** ("Trata *severamente* a los suyos.")

● **EJERCICIO 1.4** --

(A) Encuentre todos los adverbios en las oraciones siguientes.

1. Se levantaron temprano porque tenían que regar las plantas.

2. Nos vemos a las tres en el centro comercial cerca del Caballo.

3. Lo mataron de un solo tiro.

4. El pájaro vive feliz en su nido.

5. José Antonio quiso hacer el trabajo a la mala.

6. Sandi mandó todos sus libros a Colombia.

7. Doña Elvira es la más jocosa de la clase.

8. A mí me los enviarán tarde.

9. Poco a poco se va lejos.

10. El que tiene tienda que la atienda bien, y si no la quiere que la venda pronto.

11. Alfredo corre más rápido que nadie.

12. Ramón habla como los conejos, misterioso pero pendejo.

13. Máximo se metió en el consultorio cuando sonó el despertador.

14. De vez en cuando hay que echar una cana al aire.

----

pro: **pronombre**

Repitamos la tabla parcial e incompleta de los diferentes tipos de pronombre:

pro pers pronombre personal *yo, me, mí; tú, te, ti; Ud., lo,*

		la, le, se, sí; él, ella, ello; nosotros, nos; Uds., los, las; ellos, ellas
pro rel	pronombre relativo	*que, quien(es), el que, el cual, lo que, lo cual, como, cuando, cuyo, donde*
pro inter	pronombre inte-rrogativo	*qué, por qué, quién(es), cuál, dónde, cómo, cuánto/a(s), cuándo*
pro indef	pronombre inde-finido	*alguien, nadie, algo, nada*

¿Qué significa la palabra *pronombre*? Por los componentes de la palabra se sabe que es algo que está *pro* ('en lugar de') un *nombre* o sea un sustantivo. El típico pronombre, pues, sustituye a un sustantivo, hace las veces del sustantivo, reemplaza al sustantivo. Veamos este ejemplo:

(1) Gertrudis mató al **cordero** y después **lo** asó.

> Pudiera haberse dicho "Gertrudis mató al cordero y después asó el cordero" pero esto apenas se dice porque se considera de mal estilo la repetición del mismo elemento--aquí *cordero*--en una sola oración.

> (**Lo** es uno de los muchos **pronombres personales**.)

(2) Anoche vi una **película** **que** no me gustó nada.

> Esta oración puede entenderse como una combinación de dos cláusulas independizables: "Anoche vi una película" y "La película no me gustó nada". La función del pronombre *que* es múltiple: evita la necesidad de repetir el sustantivo *película* y reduplica el sustantivo a la vez que lo sustituye.

> (**Que** es uno de los nueve **pronombres relativos**.)

(3) ¿**Dónde** dejaste el dinero?

> Aquí no hay sustantivo antecedente que se deje ver, pero si miramos por debajo de la superficie de la oración lo encontramos en una frase preposicional: "Dejaste el dinero [en alguna parte → dónde]".

> (**Dónde** es uno de los ocho **pronombres interrogativos**, que siempre se usan como los principales elementos de interrogación en preguntas de contenido.)

(4) **Alguien** me dijo **algo**, pero ya se me fue de la mente.

Aquí tampoco hay sustantivo antecedente en la superficie de la oración, pero estos dos pronombres fácilmente se entienden como sustituciones de "[Una persona indefinida {frase nominativa}] me dijo [una cosa indefinida {frase nominativa}]".

(Alguien, algo, nadie y nada son los cuatro **pronombres indefinidos**.)

● EJERCICIO 1.5 --

(A) Diga cuáles de las palabras de las siguientes oraciones son pronombres y qué tipo de pronombres son.

1. A ti no te lo doy, sino a él.

2. Nunca he vuelto a ver la tierra que me vio nacer.

3. El que robe cosas será castigado por ladrón.

4. ¿A quién viste en el centro?

5. ¿Qué hiciste con el dinero que te di?

6. Nadie le quiere dar nada.

7. La señora cuyo esposo se murió en 1994 aún está de luto.

8. No hay forma de saber cuántas personas la vieron.

9. ¿Qué te parece?

10. Nos han dado algo para el dolor.

----

det: determinante

Aquí también repetimos una tabla parcial e incompleta, la de los <u>determinantes</u>:

dem	demostrativo	*este... ese... aquel...*
pos	posesivo	*mi(s), tu(s), su(s), nuestro/a(s)*

| art | artículo | *el/los/la/las, un/unos/una/unas* |

No muy parecidos entre sí, los tres tipos de determinantes tienen en común la siguiente función sintáctica: van en frente del sustantivo al que se refieren. (Por otra parte, un **posesivo** indica de quién es X cosa [o persona], un **demostrativo** apunta a X cosa/persona e indica su distancia relativa, y un **artículo** tiene una multitud de funciones que en parte se parecen a las del demostrativo.) Siguen varios ejemplos:

(1) **Esta** señora me explicó que en **esa** tienda no quieren
demostrativo   *demostrativo*

   atender a **aquellas** personas.
   demostrativo

(2) **Mis** hermanos me disputaron **tu** recámara cuando fuiste a
posesivo   *posesivo*

   vivir con **nuestros** abuelos.
   posesivo

(3) Me dijeron **unos** chavos que conocían bien a **una** tía mía.
      artículo   *artículo*

(4) **La** familia de **los** primos era una de **las** más finas de aquí.
   artículo   *artículo*   *artículo*

Es de notarse que estos últimos tres artículos--**la**, **los** y **las**--comparten sus formas con tres de los pronombres personales antes mencionados (págs. 27-28): **la, los** y **las**. ¿Cómo se puede saber si la forma en cuestión es pronombre personal o artículo? La respuesta es fácil: si cualquiera de estas tres formas forma parte de una fn (y de ordinario es traducida al inglés por el artículo *the*), es artículo; si así no se comporta, es pronombre personal. Compárense las partes subrayadas de estos dos ejemplos:

(5) Creo que <u>la cosa</u> que me tiene más preocupado es la escuela.

(6) <u>Quiero que **la cosa**</u>.

En el número (5), **la** es artículo (la fn es **la cosa**; la traducción inglesa es *the thing*), mientras que en el número (6) se trata de una fv con sujeto suprimido--'que [ella] **la cosa** {de *coser*}' = 'que ella cosa {algo}'.

● **EJERCICIO 1.6** --

(A) Diga cuáles de las palabras de estas oraciones son determinantes (demostrativos, posesivos o artículos).

1. Si no la terminas a tiempo, la madre Teresa te va a castigar.

2. Los hombres no entienden estas cosas nunca.

3. No los compres en esa tienda.

4. Me gustaría comer una manzana de aquel puesto de frutas.

5. Tu prima las confecciona para las fábricas más grandes del país.

6. En la práctica no la practica nunca--por esa razón no la domina bien.

7. --¿Qué tal su vida? --Igual que mi bajada.

8. Y estos gusanos te los voy a dar por tan sólo $9.99 la docena.

9. ¿Tus hijas? Si las casas mañana tus nietos no nacerán ilegítimos.

10. Nos dicen que si las casas mañana se reparan, pasado las puedes vender.

11. A mí no me engaña ni mi propia madre.

----

cuant: cuantificador

int: intensificador

CUANTIFICADORES:

Primero repetimos la tabla parcial de los **cuantificadores**:

cuant	cuantificador	*algun(o)/a(s), bastante(s), ningun(o)/a(s), mucho/a(s), poco/a(s), tanto/a(s)*
		dos, tres, cuatro, cinco...

Los **CUANTIFICADORES**, que describen o modifican a sustantivos siempre, se dividen en dos categorías: (1) los que como *mucho/a(s), poco/a(s), algun(o)/a(s), ningun(o)/a(s)* y *tanto/a(s)* **exhiben una concordancia** de número (singular o plural) y de género (masculino o femenino) con los sustantivos a los que se refieren; y (2) los estrictamente numéricos--los numerales de 2 en adelante-- que **las más de las veces no exhiben** dicha concordancia. Veamos los siguientes ejemplos:

(1) *[sí hay concordancia]* Tienen **much<u>as</u>** manzan<u>as</u> en esa tienda.

(2) *[no hay concordancia]* Tienen **cuatro** manzanas en esa tienda.

(No se dice *Tienen cuatras manzanas en esa tienda.)

Todo cuantificador siempre se **antepone** al sustantivo al que se refiere; de ahí que no se dice *Tienen manzanas muchas aquí.

INTENSIFICADORES:

Repitamos la tabla completa de los **INTENSIFICADORES:**

int	intensificador	*algo, bastante, medio, muy, nada, tan*

El **intensificador** modifica y se refiere a **adjetivos**--

(3) Rubén está **muy** cansado.
  n   *v*   *int*   *adj*

(4) Los Villavicencio son **muy** ricos.
  det   *n*   *v* *int* *adj*

y a **adverbios**--

(5) Raquel siempre habla **muy** recio.
  n   *adv*   *v* *int* *adv*

(6) Rodolfo nunca habla **nada** recio.
  n   *adv*   *v*   *int*   *adv*

y muy raras veces a **sustantivos**--

(7) No le tengo nada de respeto por **muy** médico que sea.

pero <u>sin mostrar concordancia jamás</u>. Una prueba de ello es el comportamiento de **medio**, intensificador que termina en <u>-o</u> y que por lo tanto pudiera comportarse como el cuantificador *mucho*:

(8) Ellos ya están **medio** borrachos. (No se dice *Ellos ya
  pro *adv* *v*   *int*   *adj*

  están medios borrachos.)

cf. (9) Ellos ya tienen **muchos** amigos.
  pro *adv* *v*   *cuant*   *n*

● **EJERCICIO 1.7** --

(A) Diga cuáles de las palabras subrayadas son **cuantificadores** y cuáles son **intensificadores**.

1. Algunos amigos suyos serán <u>algo</u> inteligentes pero no sé cuáles.

2. Ya tenemos <u>bastantes</u> hijos y además hay <u>poco</u> dinero en el banco.

3. La situación ya se ha puesto <u>medio</u> difícil, ¿no crees?

4. <u>Muchos</u> uruguayos se exiliaron de su país por la junta militar.

5. Hay <u>tantos</u> siquiatras que no conocen a nadie que no tenga <u>algún</u> problema mental.

6. Este pobre muchacho no es <u>nada</u> estudioso.

7. Habla <u>tan</u> rápido que no se le entiende <u>muy</u> fácilmente.

8. Ana María dice que ya hay <u>bastantes</u> estudiantes que están <u>algo</u> confundidos respecto a eso.

----

prep: preposición

La tabla parcial de las **preposiciones** (pág. 20) se limitó a presentar las **sencillas**--*a, ante, bajo, con, contra, de, desde, durante, en, entre, excepto, hacia, hasta, mediante, para, por, salvo, según, sin, sobre* y *tras*--o sea las de una sola palabra. También hay que mencionar la existencia de las preposiciones de más de una palabra o sea **compuestas**: todas ellas consisten en un adverbio o un sustantivo precedidos por otra preposición como *a, en* o *por* más la preposición *de* o la preposición *a*, como indica la siguiente lista (abarcadora pero no del todo exhaustiva) de preposiciones compuestas:

> *a causa de, a excepción de, a fuerza de, a pesar de, a través de, acerca de, además de, alrededor de, antes de, cerca de, concerniente a, conforme a, contrario a, (por) debajo de, delante de, dentro de, después de, (por) detrás de, en cuanto a, en vez de, en virtud de, (por) encima de, enfrente de, frente a, fuera de, lejos de, junto a, luego de, por causa de, por medio de, por razón de, respecto a, tocante a*

La preposición--séase sencilla o compuesta--sirve para indicar una relación entre dos entidades. La relación puede ser de tiempo, de espacio, de causa o de muchas otras cosas:

(1) Ellos van **a** la playa.
   s   v   prep det s

(2) Juan tiene que comparecer **ante** el tribunal.
   s   v   conj   v   prep det   s

(3) Silvia está **en** la cárcel **bajo** pena **de** muerte.
   s   v   prep det   s   prep   s   prep   s

(4) Siempre comen arroz **con** pollo.
   adv   v   s   prep   s

(5) Otra vez están los árabes **contra** los israelíes.
   adj s   v   det   s   prep   det   s

(6) Me habló **de** cosas triviales **desde** el balcón.
   pro v   prep   s   adj   prep   det   s

(7) No pudo estar presente **a causa de** su enfermedad.
   adv v   v   adj   p r e p   det   s

(8) Él es flojo **además de** ignorante.
   pro v adj   p r e p   adj

● EJERCICIO 1.8 ---

(A) Encuentre todas las preposiciones y diga cuáles son sencillas y cuáles son compuestas.

1. Mi maleta está por debajo de la mesa.

2. La hija de doña Concepción por fin pudo graduarse a fuerza de estudiar día y noche.

3. Durante mucho tiempo todos se reunían alrededor de la mesa del Café Bohemio a las cinco de la tarde.

4. Según mi tía, hasta Julio se encuentra fuera de la ciudad y lejos de toda civilización.

5. A pesar de lo que me dijiste, todos ya están detrás del garaje.

6. Saben relativamente poco acerca de esa historia pero dentro de

lo que cabe saben bastante.

7. Mediante la intervención de una curandera, volvió a recuperar la salud y ya está para graduarse de la preparatoria.

8. Todo lo que ha oído en cuanto a lo sucedido es que contrario a lo que le dijeron, todos se murieron a causa de la explosión.

----

conj: conjunción

Repitamos lo citado en la tabla de las conjunciones:

Las **conjunciones sencillas** ('de una sola palabra') son:

excepto, menos, ni, o, pero, que, salvo, si, sino, y

La gran mayoría de las **conjunciones compuestas** terminan en <u>que</u> en esta lista parcial:

a menos que, además de, antes de que, así que, aunque, con tal de que, de manera que, en caso de que, hasta que, junto con, mientras que, para que, porque, puesto que, sin que, tan pronto como, ya que, que
        (A pesar de ser sencilla, la conjunción <u>que</u> funciona con frecuencia como si fuera una conjunción compuesta.)

La función principal de cualquier conjunción--tanto la sencilla como la compuesta--es de conectar una cláusula con otra. (La conjunción conecta cláusulas; la preposición conecta frases.) Todas las conjunciones **sencillas** sirven o pueden servir para **conectar dos cláusulas <u>coordinadas</u>**:

(1) ¿Ya te sales, **<u>o</u>** te vas a quedar de todos modos?

(2) **<u>Ni</u>** sabe lo que quiere él **<u>ni</u>** entiende lo que le piden ellos.

(3) Iba a pasearme en la moto, **<u>pero</u>** empezó a llover.

(4) Vamos a declarar la huelga **<u>si</u>** no nos dan un aumento.

(5) Constanza se cambió de carrera **<u>y</u>** su hermana se cambió de novio.

(6) Ya tenemos que irnos, **<u>que</u>** se está haciendo tarde.

En cambio, las conjunciones **compuestas** sirven para **conectar una cláusula matriz**, que es la principal y/o la primera **con una cláusula subordinada**, que es la controlada por la matriz (vea el capítulo 2 para más información sobre ambos tipos de cláusula):

(7) No quiere **que** le hables **sino que** lo dejes en paz.

(8) Voy a darte lo que te debo **antes de que** te marches.

(9) **Aunque** ya no me quieres, yo te sigo adorando con toda mi alma.

(10) Me voy a jubilar en 2004 **con tal de que** me ofrezcan una buena pensión.

(11) No vamos a cenar **hasta que** vuelva papá del trabajo.

(12) Tengo que ir a la peluquería **para que** me corten el pelo.

● EJERCICIO 1.9 --

(A) Diga cuáles de las palabras de estas oraciones son conjunciones (séanse sencillas o compuestas).

1. No te quiero a ti sino a tu hermano.

2. O te marchas en seguida o te pego un tiro.

3. Me voy a casar con Juan Armando porque es el hombre más rico de toda la provincia.

4. Terminaré la maestría en junio a menos que repruebe el examen comprensivo.

5. En caso de que me hable mi ex-esposo, dile que se vaya a pasear.

6. Ema me dijo que Ana María le dijo que Gloria le había dicho que don Lino siempre decía que con estos bueyes vamos a arar.

7. No es a Adelita sino a su prima a quien van a secuestrar.

8. Me llevo éste y ese otro y tres de aquéllos y tres de los de allá.

● EJERCICIO 1.10:   EJERCICIO GENERAL SOBRE LO ANTERIOR

(A) Escriba una oración que sí sea cláusula con una muestra cualquiera de cada una de las siguientes categorías gramaticales.

1.   verbo

2.   sustantivo

3.   adverbio

4.   adjetivo

5.   pronombre personal

6.   pronombre relativo

7.   pronombre indefinido

8.   pronombre interrogativo

9.   determinante demostrativo

10.   determinante artículo

11.   determinante posesivo

12.   cuantificador

13.   intensificador

14.   conjunción

15.   preposición

(B) Usando la terminología gramatical ya estudiada, describa cada una de las siguientes palabras subrayadas.

1. Mi novia siempre llega a la casa cuando no está nadie.
   1   2   3   4   5 6 7   8   9 10   11

2. Si Juan cumple con su palabra, yo le doy un millón de dólares.
   1   2   3   4   5   6   7 8 9 10 11   12   13

3. Aquí no crían gallinas sino perdices de raza pura y pavos.
   1   2   3   4   5   6   7 8   9   10 11

4. Estamos muy satisfechos con la cortesía con la que nos tratan.
   1   2   3   4   5 6   7   8   9

5. Tan pronto como salga esta visita, les contaré un chiste malo.
   1   2   3   4   5   6   7 8   9

6. Alguien dijo una vez que a ti no te quiere nadie en este mundo.
   1   2   3   4   5 6 7 8 9 10   11   12 13   14

7. Estará medio tarado aquel pobre hombre porque nunca dice nada.
   1   2   3   4   5   6   7   8   9   10

8. Ya tienes bastante dinero, así que más vale que no te den más.
   1 2   3   4   5   6   7   8   9 10 11 12

(C) Oraciones sencillas y oraciones compuestas

Cuando en las siguientes secciones se habla de **oraciones**, siempre se hablará de oraciones-que-sí-son-cláusulas (es decir, de oraciones con sujeto y predicado). **De aquí en adelante, pues, la palabra "oración" se referirá a algo que consiste en el siguiente mínimo de componentes: un sujeto y un predicado.**

Las oraciones que se limitan a este mínimo de componentes--a un sujeto y a un predicado--se llaman **oraciones sencillas**. Siguen ejemplos:

(1) Pepito vende tacos.

(2) La guerra duró cien años.

Claro está que hay oraciones españolas--las **oraciones compuestas**--
que excede este mínimo de componentes en el sentido de que tienen
por lo menos dos cláusulas. Siguen ejemplos:

(3) Adelita se fue de soldadera y regresó de respetable
matrona.

(4) Los señores Salabuena Vargas quieren que asistamos a su
décimo aniversario de bodas.

La **oración compuesta** se divide en dos categorías distintas:

(1) la **oración compuesta de cláusulas** _coordinadas_ (O-Cor)

(2) la **oración compuesta de cláusula(s)** _subordinada(s)_ (O-Sub)

En la sección que sigue se examinarán primero las O-Cor. Pasaremos
luego a hablar de las O-Sub (págs. 000-00), que es un tema bastante
más amplio.

(D) Las oraciones compuestas

(1) LA O-Cor (ORACIÓN COMPUESTA DE CLÁUSULAS COORDINADAS)

La O-Cor consiste siempre en una oración que abarca por lo menos
dos cláusulas que están relacionadas la(s) una(s) con la(s) otra(s)
mediante **conjunciones**. Cada una de las cláusulas de una O-Cor
puede separarse y deconstruirse de la oración entera para así
formar su propia oración-que-sí-es-cláusula. Siguen varios
ejemplos (en los que la parte "a" es la O-Cor y la parte "b" es la
separación o sea la deconstrucción):

(1.a) Manuel se quedó en Chihuahua y René regresó a Cd.
Juárez y Pancho se fue para su villa.
(1.b) Manuel se quedó en Chihuahua.
René regresó a Cd. Juárez.
Pancho se fue para su villa.

(La conjunción que en [1.a] une las tres cláusulas es **y**.)

(2.a) Manuel se quedó en Chihuahua pero René regresó a Cd. J.
(2.b) Manuel se quedó en Chihuahua.
René regresó a Cd. Juárez.

(La conjunción que en [2.a] une las dos cláusulas es **pero**.

[Observe que la conjunción **pero** <u>no admite repetición</u>--es decir, no se puede decir *"Manuel se quedó en Chihuahua pero René regresó a Ciudad Juárez pero Pancho se fue para su villa".])

(3.a) <u>O</u> me das tu dinero <u>o</u> te quiebro la pierna.
(3.b) Me das tu dinero.
Te quiebro la pierna.

(La conjunción **o ... o** es **discontinua** o sea que consiste en dos partes interrumpidas por la primera de las cláusulas.)

(4.a) <u>Ni</u> me quieres con toda tu alma <u>ni</u> me adoras como a una diosa <u>ni</u> me tratas con la más mínima consideración.
(4.b) [No] me quieres con toda tu alma.
[No] me adoras como a una diosa.
[No] me tratas con la más mínima consideración.

(La conjunción **ni ... ni** es también discontinua.)

En los cuatro ejemplos anteriores ha sido obvio cuáles eran las cláusulas separables en oraciones independientes. En cambio los ejemplos siguientes no revelan todas sus cláusulas separables de una manera tan obvia:

(5.a) El ayudante recoge el examen pero no lo califica.
(5.b) El ayudante recoge el examen.
[El ayudante] no lo califica.

(La oración [5.a] es ejemplo de una **construcción elíptica** en la que se suprime algo--lo encerrado por corchetes--, creando de esa manera una **supresión de sujeto** debido a la cual se puede hablar de un **sujeto suprimido**.) La supresión de sujeto es frecuente en español.)

(6.a) Margarita terminó el examen a tiempo pero Manuela no.
(6.b) Margarita terminó el examen a tiempo.
Manuela no [terminó el examen a tiempo].

(La oración [6.a] es otro ejemplo de una **construcción elíptica** en la que en esta instancia el hueco está constituido por casi todo el predicado.)

(7.a) Jesús Armando no quiere graduarse sino quedarse de estudiante de posgrado de por vida.
(7.b) Jesús Armando no quiere graduarse.
[Jesús Armando] [quiere] quedarse de estudiante de posgrado de por vida.

(Aquí los elementos elípticos son el sujeto *Jesús Armando* y la forma verbal *quiere*.)

Las oraciones coordinadas pueden subclasificarse según el tipo de conjunción que utilizan. Las que usan las conjunciones y/pero forman una subclasificación en la que **la oración coordinada no puede comenzar con la conjunción misma:**

(8.a) Ezequiel corría y Elías descansaba.
(8.b) *Y Elías descansaba Ezequiel corría.

(9.a) Marta aceptó pero Magda renegó.
(9.b) *Pero Magda renegó Marta aceptó.

(10.a) El sol se levanta, el sol se pone.
(10.b) *, El sol se pone el sol se levanta.
        (En 10.b el elemento conjuntivo es la coma.)

Las otras, sin embargo--las que contienen las conjunciones ni...ni/ o...o--**permiten que la oración coordinada empiece con la conjunción:**

(11.a) Él nos acompaña a nosotros o se queda con sus amigos.
(11.b) O se queda con sus amigos o nos acompaña a nosotros.

(12.a) Los vampiros ni viven ni mueren.
(12.b) Ni viven los vampiros ni mueren./Ni viven ni mueren
        los vampiros.

(2) CATEGORÍAS DE COORDINACIÓN

Según la gramática tradicional, las O-Cor se pueden dividir en varias categorías que son (en orden alfabético):

(a) coordinación adversativa
(b) coordinación copulativa
(c) coordinación distributiva
(d) coordinación disyuntiva
(e) coordinación explicativa

(a) La coordinación **ADVERSATIVA** se usa para indicar que una cláusula contradice la otra (de forma total o parcial). Siguen ejemplos:

(8) No estranguló al perro **sino que** ahogó al gato.

   (Esta oración da a entender que la información de la primera cláusula es incorrecta mientras que la de la segunda es certera.)

(9) Lo hacía todo a las mil maravillas **menos** bailar.

   (La segunda cláusula contradice en parte lo afirmado en la primera.)

(b) La coordinación **COPULATIVA**--probablemente la más usual de los cinco tipos de coordinación--se expresa con las conjunciones sencillas *y*, *ni* y con las conjunciones compuestas *además de* y *junto con*. La copulativa simplemente reúne en una sola oración dos pensamientos que se relacionan el uno con el otro o que aparentemente no se relacionan, según el caso.

(10) La señora manejó **y** su hija le leyó el mapa.

(11) Zenaida no preparó la cena **ni** se puso en contacto con su prima.

(12) **Además de** enfermarse de la rosácea, Vicente se contagió de una colitis que no lo dejaba en paz.

(c) La coordinación **DISTRIBUTIVA** relaciona cláusulas que están contrapuestas sin ser exclusivas. Este tipo de coordinación es siempre discontinua en el sentido de que consiste en dos elementos que están separados por una de las cláusulas indicadas; dichos "elementos" por su parte suelen ser combinaciones de palabras como p.ej. "aquí ... allá" que fuera de un contexto distributivo no se clasifican ni como conjunciones ni como frases conjuntivas:

(13) **Aquí** se celebra, **allá** se sufre.

(14) **Ésta** me deteste, **aquélla** me odie, de todos modos la vida continúa.

(d) La coordinación **DISYUNTIVA** relaciona cláusulas que sí son exclusivas cuando se contraponen. (Es decir, **la relación disyuntiva es la opuesta a la relación distributiva** [q.v. supra].) La coordinación disyuntiva insiste: hay que escoger entre dos o más posibilidades.

(15) José Antonio se casará con Luisa Ana en Madison **o bien** se casará con Carolina en Cali.

(16) El seminario sobre Lope de Vega, **o** lo dará la doctora Meléndez **o** lo dará la maestra Cifuentes.

(e) Como su mismo nombre indica, la coordinación **EXPLICATIVA** "explica" o aclara el significado de algo que acaba de decirse. Este tipo de coordinación sirve también para señalar el resultado "consecutivo" de algo que se acaba de anunciar.

(17) [explicación:] Pepito es bien tonto, **o sea**, no entiende nada de nada.

(18) [consecuencia:] Quiere tener un novio mexicano, **así que** pasa la frontera todos los días para tomar clases de teatro en Tijuana.

● **EJERCICIO 1.11** --

(A) Haga tres cosas: (1) diga si la oración es **sencilla** o **compuesta**; (2) si es compuesta, indique si es **coordinada**; y por último (3) indique la **categoría de coordinación-- adversativa**, **copulativa**, **distributiva**, **disyuntiva**, **explicativa**--que se emplea en todas las oraciones coordinadas.

1. La pluma de mi tía está en el escritorio de mi tío.

2. Ema se salió de la ciudad y Gloria se quedó para calificar exámenes.

3. Ana María y Lino se casarán el sábado en la parroquia de Santo Domingo de Silos.

4. Don Federico se jubiló a la buena pero el tío Beto renunció a la mala.

5. Arturo tampoco piensa en renunciar, sino jubilarse.

6. Fermín ni se quiere acordar de aquellos tiempos ni frecuenta los sitios donde corre el riesgo de encontrarse con la gente.

7. Fulano, Zutano y Mengano hacen todo lo que quieren y nunca piensan en las consecuencias de sus acciones.

8. O te lavas los dientes o te quedas en casa hasta que te mueras.

9. Mi hijo se ha puesto de lo más neurótico, o sea, ya le molesta todo y no tiene paciencia para nada.

10. Unos estudian, otros van de juerga.

11. Constanza ya ha repudiado a Beatriz de la forma más absoluta posible, esto es, ya no la puede ver ni en pintura.

12. Junto con no dirigirles la palabra a sus vecinos, Rigoberto dejó de tener contacto alguno con sus parientes.

----

(3) LA O-Sub (ORACIÓN COMPUESTA DE CLÁUSULAS SUBORDINADAS).

Como ya sabemos, las **oraciones compuestas** se dividen en dos categorías:

ORACIONES COMPUESTAS

oraciones coordinadas   oraciones subordinadas

Las oraciones compuestas de cláusulas coordinadas (O-Cor) se acaban de estudiar. Las **oraciones compuestas de cláusulas subordinadas** (O-sub) son las que vamos a estudiar ahora.

Las O-sub consisten siempre en una **cláusula matriz** (Cl-m), que se considera la principal o sea la más importante, y la **cláusula subordinada** (Cl-s), que se dice depender de la matriz de alguna manera u otra, y que como elemento dependiente es **insertada** dentro de la matriz. Esto lo demuestra el siguiente árbol:

O-sub

Cl[áusula]-m[atriz]

```
            fn                                        fv

    det   n          fadj                      v    fadv

              Cl[áusula]-s[ubordinada]               adv

              fn          fv

              det   n   v    fn

    La maestra   la maestra enseñaba arte        murió anoche
```

Aquí la oración entera--"La maestra que enseñaba arte murió anoche"--se subdivide en dos cláusulas: la Cl-matriz ("La maestra murió anoche") y la Cl-subordinada ("La maestra enseñaba arte"). La Cl-m se considera la principal--la más importante--de las dos cláusulas porque conlleva una información de mayor peso: importa más la muerte de la maestra que el hecho de que ella enseñaba arte. Otra razón que nos lleva a asignarle la categoría de matriz a "La maestra murió anoche" y no a "la maestra enseñaba arte" es que el sujeto de "La maestra murió anoche" es también el sujeto de la oración entera. La última razón que nos obliga a considerar subordinada la cláusula "la maestra enseñaba arte" es que el sujeto de la Cl-s se convierte en el pronombre relativo <u>que</u>, pero el sujeto de la Cl-m se conserva íntegro.

Hay **tres tipos de O-sub** según el tipo de Cl-s que contienen:

--las <u>**nominativas**</u>, donde **la Cl-s es una <u>frase nominativa</u>**

--las <u>**adjetivales**</u>, donde **la Cl-s es una <u>frase adjetival</u>**

--las <u>**adverbiales**</u>, donde **la Cl-s es una <u>frase adverbial</u>**

Examinemos cada uno de estos tres tipos.

O - S u b   N O M I N A T I V A S

En la O-sub **nominativa**, la Cl-s es nominativa, lo cual quiere decir que la Cl-s puede reemplazarse por un nombre o sea un sustantivo, como demuestran los siguientes ejemplos:

```
(a) Él quiere [que llegues lo antes posible]   . = cláusula
              [pan                               = n
              [dinero                            = n

(b) Sé [que no me entiendes]         .           = cláusula
       [la lección                                = n
       [la fecha de nacimiento de Simón Bolívar  = n

(c) Todos los muchos empleados de la municipalidad
    reclamaban [que se les aumentara el salario].= cláusula
               [un aumento de salario            = n
               [grandes cantidades de dinero     = n
```

Otra manera de probar que una cláusula es nominativa o no es aplicando la "prueba de <u>eso</u>". Cualquier Cl-s nominativa siempre puede reemplazarse por la palabra <u>eso</u>. Así se demuestra que una Cl-s es nominativa o no: **si la cláusula se puede reemplazar con** <u>eso</u>, tiene que ser nominativa. A continuación se repiten los tres ejemplos anteriores:

```
(1) Él quiere [que llegues lo antes posible]    .
              [eso                            ]
```

Ergo, la cláusula <u>que llegues lo antes posible</u> es nominativa.

```
(2) Sé [que no me entiendes]         .
       [eso                 ]
```

Ergo, la cláusula <u>que no me entiendes</u> es nominativa.

(3) Todos los muchos empleados de la municipalidad
reclamaban [que se les aumentara el salario]   .
        [eso   ]

Ergo, la cláusula <u>que se les aumentara el salario</u>
es nominativa.

Si la Cl-s **no** puede reemplazarse por <u>eso</u>, **no** es cláusula
nominativa, como demuestran estos ejemplos:

(4) Buscábamos una casa [que estuviera cerca del centro]   .
                    *[eso   ]

Ergo <u>que estuviera cerca del centro</u> **no es** nominativa.

(5) Voy a terminar este manuscrito [antes de que me muera]   .
                            *[eso   ]

Tampoco es nominativa <u>antes de que me muera</u>.

O-Sub ADJETIVALES

En la O-sub **adjetival**, la cl-s siempre puede reemplazarse por algún
adjetivo cuyo significado sea próximo al significado de la cláusula
misma y que se refiera al sustantivo (o al pronombre) que está
inmediatamente a la izquierda de la cláusula.   Veamos unos
ejemplos:

(a) Buscábamos una casa [que estuviera <u>cerca del centro</u>]   .
                    [<u>céntrica</u>   ]

El significado del adjetivo <u>céntrico</u> y el de la
cláusula "que estuviera cerca del centro" son
próximos, y el susodicho adjetivo (<u>céntrico</u>) puede
reemplazar a la cláusula en la misma posición en la
que la cláusula se encuentra.   Ergo, <u>que estuviera
cerca del centro</u> es una cláusula adjetival.

(b) Zoila se casó con un portugués [<u>que la quería mucho</u>]   .
                            [<u>querendón/enamorado</u>]

<u>Querendón</u> o <u>enamorado</u> son adjetivos y significan
esencialmente lo que la cláusula "que la quería
mucho" (aunque sin el enfoque personal).   Por eso,
la cláusula es adjetival.

Si la Cl-s **no** puede reemplazarse por un adjetivo de significado
parecido (y si no hay un sustantivo o un pronombre que se encuentre
inmediatamente a la izquierda de la cláusula), la Cl-s **no** es
cláusula adjetival, como demuestra este ejemplo:

(c) Mis tíos ya se salían [<u>cuando empezó a llover</u>]   .
                               *[<u>lluvioso</u>/<u>relampagueante</u> etc.]

La cláusula "cuando empezó a llover" **no es** adjetival porque no se le puede sacar ningún adjetivo que tenga un significado próximo. Tampoco hay un sustantivo que se encuentre inmediatamente a la izquierda de la cláusula y que sea modificado por la cláusula.

O-Sub ADVERBIALES

En la O-sub **adverbial**, la cl-s siempre puede reemplazarse por algún adverbio que (1) se refiera al verbo de la frase verbal más cercana y que (2) lo describa y lo modifique. (Como ya sabemos, son muchos los adverbios que terminan en -<u>mente</u>--<u>rápidamente</u>, <u>cuidadosamente</u>, <u>fielmente</u>--y los hay también que no terminan en -<u>mente</u>, p.ej. <u>pronto</u>, <u>temprano</u>, <u>rápido</u>, <u>mañana</u>, <u>ayer</u>, etc.) La cláusula subordinada adverbial también sirve para contestar las preguntas que se consideran típicamente "adverbiales", es decir, una pregunta encabezada por ¿cuándo/dónde/cómo/por qué/hasta qué punto/bajo qué condiciones? [etc.] En realidad, la cláusula subordinada adverbial es cualquier cláusula que no sea nominativa o adjetival, así que frecuentemente puede identificarse la subordinada adverbial por medio de un proceso de eliminación. Veamos unos ejemplos:

(a) Tú te acostarás [<u>cuando regrese papá</u>].
                         [(Contesta la pregunta "¿cuándo?"; por lo tanto es adverbial la cláusula.]

(b) De todos modos vamos a hacer el viaje a Europa [<u>aunque tu mamá no está de acuerdo</u>]. [(Contesta la pregunta "¿bajo qué condiciones?"--las que afirman el desacuerdo de la mamá. Por eso es adverbial la cláusula.)]

AQUÍ VAN UNAS <u>REGLAS PRÁCTICAS</u> PARA DETERMINAR DE QUÉ TIPO DE CLÁUSULA SUBORDINADA SE TRATA:

Las cl-s **nominativas** empiezan con la conjunción <u>que</u>.

Las cl-s **adjetivales** comienzan con los pronombres relativos <u>que</u>, <u>quien</u>, <u>como</u>, <u>cuando</u>, <u>cuyo</u> y <u>donde</u>.

Las **adverbiales** comienzan con una conjunción que termina con <u>que</u>-- p. ej., <u>a menos que</u>, <u>antes de que</u>, <u>aunque</u>, <u>con tal que</u>, <u>hasta que</u>, <u>para que</u>, <u>sin que</u>--o con cualquiera de las conjunciones siguientes: <u>cuando</u>, <u>en cuanto</u>, <u>mientras</u>, <u>tan pronto</u>, <u>según</u>.

LAS CLÁUSULAS SUBORDINADAS Y LOS ÁRBOLES

Los siguientes árboles demostrarán tanto las diferencias como las semejanzas entre las estructuras de los tres tipos de oraciones subordinadas:

(1) **oración subordinada con cláusula <u>nominal</u>:**

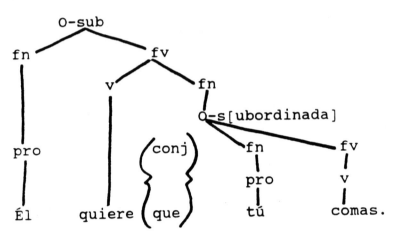

(2) **oración subordinada con cláusula <u>adjetival</u>:**

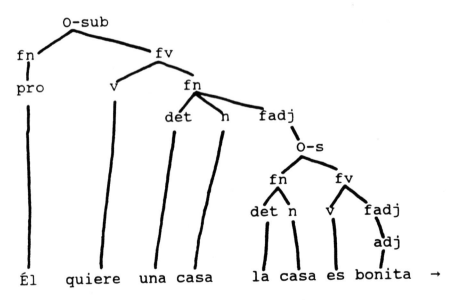

Él quiere una casa que sea bonita.

(3) oración subordinada con cláusula <u>adverbial</u>:

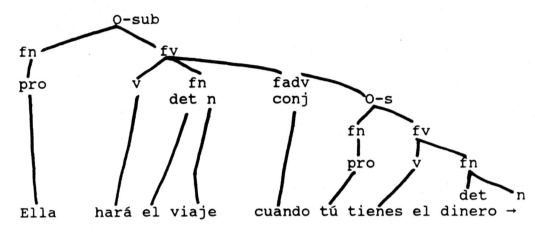

Ella hará el viaje cuando tú tengas el dinero.

● **EJERCICIO 1.12** --

(A) Haga dos cosas: (1) identifique cada una de las oraciones siguientes como **coordinada** o **subordinada** (o hasta **sencilla**); (2) si la oración es subordinada, diga cuál es la cláusula subordinada y clasifíquela como (a) nominativa, (b) adjetival, o (c) adverbial.

1. Alfredo se quedó después de la función pero su esposa decidió volver.

2. O me devuelves el dinero o te pego un tiro.

3. Prefiero que me digas la verdad.

4. Voy a casarme con Joaquín cuando pida ni mano.

5. No tengo ni amigos ni conocidos en esta ciudad.

6. Queremos usar algún libro de texto que sea absurdamente fácil.

7. No sabíamos que la boda era ayer.

8. Deja de molestar al perro para que no te muerda.

9. El perro me mordió y yo le di una patada.

10. Voy a comprar un carro que no cuesta demasiado.

11. Insistían en que les regaláramos nuestras joyas.

12. Voy a seguir trabajando mientras viva.

13. En esta vida todos queremos amor y también queremos cariño, comprensión, dulzura, buena salud, mucho dinero . . .

14. Te voy a hacer cosquillas hasta que me digas la verdad.

15. Engañaron a mi vecina cuando le vendieron la fábrica.

16. Querrían que no nos sintiéramos tan tristes.

17. Sé que sabes la materia.

18. Los marcianos querían que los invitáramos a una tamalada.

19. Busco a la poeta que escribió estos versos.

20. Necesito un médico que entienda mi caso.

21. Terminaré el proyecto con tal de que me des quinientos mil
    dólares.

22. Mi tío comió demasiado y reventó.

(B) Escriba dos oraciones originales que correspondan a cada una de
    estas descripciones.

1. O-Cor con <u>pero</u>

2. O-Sub con cláusula subordinada nominativa

3. O-Sub con cláusula subordinada adjetival

4. O-Sub con cláusula subordinada adverbial

5. O-Cor con <u>y</u>

6. oración sencilla (ni coordinada ni subordinada)

7. O-Cor con <u>o sea</u>

8. O-Cor con <u>o ... o</u>

Capítulo 2--Las cláusulas subordinadas y el modo subjuntivo

(A) El modo (indicativo vs. subjuntivo): El subjuntivo en cláusulas nominativas, adjetivales y adverbiales

El sistema verbal del español tiene dos **modos**: modo **indicativo** y modo **subjuntivo**. Cada modo se relaciona forzosamente con un tiempo verbal. Si el **tiempo** del verbo es **presente**--si uno se refiere a acciones o estados que están vigentes en el momento presente, a acciones que se vienen repitiendo desde un momento pasado hasta el momento presente o a acciones o estados en un futuro especificado-- todavía hay que seleccionar un **modo** que lo acompañe. Es decir, el factor "modo" entra en toda selección. Por ejemplo, si el tiempo es presente, es necesario escoger entre un tiempo/modo que se llama **presente de indicativo** y otro tiempo/modo que se llama **presente de subjuntivo**. (Esto quiere decir que hay que escoger entre una forma verbal como *hablas*--presente de indicativo--y otra como *hables* [presente de subjuntivo].) También hay que escoger entre subjuntivo e indicativo si el tiempo del verbo es uno de los **pasados** (pretérito [*hablé*] o imperfecto de indicativo [*hablaba*] vs. imperfecto de subjuntivo [*hablara*]).

(1) BREVE REPASO DE LAS FORMAS DE LOS DOS TIEMPOS SUBJUNTIVOS

Todos los que usan este libro habrán estudiado de alguna manera u otra las formas (y quizás las funciones) del indicativo y del subjuntivo--séase en las clases de Español para Hispanohablantes Nativos, séase en clases de Gramática Castellana en un país donde el español es lengua oficial, séase en un programa de Español como Lengua Extranjera para los que no son hablantes nativos del idioma. Así que se da por sentado que el que usa este texto ya tenga algún conocimiento de por lo menos las **formas del subjuntivo**. El que quiera estudiar dichas formas a fondo (relacionándolas con todas las demás formas de la conjugación verbal) lo puede hacer en este momento dirigiéndose al capítulo 3. Y aunque en el capítulo presente nos vamos a limitar al estudio de las funciones del modo subjuntivo, importa que iniciemos este estudio con un breve (re)paso de las formas del subjuntivo porque si la forma no se reconoce, la relación entre forma y función no se establece y al fin y al cabo la función no se entiende.

LAS FORMAS DEL <u>PRESENTE DE SUBJUNTIVO</u>

Llene el espacio en blanco (como si esto fuera un ejercicio) con cualquier forma del verbo en letra mayúscula subrayada que a Ud. le parezca correcta:

(1.a)   No quiero que él me <u>HABLAR</u> _____ de Juan.
(1.b)   Sé que él nunca me <u>HABLAR</u> _____ de Juan.

(2.a) Le ruego encarecidamente que <u>ESTUDIAR</u> _____ latín.
(2.b)   Ya me han dicho que él <u>ESTUDIAR</u> _____ latín.

(3.a)   Necesito una criada que <u>TRABAJAR</u> _____ de 8 a 6.
(3.b) Conozco a una criada que <u>TRABAJAR</u> _____ de 8 a 6.

(4.a)   No creemos que él ahora <u>ACABAR</u> _____ a tiempo.
(4.b)   Ya sabemos que él siempre <u>ACABAR</u> _____ a tiempo.

Ahora confirmemos respuestas: si Ud. puso [1.a/b] *hable/habla,* [2.a/b] *estudie/estudia,* [3.a/b] *trabaje/trabaja* y [4.a/b] *acabe/acaba* respectivamente, ya sabe manejar con corrección el presente de subjuntivo y el presente de indicativo del español. Todas las oraciones (a) piden el modo subjuntivo--*hable, estudie, trabaje, acabe*--pero las (b) piden el indicativo: *habla, estudia, trabaja, acaba.*

¿En qué consiste la diferencia de formas (la que los lingüistas llaman la diferencia morfológica)? La diferencia consiste en la vocal al final--vocal que tiene el nombre de la **vocal temática** o sea v.t. (vea el cap. 3 para mayor información). Compare estos cuatro grupos de tres formas cada uno. Fíjese que la vocal temática del infinitivo es idéntica a la v.t. del presente de indicativo; en cambio, la v.t. del presente de subjuntivo no lo es.

infinitivo	habl a r	estudi a r	trabaj a r	acab a r
presente de indic.	habl a	estudi a	trabaj a	acab a
presente de subjn.	*habl e*	*estudi e*	*trabaj e*	*acab e*

Cuando el indicativo se convierte en subjuntivo, la v.t. cambia de /a/ → /e/. Este cambio se da al revés si el verbo es como *comer, aprender, vivir* o *sufrir* donde la v.t. es /e/ ó /i/:

infinitivo	com e r	aprend e r	viv i r	sufr i r
presente de indic.	com e	aprend e	viv e	sufr e
presente de subjn.	*com a*	*aprend a*	*viv a*	*sufr a*

Todas las formas del presente de subjuntivo que acabamos de presentar son **regulares** (lo cual quiere decir en términos muy generales que las formas se parecen mucho a las de sus correspondientes infinitivos). Aunque un 81 por ciento de los verbos del español son perfectamente regulares en el presente de subjuntivo, el resto (unos 1900 en total) son **irregulares**. Compare los tres verbos siguientes:

	VERBO REGULAR	VERBO IRREGULAR	VERBO IRREGULAR
	comer	entender	traer
indic.	como	entiendo	traigo
	comes	entiendes	traes
	come	entiende	trae
	comemos	entendemos	traemos
	comen	entienden	traen
subjn.	coma	entienda	traiga
	comas	entiendas	traigas
	coma	entienda	traiga
	comamos	entendamos	traigamos
	coman	entiendan	traigan

Por el momento—y antes de que empecemos el análisis detallado del capítulo 3—basta con decir esto: por mucho que cambie la "primera parte" (la **raíz**), donde más nos tenemos que concentrar para determinar si la forma en cuestión es indicativa o subjuntiva es en la "terminación" (la vocal temática).

●**EJERCICIO 2.1** --

(A) Llene el espacio en blanco con la forma indicativa o subjuntiva apropiada del verbo en letra mayúscula subrayada. (Como aún no hemos presentado las reglas de uso de los dos modos, Ud. tendrá que dejarse guiar por el momento por (1) lo que haya aprendido en otro[s] curso[s] y/o (2) lo que le "suene" bien según el español que viene usando desde la infancia como hispanohablante nativo.)

1. Mi tía Ema quiere que Ana María la <u>INVITAR</u> _____ a cenar.

2. Luis Arturo le ruega a Ricardo que le <u>PERMITIR</u> _____ llegar dos días después de empezadas las clases.

3. Nunca dejo que mis hijos <u>CORRER</u> _____ dentro de la casa.

4. Busco una novela que no me <u>ABURRIR</u> _____ demasiado.

5. No puedo encontrar ningún chofer que no <u>MANEJAR</u> _____ como un loco.

6. Dice Gordis que su papá le da un dólar todos los días para que <u>PODER</u> _____ comprarse un helado y un pan dulce.

7. Margarita va a preparar la comida tan pronto como REGRESAR _____ del trabajo.

8. Tony no me visita a menos que QUERER _____ darme un sablazo.

9. Te digo que te PONER _____ tus zapatos de tenis ahorita

   mismo antes de que te CAER _____.

----

(2) LAS FORMAS DEL IMPERFECTO DE SUBJUNTIVO

Otra vez hay que llenar el espacio en blanco (como si esto fuera un ejercicio) con cualquier forma del verbo en letra mayúscula subrayada que parezca correcta:

(1.a)   No quería que él me HABLAR _____ de Juan.
(1.b)   Sabía que él nunca me HABLAR _____ de Juan.

(2.a) Le rogué encarecidamente que ESTUDIAR _____ latín.
(2.b) Ya me habían dicho que él ESTUDIAR _____ latín.

(3.a) Necesitaba una criada que TRABAJAR _____ mucho.
(3.b) Conocí a una criada que TRABAJAR _____ mucho.

(4.a)   No creíamos que él ACABAR _____ a tiempo.
(4.b) Ya sabíamos que él siempre ACABAR _____ a tiempo.

Confirmemos respuestas otra vez: si Ud. puso [1.a/b] *hablara/hablaba*, [2.a/b] *estudiara/estudiaba*, [3.a/b] *trabajara/trabajaba* o *trabajó* y [4.a/b] *acabara/acababa* respectivamente, ya sabe manejar con corrección el imperfecto de subjuntivo y los dos tiempos pasados de indicativo del español (cuyos nombres son "pretérito" e "imperfecto de indicativo" [vea el cap. 3]). Todas las oraciones (a) piden el modo subjuntivo-- *hablara, estudiara, trabajara, acabara*--pero las (b) piden el indicativo: *hablaba, estudiaba, trabajaba/trabajó, acababa*. ¿En qué consiste la diferencia morfológica? Por el momento vamos a limitarnos a decir que la diferencia consiste en la "terminación"-- *ara* (vea el cap. 3 para mayor información). Compare estos cuatro grupos de tres formas cada uno:

infinitivo	habl a r	estudi a r	trabaj a r	acab a r
imperf. de indic.	habl a ba	estudi a ba	trabaj a ba	acab a ba
imperf. de subjn.	habl *a* ra	estudi *a* ra	trabaj *a* ra	acab *a* ra[2]

Cuando el indicativo se convierte en subjuntivo, la "terminación" cambia de /aba/ → /ara/. Este cambio se da de una forma un poco diferente si el verbo es como *comer, aprender, vivir* o *sufrir* donde la v.t. es /e/ ó /i/:

infinitivo	com e r	aprend e r	viv i r	sufr i r
imperf. de indic.	com í a	aprend í a	viv í a	sufr í a
imperf. de subjn.	*com ie ra*	*aprend ie ra*	*viv ie ra*	*sufr ie ra*

Todas las formas del imperfecto de subjuntivo que acabamos de presentar son **regulares** (lo cual quiere decir en términos muy generales que las formas se parecen a sus correspondientes infinitivos). Aunque un 91 por ciento de los verbos del español son regulares en el imperfecto de subjuntivo, el resto--unos 950 en total--son **irregulares**. Compare los tres verbos siguientes:

	VERBO REGULAR	**VERBO IRREGULAR**	**VERBO IRREGULAR**
	comer	pedir	traer
imper.	comía	pedía	traía
indic.	comías	pedías	traías
	comía	pedía	traía
	comíamos	pedíamos	traíamos
	comían	pedían	traían
subjn.	comiera	pidiera	trajera
	comieras	pidieras	trajeras
	comiera	pidiera	trajera
	comiéramos	pidiéramos	trajéramos
	comieran	pidieran	trajeran

Por el momento--y antes de que empecemos el análisis detallado del capítulo 3--basta con decir esto: por mucho que cambie la "primera parte" (la **raíz**), donde más nos tenemos que concentrar para determinar si la forma en cuestión es indicativa o subjuntiva es en la "terminación" (la vocal temática).

● **EJERCICIO 2.2** --

(A) Llene el espacio en blanco con la forma indicativa o subjuntiva apropiada del verbo en letra mayúscula subrayada. (Como aún no hemos presentado las reglas de uso de los dos modos, Ud. tendrá que dejarse guiar por el momento por (1) lo que haya aprendido en otro[s] curso[s] y/o (2) lo que le "suene" bien según el español que viene usando desde la infancia como hispanohablante nativo. Note que aquí se trata de las mismas oraciones que en el ejercicio 2.1 arriba con una sola excepción: los verbos de la cláusula matriz están en uno de los dos tiempos pasados de indicativo.)

1. Mi tía Ema quería que Ana María la <u>INVITAR</u> _____ a cenar.

2. Luis Arturo le rogó a Ricardo que le <u>PERMITIR</u> _____ llegar dos días después de empezadas las clases.

3. Nunca dejé que mis hijos CORRER _____ dentro de la casa.

4. Busqué una novela que no me ABURRIR _____ demasiado.

5. No pude encontrar ningún chofer que no MANEJAR _____ como un loco.

6. Dijo Gordis que su papá le daba un dólar todos los días para que PODER _____ comprarse un helado y un pan dulce.

7. Margarita iba a preparar la comida tan pronto como REGRESAR _____ del trabajo.

8. Manuel no me visitaba a menos que QUERER _____ darme un sablazo.

9. Te dije que te PONER _____ tus zapatos de tenis ahorita

mismo antes de que te CAER _____.

----

(3) EL MODO SUBJUNTIVO EN LOS OTROS TIEMPOS VERBALES

En el español moderno este contraste de modo--indicativo vs. subjuntivo--se limita efectivamente a los tiempos presentes y pasados. (Todavía existe un futuro de subjuntivo pero se encuentra limitado a expresiones formulaicas o a refranes como "Cuando a Roma *fueres*, haz lo que *vieres*".) En los **tiempos sencillos**--los tiempos en que la unidad verbal consiste en una sola palabra--el contraste entre indicativo y subjuntivo se da en los tiempos siguientes:

PRESENTES:

presente de indicativo
vs. presente de subjuntivo

hablo/hablas/habla/hablamos/hablan
vs. *hable/hables/hable/hablemos/hablen*

PASADOS:

imperfecto de indicativo
vs. imperfecto de subjuntivo

hablaba/hablabas/hablaba/hablábamos/hablaban
vs. *hablara/hablaras/hablara/habláramos/hablaran*

En los **tiempos compuestos**--los tiempos en los que la unidad verbal consiste en dos palabras o más--el contraste se encuentra en:

TIEMPOS PERFECTOS:

   PRESENTES:

      presente perfecto de indicativo

$$\left\{ \begin{array}{l} he \\ has \\ ha \\ hemos \\ han \end{array} \right\} \quad hablado$$

   vs.   presente perfecto de subjuntivo

$$\left\{ \begin{array}{l} haya \\ hayas \\ haya \\ hayamos \\ hayan \end{array} \right\} \quad hablado$$

   PASADOS:

      pluscuamperfecto de indicativo

$$\left\{ \begin{array}{l} había \\ habías \\ había \\ habíamos \\ habían \end{array} \right\} \quad hablado$$

      vs.   pluscuamperfecto de subjuntivo

$$\left\{ \begin{array}{l} hubiera \\ hubieras \\ hubiera \\ hubiéramos \\ hubieran \end{array} \right\} \quad hablado$$

TIEMPOS PROGRESIVOS:

   PRESENTES:

      presente progresivo de indicativo

$$\left\{ \begin{array}{l} estoy \\ estás \\ está \\ estamos \\ están \end{array} \right\} \quad hablando$$

vs.   presente progresivo de subjuntivo

esté
estés
esté   / hablando
estemos
estén

PASADOS:

imperfecto progresivo de indicativo

estaba
estabas
estaba   / hablando
estábamos
estaban

vs.   imperfecto progresivo de subjuntivo

estuviera
estuvieras
estuviera   / hablando
estuviéramos
estuvieran

TIEMPOS PERFECTOS PROGRESIVOS:

PRESENTES:

presente perfecto progresivo de indicativo

he
has
ha   / estado hablando
hemos
han

vs.   presente perfecto progresivo de subjuntivo

haya
hayas
haya   / estado hablando
hayamos
hayan

PASADOS:

pluscuamperfecto progresivo de indicativo

había
habías

$$\left.\begin{array}{l} había \\ habíamos \\ habían \end{array}\right\} estado\ hablando$$

vs.   pluscuamperfecto progresivo de subjuntivo

$$\left.\begin{array}{l} hubiera \\ hubieras \\ hubiera \\ hubiéramos \\ hubieran \end{array}\right\} estado\ hablando$$

(B) ¿Por qué y para qué se usa el subjuntivo? Las tres categorías semánticas y el empleo del subjuntivo

Las oraciones siguientes ofrecen otro contraste de los dos modos y dan un bosquejo de lo que en el resto del capítulo se estudiará:

    1.a. Uds. insisten en que él se **vaya**. (presente de subjuntivo)
      b. ------------------------- va. (presente de indicativo)

    2.a. Necesito un perro que no **ladre**. (presente de subjuntivo)
      b. Tengo -------------- ladra. (presente de indicativo)

    3.a. Le pago cuando **regrese**. (presente de subjuntivo)
      b. ------------- regresa. (presente de indicativo)

    4.a. Siento mucho que **estés** enfermo. (presente de subjuntivo)
      b. Pues ya sé --- estás -------. (presente de indicativo)

El subjuntivo español puede hallarse en cualquiera de las tres cláusulas que se describieron tan ampliamente en el capítulo # 1: la cláusula **nominativa**--

    1.a. Uds. insisten en [que él se vaya].
                  [eso]

    4.a. Siento mucho [que estés enfermo].
             [eso]

la cláusula **adjetival**--

    2.a. Necesito un perro [que no ladre].
             [no ladrador]

y en la cláusula **adverbial**--

    3.a. Le pago [cuando regrese].
             [{contesta la pregunta "¿Cuándo?"}]

En términos muy generales, todo el subjuntivo puede resumirse con lo siguiente:

Hay subjuntivo en la <u>subordinada</u> porque hay algo en la <u>matriz</u> que lo motiva.

¿En qué consiste este "algo" de la cláusula matriz? Consiste en unas **tres categorías semánticas** (categorías basadas en el significado ['en lo que quieren decir']) que son:

--la **persuasión**

--la **duda**, la **no-experiencia**, la **inexistencia**, la **futureidad**

--el **comentario**

(1.a) La <u>persuasión</u> y el mandato subordinado: Primera parte

Examinemos brevemente la primera de las categorías semánticas, la de la **persuasión**.

Si hay persuasión en la Cl-m y si en la Cl-s se ordena que se haga algo, el verbo de la Cl-s va en subjuntivo:

```
(a) Uds. insisten en        que él se vaya.
    Cl-m                    Cl-s
        verbo de            orden a otro a que haga algo--
        persuasión             ('¡Váyase!')
```

(O sea: 'Uds.', el sujeto, tratan de persuadir a 'él' a que haga algo [en este caso 'irse'].)

No hay subjuntivo cuando no hay persuasión, como en el caso de la oración (b): "Uds. insisten en que él se va", lo cual quiere decir que Uds. tratan de cambiar la opinión de alguien que dice que en este momento 'él' no se va a ir. Tampoco hay subjuntivo en el caso de una oración siguiente, la (c), donde sí hay persuasión pero no hay orden a otro a que haga algo:

```
(c)  Uds. insisten en irse.
         verbo de        [son Uds. mismos los que quieren
         persuasión      ir, así que no hay "orden a otro"]
```

(En la oración [c] y en cualquier oración que se le parezca, el complemento *irse* no es complemento de cláusula sino **complemento infinitivo**, o sea la forma verbal que termina en -<u>r</u>.)

La cláusula--la nominativa--que se emplea en estas oraciones muestra es la más usual de las tres categorías sintácticas porque es la única que puede emplearse con todas las tres categorías **semánticas**--la persuasión, la duda etc., el comentario--que explican por qué se usa el subjuntivo. (Las cláusulas adjetivales y adverbiales se usan con una sola categoría semántica: la duda.)

La tabla que sigue presenta una versión encapsulada de la relación entre categorías semánticas y categorías sintácticas:

RELACIÓN ENTRE CATEGORÍAS SEMÁNTICAS Y CATEGORÍAS SINTÁCTICAS

CATEGORÍAS SEMÁNTICAS   CATEGORÍAS SINTÁCTICAS
DE LA CLÁUSULA MATRIZ.   DE LA CLÁUSULA SUBORDINADA.

(1) persuasión   -------- cláusula **nominativa** nomás:

    (*'Claudia _quiere_ . . . . que Jaime termine el trabajo'*)

(2) duda/no-experiencia/inexistencia/futureidad

         -------- cláusula **nominativa**:

    (*'_No creo_ . . . . . . que Jaime termine el trabajo'*)

         -------- cláusula **adjetival**:

    (*'_Necesito_ una máquina ... que funcione bien'*)

         -------- cláusula **adverbial**:

    (*'Te _pagaré_ la deuda . . . . **cuando** me paguen a mí'*)

(3) comentario   -------- cláusula **nominativa** nomás:

    (*'_Es una lástima_ . . . . . . que Jaime sea tan flojo'*)

Antes de examinar qué quieren decir los términos "persuasión", "duda" y "comentario" y qué relación tienen con la producción del subjuntivo, examinemos dos principios que determinan cómo se usa el modo subjuntivo:

PRINCIPIO "A": **es en la cláusula subordinada donde se da el subjuntivo**[3]

    Quiero ¦ **que se _vaya_.**

PRINCIPIO "B":   lo que determina si va a haber subjuntivo o indicativo en la cláusula subordinada <u>es algo que sale en la cláusula matriz</u>

Quiero ¦ que se vaya.
Dudo ¦ que se vaya.
Qué lástima ¦ que se vaya.
Necesito un secretario ¦ que no se vaya a enojar conmigo.
Voy a celebrar mucho ¦ cuando se vaya.

(1.b) La <u>persuasión</u> y el mandato subordinado: Segunda parte

Cuando persuadimos ('aplicamos la persuasión') a alguien a que haga algo, empleamos una forma de comunicación que tiene sus orígenes en el **mandato directo** ('imperativo').   Sin pelos en la lengua, el mandato directo ordena que algo se haga, como demuestran los siguientes mandatos directos:

(1) **Tráiga**me el periódico.

(2) **Hable** con el niño ahorita mismo.

(3) ¡No **hables** con el niño; **habla** con la niña!

(4) **Compren** un cesto nuevo porque éste no sirve.

El recipiente de un mandato directo es siempre una segunda persona, es decir, una persona a quien se le habla de <u>tú</u>, <u>Ud.</u> o <u>Uds.</u>   El mandato siempre es afirmativo o negativo (que se haga X cosa, que no se haga X cosa).   Dadas estas seis alternativas, hay seis posibles mandatos.

la persona a quien es dirigido el mandato	mandatos afirmativos	mandatos negativos
Ud.	**traiga**	no **traiga**
Uds.	**traigan**	no **traigan**
tú	trae	no **traigas**

Obsérvese que cinco de estas seis formas--las cinco que están en letra negrilla y que al encerrarse dentro de rayas dan la impresión de formar una pistola--son las mismas que salen en el presente de subjuntivo. (Aquí repetimos la conjugación del presente de subjuntivo de tres verbos modelo conjuntamente con la del mismo verbo en el presente de indicativo:)

```
        habl a r              tra e r              ment i r

ps      ---- e               traig a              mient a
        ---- -   s           ----- -   s          ----- -   s
        ---- -               ----- -              ----- -
        ---- -   mos         ----- -   mos        mint  -   mos
        ---- -   n           ----- -   n          mient -   n


pi      ---- o               traig o              mient o
        ---- a   s           tra   e   s          ----- e   s
        ---- -               ---   -              ----- -
        ---- -   mos         ---   -   mos        ment  i   mos
        ---- a   n           ---   -   n          mient e   n
```

No es ninguna coincidencia que estas formas se usen tanto en los mandatos directos como en el mandato subordinado del presente de subjuntivo, porque hay un enlace de significado que nos conduce del mandato directo al mandato subordinado por medio del **mandato indirecto**, como a continuación se puede ver:

MANDATOS DIRECTOS:

    Hábleme Ud. en español.   Tráigame el periódico.

MANDATOS **IN**DIRECTOS:

    Que me hable en español.   Que me traiga el periódico.

MANDATO SUBORDINADO DEL PRESENTE DE SUBJUNTIVO--
            el **subjuntivo de persuasión**:

```
        Quiero          |
        Insisto en      |
        Deseo           |
        Prefiero        |     que hable con el niño ahorita mismo.
  (Le)  exijo           |     que me traiga el periódico.
  (Le)  pido            |     que compren un cesto nuevo.
  (Le)  digo            |          (etc., etc.)
  (Le)  mando           |
        Necesito        |
  (Le)  ruego           |
          etc.          |
```

¿Cómo se va del mandato directo al mandato subordinado por medio del mandato indirecto? La siguiente tabla indica cómo se transforma el (a) directo al (b) indirecto y luego al (c) subordinado:

transformaciones

(a) mandato directo:

    Hábleme en español.

(b) mandato indirecto:

Que me hable en español.

Desplazamiento del pronombre objeto <u>me</u> de derecha a izquierda.

Adición de la conjunción subordinadora <u>que</u>, que forma el primer elemento de la cl-s.

(c) mandato subordinado:

Quiero que me hable en español.

Adición del verbo matriz.

El verbo de la cláusula matriz tiene que ser un verbo **persuasivo**, es decir, cualquier verbo que sirva para persuadir a la otra persona a que haga lo que el mandato subordinado indica en la cl-s. Entre los verbos que desempeñan esta función se destacan éstos:

aconsejar	<u>mandar</u>	querer
decir	necesitar	recomendar
<u>dejar</u>	oponerse	rogar
desear	<u>ordenar</u>	sugerir
exigir	pedir	
<u>hacer</u>	<u>permitir</u>	
impedir	preferir	
insistir	<u>prohibir</u>	

Seis--los subrayados o sea <u>dejar</u>, <u>hacer</u>, <u>mandar</u>, <u>ordenar</u>, <u>permitir</u>, <u>prohibir</u>--permiten que el verbo de la cl-s y la cláusula misma se transformen en un complemento infinitivo y que el sujeto de la cl-s se haga complemento indirecto:

```
1.a.   No permito que mi hijo compre un perro.
  b. |No le permito a mi hijo| comprar un perro.
     |A mi hijo no le permito| ------- -- -----
```

Transformaciones:

cláusula | cláusula subordinada.......:
matriz: | conj/sujeto/verbo/objeto directo
neg/verbo

```
No permito que mi hijo compre un perro.
1     2    3    4      5      6
→    +    4    1    +    2    5 → 5   6
A mi hijo no le permito comprar un perro.
```

(La señal " <u>+</u> " representa un elemento añadido.)

Si el sujeto de la cl-m y el de la cl-s son la misma persona o la misma entidad (es decir, si hay correferencialidad entre *yo* y *yo*, *tú* y *tú*, etc.), también tiene que haber complementación infinitiva. (Es decir, bajo estas circunstancias no puede haber cláusula subordinada con subjuntivo de persuasión.) Sigue un ejemplo:

2.a. *Yo quiero que yo compre un perro.
   [cl-s imposible]

   b. Yo quiero comprar un perro.
       [complementación infinitiva necesaria]

En el caso de las oraciones compuestas en las que la cl-m contiene un **sujeto inexistente**, el complemento infinitivo se emplea si también hay sujeto inexistente en la cl-s:

SUJETO INEXISTENTE EN LA MATRIZ: SUJETO INEXISTENTE EN LA CLÁUSULA SUBORDINADA:

	aconsejable		comprar un perro.
	deseable		------------------
Es	importante		------------------
	necesario		------------------
	preciso		
	preferible		
	hora de		
Urge			
Importa			

Pero cuando sí hay sujeto existente en la cl-s, hay subjuntivo en esta cláusula también:

SUJETO INEXISTENTE EN LA MATRIZ: SUJETO EXISTENTE EN LA CLÁUSULA SUBORDINADA:

	aconsejable		
	deseable		
	importante		
Es	necesario	que	yo compre un perro
	preciso		tú compres un perro
	preferible		Ud. compre un perro
	hora de		nosotros compremos un perro
Urge			etc.
Importa			

Este tipo de oración puede expresarse también con complemento infinitivo más frase preposicional (aun cuando haya cierta diferencia de interpretación entre los dos tipos de enunciado):

"Es importante para mí comprar un perro."

Todo lo anterior también vale para cualquier oración en la que el verbo de la cláusula matriz esté en un tiempo pasado. La única diferencia es que si hay verbo finito ('conjugado') en la cl-s, dicho verbo suele estar en el pasado también (el imperfecto de subjuntivo):

1.a. Él quiere que yo compre un perro.
   b. -- **quería** --- -- **comprara**-- ----.

2.a. Él quiere comprar un perro.
   b. -- quería ------- -- -----.

3.a. Es importante comprar un perro.
   b. Era --------- ------- -- -----.
   c. Es --------- que yo compre -- -----.
   d. **Era** --------- --- -- **comprara** -- -----.

El subjuntivo en cláusula subordinada también puede ser motivado por **sustantivos** o **adjetivos de persuasión** en la cláusula matriz:

4. **Su insistencia** en que yo **llegue** a tiempo me choca mucho.
5. Tienen gran **interés** en que nos **inscribamos** en este curso.
6. **Empeñado** en que Uds. se **marchen** cuanto antes, ya no piensa en otra cosa.
7. Es **mi responsabilidad** que ella **estudie** por lo menos cuatro horas todos los días.

● **EJERCICIO 2.3** --

(A) (1) Subraye y describa todos los subjuntivos que se encuentren en las siguientes oraciones. Luego (2) explique por qué tenía que usarse el subjuntivo en cada caso (o por qué **no** tenía que usarse el subjuntivo si no hay). Siga cuidadosamente el modelo que se presenta a continuación:

MODELO:

x. Prefiero que te quedes en casa.

   (a) Hay un solo subjuntivo y es *quedes*, presente de subjuntivo.
   (b) Tiene que usarse el subjuntivo (1) porque el verbo de la cl-m--*prefiero*--es persuasivo y (2) porque la cl-s contiene mandato subordinado--*te quedes en casa*--que puede cambiarse al mandato directo "Quédate en casa".

1. Quieren que les hablemos de la historia de nuestro país.

2. Quieren hablar con nosotros de la historia de nuestro país.

3. Ha venido rogando mucho durante todo este tiempo que lo dejen en paz.

4. Me rogaba que le hiciera un favor.

5. Te digo que te marches de aquí.

6. Recomiendan que nos cambiemos de barrio.

7. Nos aconsejaban que estudiáramos un poco más.

8. Siempre me pide que le ayude con la tarea.

9. Necesito que me prestes un millón de dólares.

10. Les exigieron que se rindieran y que terminaran la guerra ya.

(B) Si la subordinadión de la cl-s puede expresarse de otra manera (p. ej., cuando se expresa mediante un subjuntivo, ¿podría expresarse por medio de un infinitivo o vice versa?)-- exprésela así. Si no, no la cambie.

1. Me mandó que trajera el periódico.

2. Me pidió que trajera el periódico.

3. Es importante que Isabel gane las elecciones.

4. No nos dejan salir del patio.

5. Urge que te gradúes este mismo semestre.

6. Me prohíbe usar cocaína.

7. Le sugiero que se inscriba en este programa.

8. Yo sí permito que estudies para siquiatra.

(C) Explique la diferencia--tanto la de forma como la de significado--entre estos pares de oraciones.

1.a. Le dije que se casara.
  b. Le dije que se casaba.

2.a. Insisto en que él cumpla con su deber.
  b. Insisto en que él cumple con su deber.

----

(2) El subjuntivo de <u>duda</u>/no-experiencia/inexistencia/futureidad y los tres tipos de cláusula subordinada

Aquí se refiere a muchos conceptos--la duda, la negación, la posibilidad dudosa, la incertidumbre (con respecto al futuro, que por ser algo futuro--la futureidad--todavía no ha ocurrido y tal vez no vaya a ocurrir), la no-experiencia (lo que aún no se ha experimentado y que por eso quizás no exista o posiblemente no se lleve a cabo), la inexistencia (si algo no existe), y la ausencia de conocimiento. Todos estos conceptos sirven de alguna manera u otra para generar el modo subjuntivo en nuestros tres tipos de cls: el nominal, el adjetival y el adverbial. Vamos a ver cómo.

(2.a.) El subjuntivo de <u>duda</u> (etc.) y la cláusula <u>nominativa</u>

Si el verbo de la cláusula matriz expresa

> duda
> negación
> posibilidad
> incertidumbre
> futureidad

el verbo conjugado de la cláusula subordinada tiene que asumir el modo subjuntivo, como revelan los ejemplos siguientes:

DUDA:

1. **Dudo** que **sepas** la respuesta.

2. **No creo** que me lo **vaya** a vender.

3. ¿**Crees** que **sea** inteligente? [Si es pregunta, puede haber duda; cf. "**Creo** que **es** inteligente."]

NEGACIÓN:

4. **Niego** terminantemente que lo **haya** hecho.

5. **No creo** que **lleguen** a tiempo.

6. **No es cierto** que **se emborrache** todos los días.

7. **No es verdad** que él me **conozca**.

POSIBILIDAD:

8. **Es posible** que me **pague** mañana.

9. **No es posible** que me **quieras**.

10. **Es imposible** que **sepa** chino.

11. **Es probable** que le **saquen** la lengua.

12. **No es probable** que nos **haya** mentido.

INCERTIDUMBRE:

    13.   **No sé** si **lleguemos** a tiempo.[4]

(2.b.) El subjuntivo de <u>duda</u> (etc.) y la cláusula <u>adjetival</u>

Antes de comenzar a leer esta sección, vamos a conceptualizar--mediante un árbol lingüístico--la estructura de cualquier oración que como (14) y (15) tiene una cláusula adjetival subordinada:

    14.   **Tengo** UNA CASA que me **gusta.**

    15.   **Busco** UNA CASA que me **guste.**

(fn = frase nominativa)
(fv = frase verbal)
(det = determinante)
(fadj = frase adjetival)
(fprep = frase preposicional)
(pro = pronombre)

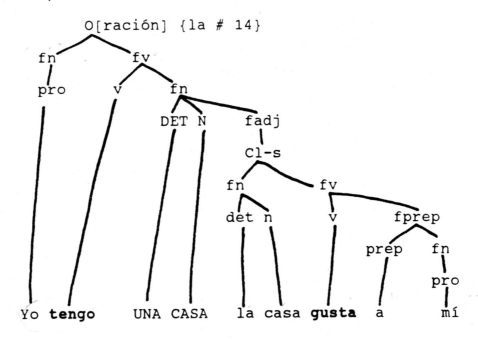

Si el **objeto antecedente**--el que va en letra mayúscula en este árbol--es **dudoso** (desconocido, aún no experimentado, indefinido, imaginario, futuro ...), el verbo finito de la cl-s adjetival va en **subjuntivo**; si el objeto antecedente **no es dudoso** (etc.), va en **indicativo** el verbo de la cl-s adjetival. A continuación se presentan ejemplos y comentarios. (Los verbos de ambas cláusulas están en letra negrilla.)

14. **Tengo** UNA CASA que me **gusta**.

> El verbo de la cl-s adjetival va en **indicativo** porque la existencia de la casa es un hecho y no es dudosa; eso se sabe porque el verbo de la cláusula matriz lo confirma: **"Tengo** una casa [y como ya la tengo, tiene que existir; ergo no es dudosa ni futura la existencia de la casa] . . . "

15. **Busco** UNA CASA que me **guste**.

> El verbo de la cl-s adjetival va en **subjuntivo** porque como la casa todavía se busca y aún no se encuentra, queda una duda de que si se encuentre o no; dicha casa aún no ha sido "experimentada" por el que habla; si se encuentra será en el futuro. La naturaleza semántica del verbo de la cláusula matriz ("Busco") se combina con lo indefinido del artículo indefinido una de la fn; en combinación, estas dos cosas generan la duda etc. con respecto al objeto antecedente ("casa").

16. **Me encontré** ayer con UN COMERCIANTE que **habla** 30 idiomas.

17. **Procuro encontrar** ------------------ **hable** ----------.

> En la oración 16 está confirmada la existencia de tal comerciante; no hay duda etc. En la 17 todavía no se confirma--aún no encuentran a tal señor; dicho señor aún no ha sido experimentado--y por eso queda una duda.

18. **Siempre hago** LO QUE tú me **dices**.

19. **Voy a hacer** LO QUE tú me **digas**.

> En la oración 18 el pronombre relativo lo que genera el subjuntivo en la cl-s adjetival porque el adverbio siempre (que gobierna el verbo de la cláusula matriz) indica una **acción repetida** y por eso confirmada y no dudosa: tú siempre me dices cosas y yo las hago siempre. La oración 19, en cambio, trata **un solo evento** cuyo desenlace aún no se sabe: yo no sé qué es lo que tú me vayas a decir, puesto que aún no me lo dices y aún no hay antecedentes históricos.

20. **Hay** ALGUIEN que me lo **puede** traducir.

21. **No hay** NADIE que me lo **pueda** traducir.

> El antecedente de la 20 existe. En cambio, la existencia del de la 21 es negativa (es decir, inexistente): cuando decimos que "no hay" tal cosa, dicha cosa sencillamente no existe.

(2.c.) El subjuntivo de <u>duda</u> (etc.) y la cláusula <u>adverbial</u>

La cl-s nominativa emplea el subjuntivo por razones que se relacionan principalmente al verbo de la cl-m. La cl-s adjetival emplea el subjuntivo por razones que en su mayoría se relacionan al objeto--OD u OI--de la cl-m (que es el antecedente de dicha cl-s). La **cláusula adverbial**, en cambio, emplea el subjuntivo por razones que se relacionan por lo menos en parte a ciertas características de la **cl-s adverbial misma**.

La cláusula adverbial empieza con cualquiera de las siguientes conjunciones adverbiales (que de aquí en adelante se llamarán "las adverbiales" a secas) que se dividen en dos grupos según su comportamiento:

GRUPO **A**:

a condición (de) que
a fin de que
a menos que
a no ser que
antes (de) que
con el fin de que   Las adverbiales del grupo A
con la intención de que   **siempre** generan el subjuntivo
con tal (de) que   (si el verbo es finito).
con vistas a que
en caso de que
excepto que
para que
salvo que
sin que

22. Mañana vamos a la playa **a menos que** <u>llueva</u>.

23. Él se marchó **antes de que** me <u>acordara</u> de darle el dinero.

24. Le doy una C como nota del curso **con tal de que** <u>saque</u> una A en el examen final.

25. Siempre le da dulces al muchachito **para que** <u>deje</u> de llorar.

26. Los huelguistas ocuparon la fábrica **sin que** se <u>dieran</u> cuenta los patrones.

GRUPO **B**:

aunque
hasta que
por mucho que

----

como
cuando
en cuanto
mientras
según
tan pronto como

Las adverbiales del grupo B generan el subjuntivo si (1) el verbo es finito; si (2) **la referencia de la cl-s adverbial encierra alguna duda o incertidumbre futura**; y si (3) la orientación de la cl-m es hacia algo futuro.

27.a. Mañana vamos a la playa **aunque** <u>llueva</u>.

(Tal vez llueva mañana; no se sabe ni se puede saber; "mañana", que aún no llega, es una ocasión o un evento único y por lo tanto no habitual; hay duda e incertidumbre y por supuesto futuriedad; por eso el verbo de la cl-s va en subjuntivo.)

b. Ahorita vamos a la playa **aunque** <u>llueve</u>.

(Sí está lloviendo y lo sabemos, pero de todos modos vamos. No hay incertidumbre ni futuriedad. Por eso el verbo de la cl-s va en indicativo.)

c. Siempre vamos a la playa **aunque** <u>llueve</u>.

("Siempre" vamos, o sea, es un evento y un comportamiento habituales. Aquí tampoco hay incertidumbre. Por eso el verbo de la cl-s va en indicativo.)

28.a. La vamos a esperar **hasta que** <u>vuelva</u>.

(Evento único, no habitual, que aún no se realiza ["incertidumbre futura" = duda].)

b. Siempre la esperamos **hasta que** <u>vuelve</u>.

> (No es evento único, sino repetido y habitual; por eso no hay "incertidumbre" con respecto al futuro: damos por sentado que cualquier realización futura del referido evento ha de ser como siempre ha sido.)

Un rasgo interesante de la cl-s adverbial es que no tiene que ser subordinada para que un subjuntivo se genere en ella. Por ejemplo las adverbiales **acaso**, **posiblemente**, **probablemente**, **quizá(s)** y **tal vez** generan el subjuntivo en cláusulas MATRICES únicas:

29. **Quizás** <u>aterricen</u> sin dificultad.
30. **Posiblemente** <u>tengamos</u> tiempo.
31. **Acaso** no me <u>reconozca</u>.

● EJERCICIO 2.4 --

(A) (1) Subraye y describa todos los subjuntivos que se encuentren en las siguientes oraciones. Luego (2) explique por qué tenía que usarse el subjuntivo en cada caso (o por qué **no** tenía que usarse el subjuntivo si no hay). Siga cuidadosamente el modelo que se presenta a continuación:

MODELO:

x. Quiere inventar una bomba que pueda destruir al planeta entero.

    (a) Hay un solo subjuntivo y es *pueda*, presente de subjuntivo.
    (b) Tiene que usarse el subjuntivo en la cláusula subordinada adjetival porque como aún no ha sido inventada la bomba (el sustantivo que es el antecedente de la cláusula subordinada), dicha bomba es futura e inexperimentada o sea dudosa: es posible que nunca vaya a existir.

1. ¿Cree Ud. que el mundo acabe de aquí en tres horas?

2. Es posible que Paco se haya vuelto loco.

3. No creo que mi bisabuela lo conozca.

4. Querían un gato que les fuera fiel.

5. Es verdad que nos conocimos el año pasado en Baños Lourdes.

6. Pásale el recado a tu jefe antes de que se te olvide.

7. Las niñas buenas van derechito al cielo cuando se mueren.

8. Aquí no había nadie que entendiera turco.

9. Torturaré a la tortuga hasta que por fin me muerda.

10. Vamos todos a Santo Domingo a menos que se cancele el vuelo.

11. Tal vez no me quieras.

12. Prefiero contratar un cocinero que no nos envenene a todos.

13. Atácale a la comida mientras dure, porque no sé si haya más.

14. El cielo se va a caer en diez minutos aunque tú no lo creas.

(B) Termine cada oración como mejor convenga. (Algunas oraciones pedirán el subjuntivo y otras el indicativo.)

1. Dudo sinceramente que

2. Todos sabemos que

3. Te voy a comprar cualquier cosa que

4. El maestro habló por mucho tiempo sin que

5. Aquí hay una señora que

6. Antes de que

7. Siempre te metes por debajo de la cama hasta que

8. Vamos a cantarle "Las mañanitas" a papá cuando

----

(3) El comentario en la cl-m sobre un hecho en la cl-s nominativa y el subjuntivo en ésta

Analicemos la siguiente oración, que ejemplifica lo que en esta sección nos toca estudiar:

(1) Siento mucho	que estés enfermo.
cláusula matriz que expresa un <u>comentario</u>: "Siento [algo] mucho"	**cláusula nominativa subordinada que expresa un <u>hecho</u>: "tú estás enfermo"**

La cláusula subordinada (nominativa) expresa un hecho, algo que es cierto o se ha declarado como tal. Este hecho se comenta en la cláusula matriz; el comentario constituye en efecto la reacción personal de quien hace el comentario. Cuando se reúnen todas estas condiciones, el verbo finito de la cláusula subordinada ha de ir en subjuntivo. A continuación se ofrecen más ejemplos:

(2) ¡Qué bueno **comentario** que por fin se casen Dagoberto y Dafné! **hecho** ('D y D se casan')

(3) Me alegro **comentario** que no se hayan muerto del susto. **hecho** ('No se han muerto del susto')

(4) Es curioso **comentario** que no quieran asistir a la boda. **hecho** ('No quieren asistir a la boda')

Las expresiones y los verbos de comentario son muchos, pero algunos de los más típicos son:

alegrarse ("Me alegro que . . . ")
doler ("Me duele que . . . ")
enojar ("Me enoja que . . . ")
extrañar ("Me extraña que . . . ")
parecer mentira ("Parece mentira que . . . ")
sentir
temer
tener miedo

dar alegría/coraje/lástima/pena/tristeza que ("Me da lástima que . . . ", "Me da pena que . . . ")

estar alegre/contento/encantado/enojado/triste que ("Estoy contento que . . . ")

ser absurdo/bueno/curioso/lamentable/malo/ridículo/raro que ("Es absurdo que . . . ")

Nótese que de las tres categorías semánticas del subjuntivo que este capítulo examina, es ésta--la del comentario de un hecho--la única que tal vez se esté debilitando con el pasar del tiempo. Se debilita en el sentido de que hay quienes ya no lo usan a la prescriptiva siempre. De ahí que hoy en día se oye tanto "Qué bueno que Dagoberto se **case**" como "Qué bueno que Dagoberto se **casa**". Sin embargo, la gramática prescriptiva sigue insistiendo en que se emplee el modo subjuntivo en toda cláusula subordinada que encierre un hecho que a su vez es comentado en la cláusula matriz.

● EJERCICIO 2.5 --

(A) (1) Subraye y describa todos los subjuntivos que se encuentren en las siguientes oraciones. Luego (2) explique por qué tenía que usarse el subjuntivo en cada caso (o por qué **no** tenía que usarse el subjuntivo si no hay). Siga cuidadosamente el modelo que se presenta a continuación:

MODELO:

x. Me dio gusto saber que Manuel estuviera enamorado otra vez.

   (a) Hay un solo subjuntivo y es *estuviera*, imperfecto de subjuntivo.
   (b) Tiene que usarse el subjuntivo en la cl-s nominativa porque dicha cláusula expresa un hecho ('Manuel estaba enamorado otra vez') y la cl-m comenta este hecho ('Me dio mucho gusto [eso]').

1. Qué lástima que Hermenegilda siempre pierda su trabajo.

2. Tenía miedo de que mi papá pudiera tener un infarto.

3. Era ridídulo que no aprobara el examen.

4. Les da coraje que no puedan comprarse un Cadilaque.

5. Parece mentira que Ana María ya esté jubilada después de tantos años de ser maestra universitaria.

6. Nos dolió tremendamente que doña Ema tuviera que mudarse a la Florida.

7. Era lamentable que Jorge Julio le sacara la lengua a su papá.

8. Están tristes de que por el mal tiempo que hace el perro tenga que enterrar su hueso en el sótano y no en el patio.

(B) Forme oraciones completas con los siguientes comienzos. Tenga cuidado de usar el puro subjuntivo en todas las cl-s.

1. Me da pena que

2. Parecía mentira que

3. Me encanta que

4. Era ridículo que

5. Tengo miedo de que

6. Nos extrañaba mucho que

● EJERCICIO 2.6 ---

EJERCICIOS DE CONJUNTO SOBRE EL SUBJUNTIVO EN GENERAL

(A) (i) Describa la estructura de la oración, indicando de qué se
trata: ¿cláusula matriz solamente?, ¿mandato directo,
indirecto o subordinado?, ¿cláusula matriz con
complemento infinitivo?, ¿cláusula matriz con cláusula
subordinada?, ¿clausula subordinada nominativa, adjetival
o adverbial?

   (ii) Si hay cl-s, diga si el verbo finito va en indicativo o
subjuntivo.

   (iii) Si la cl-s lleva subjuntivo, diga de qué categoría
semántica del subjuntivo se trata: ¿de persuasión?, ¿de
duda?, ¿de comentario?

1. Quiero que me enseñes lo que has hecho.

2. Permítame acompañarla.

3. Es normal que a los hombres les guste bailar.

4. Trataba de encontrar una fórmula que no la confundiera más.

5. ¡Vístase ya!

6. Yo ya quería vestirme.

7. Sopló y sopló hasta que se cayó por fin la casa entera.

8. Voy a mandarle la historia de mi vida por FAX antes de que
    Ud. se olvide de mí.

9. En esos tiempos era muy raro que un beato apoyara tal
    movimiento político.

10. Sugirieron que le enviáramos el giro por burro.

11. Que dejes ya de molestarme.

12. Es una desgracia que no lo hayas leído.

13. ¿Sería Ud. tan amable de avisarme cuando termine la película?

14. Abrieron las puertas que daban al patio para que se aireara la casa.

15. Vamos a hacerlo todos como nos digas tú.

16. Se pusieron a buscarlo tan pronto como se perdió.

17. Le mandaron marcharse en seguida del aula.

18. Habían buscado una escoba en la que hubieran podido caber tres
    brujas.

19. El brujo le ordenó al curandero que le dijera al hechicero que
    dejara de usar colas de ratón en sus pociones.

20. No creo que él tenga SIDA, sino elefantiasis.

21. Ten.

22. Es una lástima tener que levantarme a las cinco.

23. Tal vez haya sido ella la asesina.

24. Siempre vamos de vacaciones cuando finaliza el semestre.

25. Es muy importante que yo sepa dónde vas a estar.

(B) Escriba una oración **original** que corresponda a cada una de estas descripciones.

1. cl-m; cl-s nominativa con subjuntivo de persuasión

2. cl-m; cl-s adjetival con subjuntivo de duda

3. cl-m; cl-s adverbial con subjuntivo de duda

4. cl-m; cl-s nominativa con subjuntivo de duda

5. cl-m; cl-s nominativa con subjuntivo de comentario

6. mandato directo

7. mandato indirecto

8. mandato subordinado

9. cláusula matriz con complemento infinitivo

(C) Explique por qué se usa el indicativo en una de las oraciones
    del par y el subjuntivo en la otra.

1.a. Le escribí que me visitara.
  b. Le escribí que me visitó.

2.a. Habla conmigo cuando puedas.
  b. Habla conmigo cuando puede.

3.a. Decía que nunca ganaba por mucho que se esforzaba.
  b. Decía que nunca ganaría por mucho que se esforzara.

4.a. No necesito una cocinera que sepa cocinar cucarachas.
  b. Ayer contraté a una cocinera que sabe cocinar cucarachas.

5.a. Creo que habla tzeltal.
  b. No creo que hable tzeltal.

Capítulo 3--La morfología y el verbo español

(A) Morfemas libres y ligados

La intuición nos lleva a concluir que muchas palabras se componen de varios componentes y que cada uno tiene su propio significado y/o función. A continuación se ofrecen algunos ejemplos:

abuelos → abuelo + s

bisabuelos → bis + abuelo + s

desaparecer → des + aparec + e + r

desaparición → des + apari + ción

desapariciones → des + apari + ción + es

enseñaríamos → enseñ + a + ría + mos

antiimperialistas → anti + imperi + al + ista + s

A veces es obvia la función de cada unidad de forma y significado o sea **morfema**. En la lingüística las unidades de forma/significado se llaman **morfemas** [del griego morphe 'forma' + -ema 'unidad']. El estudio de los morfemas se llama la **morfología**. Por ejemplo:

bis + abuelo + s

    bis: 'dos veces, más allá de'

    abuelo: el padre de algún padre de uno

    -s: [morfema de pluralización = 'más de uno']

En otros ejemplos anteriores la función de cada morfema no salta necesariamente a la vista y precisaría de un análisis más detallado, como el que ofrecemos a continuación:

enseñ + a + ría + mos

    enseñ: [el morfema que nos da el contenido léxico de la palabra, es decir, el significado tal como se define en un diccionario]

    -a-: [el morfema que indica que este verbo pertenece a la primera conjugación--de la caracterizada por /ar/ al final de su forma infinitiva--y no a la segunda ni a la tercera]

-ría-: [el morfema que nos dice que esta forma
pertenece a un tiempo verbal que se llama
condicional y no a ninguno de los otros
seis tiempos verbales sencillos]

-mos: [morfema que indica que el sujeto de esta
forma verbal--el que en este caso es el
actor de la frase, o sea, el que realiza
la acción de <u>enseñar</u> o dar la clase--es el
pronombre personal <u>nosotros</u>]

Los morfemas pueden dividirse entre dos clasificaciones generales
(la primera de las cuales tiene dos subclasificaciones):

LIBRES:

Los morfemas **libres** son aquéllos que pueden constituir
palabras enteras en aislamiento sin la necesidad de entrar en
combinación con otros elementos para que tengan un significado
manifiesto y evidente. Los libres tienen tres
subclasificaciones:

(1) Los morfemas **libres <u>concordantes</u> o sea cambiables**,
que cambian necesariamente de **género** (masculino vs.
femenino) y de **número** (singular vs. plural) cuando las
circunstancias los obligan a hacerlo. Siguen varios
ejemplos con todas sus formas concordantes posibles:
abuelo/a(s) (o sea: *abuelo, abuela, abuelos, abuelas*);
elefante(s) (o sea: *elefante, elefantes*); *dentista(s)*;
libro(s); *desertor/es/a(s)*.

(2) Los morfemas **libres <u>concordantes truncados</u>** los
constituyen las **raíces truncadas** de palabras enteras que
de otra manera no se usarían en forma truncada nunca, p.
ej., el morfema /cort/ de *cort + ada*, o el morfema /fren/
de *fren + azo*. Aun cuando nadie diría *Me hizo una *cort
en la frente*, la forma /cort/ se entiende como libre
concordante porque representa una versión apocopada de un
morfema libre concordante más largo, /corta/, que es a la
vez la representación de una palabra que tendría su
propia definición en un diccionario.)

(3) Los morfemas **libres <u>no-concordantes</u> o sea no-
cambiables** son aquéllos que no pueden cambiar ni de
género ni de número. Simplemente no cambian de forma
nunca. Ejemplos: *sin, desde, cuando, luego, de, y*.

LIGADOS:

Los morfemas **ligados**, que no constituyen palabras enteras en
aislamiento y que sí tienen que entrar en combinación con
morfemas libres para tener un significado manifiesto y
evidente. Siguen ejemplos: -*r* (como elemento final de

infinitivo verbal en *comprar, comer, vestir*); *-s* (como elemento final pluralizador en *casas, hombres, huesos, abuelos*); *-mos* (como elemento que marca la forma verbal que corresponde a *nosotros: cantamos, bailamos, tomamos*); *ex-* (como prefijo que indica algo que fue pero ya no es: *ex-esposo, ex-presidente*).

(Los morfemas **ligados** pueden ser, o **gramaticales** o **léxicos** según su función morfológica como en seguida veremos.)

Sigue una lista muy parcial de **morfemas ligados** que nunca constituyen palabras enteras y que por lo tanto necesitan combinarse con morfemas libres para usarse al hablar o escribir:

i-/im-/in-: im + posible, in + concluso, i + rregular

pre-: pre + colombino, pre + histórico

bi-: bi + nario, bi + sexual

pos(t)-: post + revolucionario, pos + guerra

sub-: sub + yacente, sub + terráneo

-ada: parrill + ada, muchach + ada

-ismo: comun + ismo, catolic + ismo

-dad: identi + dad, antigüe + dad

-ill-: chiqu + ill + o, maestr + ill + o

-it-: libr + it + o, gat + it + o

El hecho de que ninguno de estos morfemas ligados pueda constituir una palabra entera lo demuestran las siguientes oraciones agramaticales:

*En ninguna parte se encuentra una <u>dad</u> como ésta.

*Esta excavación está bastante más <u>sub</u> que la otra.

*Abandonaron el <u>it</u> que habían comprado.

Mientras que aun una lista completa de morfemas ligados ha de ser corta, una lista completa de morfemas libres sería larguísima; en efecto, cualquier diccionario exhaustivo constituye una buena "lista" de los cientos de miles de morfemas libres, desde <u>aba</u>, <u>abacero</u> y <u>abad</u> hasta <u>zutano</u>, <u>zuzar</u> y <u>zuzón</u>.

Como ya se sabe, los **morfemas ligados** tienen dos subclasificaciones:

(1) El **morfema ligado <u>gramatical</u>** sólo sirve para representar los cambios que se dan dentro de una sola categoría gramatical. El típico morfema ligado gramatical sirve para pluralizar un sustantivo o adjetivo singular--

-(e)s: perro + s, animal + es, enorme + s

o para indicar número y persona (o sea, la identidad del sujeto de una forma verbal):

-s(te) / -mos / -n: aprend + e + s / aprend + e + mos / aprend + e + n

(2) El **morfema ligado <u>léxico</u>** suele efectuar cambios de una categoría gramatical a otra; también efectúa cambios importantes de significado dentro de la misma categoría gramatical. El morfema ligado léxico cambia por ejemplo los verbos a sustantivos, los sustantivos a adjetivos, los adjetivos a adverbios, y los sustantivos de una función a otra.

En los ejemplos que siguen el morfema ligado léxico se escribe con letra negrilla.

veneno   (sustantivo)

en + venen + **ar**   (verbo)

venen + **oso**   (adjetivo, 'que incluye veneno')

venen + **ífero**   (adj., 'que conlleva veneno')

venen + **ífico**   (adj., 'que tiene o incluye veneno')

venen + **os** + **idad** (sustantivo, 'calidad de venenoso')

en + venen + **a** + **dor** (adj., 'que envenena')

en + venen + **a** + **miento** (sustantivo, 'acción y efecto de envenenar[se]')

venen + **ito**   (sustantivo, 'un veneno insignificante')

venen + **os** + **ísimo** (adj., 'extremadamente venenoso')

Los morfemas ligados léxicos pueden subclasificarse a su vez en prefijos y sufijos. Los **prefijos** se colocan **delante** del morfema libre; los **sufijos** se sitúan **detrás** del morfema libre; tanto los prefijos como los sufijos se juntan a dicho morfema libre, formando una sola palabra. A continuación se mencionan algunos de los prefijos más usados:

PREFIJO	SIGNIFICADO	EJEMPLOS
ante-	antes de, delante de	antepuesto, antepasado
anti-	en contra de	anticomunista, antifascista
ex-	que dejó de ser	excombatiente, expropiar
extra-	fuera de	extraordinario, extraoficial
homo-	el mismo; semejante a	homosexual, homófono
inter-	en medio de	internacional, interpuesto
pre-	ante, antes	prehistórico, precolombino
sub-	abajo, bajo	subnormal, submarino

y algunos de los sufijos de mayor uso:

SUFIJO	SIGNIFICADO	EJEMPLOS
-ada	acción de; conjunto de	muchachada, corazonada
-aje	acción de; calidad de	almacenaje, personaje
-azo	aumentación de; acción de	puñetazo, encontrazo
-ador	actividad de, cargo u oficio de	vendedor, transformador
-ista	oficio de; partidario de	periodista, socialista
-ez	estado o condición de	vejez, rapidez
-ero	colectividad de	tiradero
-ida	acción verbal de	movida
-itud	característica de	lentitud

-tad   característica de   dificultad

Los siguientes sufijos--morfemas ligados léxicos--son **diminutivos** que disminuyen o empequeñecen la magnitud del significado de algo, o que lo presentan con distintas intenciones emotivas como p.ej. las de cariño:

-([e]c)it-   mujer + cit + a, cas + it + a, añ + it + o + s

-([e]c)ill-   pan + ecill + o, animal + ill + o

Los siguientes sufijos--morfemas ligados léxicos todos--son **aumentativos** que aumentan la magnitud del significado de algo o que lo presentan con varias intenciones emotivas diversas p.ej. del desprecio:

-ón   cas + on + a
-az-   corp + az + o
-ot-   cabez + ot + a

● EJERCICIO 3.1 --

(A) Indique de qué tipo de morfema se trata--libre concordante, libre concordante truncado, libre no concordante, ligado léxico, o ligado gramatical.

1. grit + ería

2. grit + azo + s

3. cant + a + ste

4. habl + a + mos

5. inocen + cia

6. debil + idad

7. débil + es

8. grit + e + s

9. cant + a + rá + n

10. can + ción

11. chiqu + it + a + s

12. gol

(B) Dé un ejemplo original--que no aparezca en lo que va del presente capítulo--de cada una de las siguientes categorías en forma de palabra.

1. morfema libre concordante

2. morfema libre concordante truncado

3. morfema libre no concordante

4. morfema ligado léxico

5. morfema ligado gramatical

6. morfema ligado léxico: prefijo

7. morfema ligado léxico: sufijo

(C) Dé una lista de todas las palabras que pueden derivarse de la palabra <u>carta</u> mediante la adición de morfemas de todos los tipos.

(B) Los morfemas ligados gramaticales (MLG) y las formas verbales

De todos los temas de la morfología ligada gramatical, la morfología verbal es la más complicada. En primer lugar, el español es un idioma muy rico en tiempos verbales: aun cuando nos limitamos a la voz activa sin incluir la pasiva (vea el capítulo 5), el español tiene siete tiempos verbales sencillos, siete tiempos perfectos, siete progresivos y siete perfectos progresivos para un total de 28 tiempos verbales. En la más diversa de estas agrupaciones de tiempos, la de los siete tiempos sencillos, hay un total de 34 formas individuales diferentes. No nos sorprende, pues, que la morfología del verbo español sea tan rica y compleja.

El análisis morfológico del verbo español empieza forzosamente con una presentación de las formas verbales mismas. Dicha presentación se hace por medio de una **conjugación**. ¿Qué cosa es la **conjugación**? Es 'una presentación de las diferentes formas verbales que se organizan sistemáticamente según su tiempo y otros factores'. La ordenación de formas se hace siempre conforme al mismo sistema organizador, donde las formas se arreglan según el pronombre personal sujeto que los rige:

(1) Los pronombres personales sujeto

LA TABLA DE PRONOMBRES PERSONALES SUJETO

persona(s)		NÚMERO singular(es)	plural(es)
primera		yo	nosotros/nosotras
segunda	informal	tú	[vosotros/vosotras]
	formal	Ud.	Uds.
tercera	masculina	él	ellos
	femenina	ella	ellas

(2) El número (singular/plural) y la persona (1/2/3)

¿A qué se refieren estas designaciones de **número** (singular y plural) y de **persona** (1, 2 y 3)? **Singular** quiere decir "uno sólo" y **plural** "más de uno". Las diferentes **personas** tienen los siguientes significados:

1 = primera: **la persona que habla (desde el punto de vista del que habla**, es decir, si hablo yo, yo soy la "primera persona" del discurso). (Observe que la primera persona sólo puede ser uno de estos pronombres personales: *yo o nosotros/nosotras*.)

2 = segunda: **la persona a quien se habla.** (Observe que la segunda persona sólo puede ser uno de estos pronombres personales: *tú, Ud., Uds.*)

3 = tercera: **la persona, la cosa, la idea (etc.) de la que se habla**

La categoría "segunda persona" se divide en dos subcategorías, según un criterio de formalidad: el pronombre sujeto singular <u>tú</u> se suele usar en un trato **informal** (por ejemplo entre amigos o entre personas de la misma generación y clase social) mientras que el pronombre sujeto singular <u>Ud.</u> se considera propio de un trato más **formal** (por ejemplo entre gente desconocida o de diferentes generaciones y clases sociales). En el plural, la distinción "informal/formal" sólo se observa en el español de España, donde hay una distinción entre <u>vosotros/vosotras</u> (informal) y <u>Uds.</u> (formal). Entre hispanoamericanos las formas <u>vosotros/vosotras</u> no se usan en la lengua hablada: todo lo que sea segunda persona plural es <u>Uds.</u>

La categoría "tercera persona" se divide a su vez en dos según un criterio de género natural: si el sujeto es masculino el pronombre correspondiente es <u>él</u>, y si es femenino ha de ser <u>ella</u>. Esta última distinción se repite en el plural (<u>ellos</u> vs. <u>ellas</u>), con esta excepción: la forma masculina <u>ellos</u> es la única que puede usarse con referencia a grupos que incluyen a los dos sexos.

(3) Ud./Uds.: <u>Segunda</u> persona en el sistema pronominal, pero <u>tercera</u> persona en el sistema verbal

A pesar de que el pronombre sujeto <u>Ud.</u> como pronombre es obviamente de **segunda persona** singular ("<u>Yo</u> hablo a <u>Ud.</u> de <u>él</u>"), sus
1   2   3
correspondientes formas verbales son de la **tercera persona** singular:

```
1:      yo hablo

2 inf.:  tú hablas

2 for.:  Ud. habla
3 m.:     él habla
3 f.:    ella habla
```

Es decir: como **pronombres**, Ud./Uds. se clasifican como segunda persona, pero como **sujetos que rigen formas verbales**, Ud./Uds. pertenecen a la tercera persona. Este hecho se debe a la siguiente circunstancia histórica: en el español de hace más de mil años, el único pronombre personal de segunda persona singular era tú. La forma moderna Ud. proviene de la **fórmula de cortesía** Vuestra Merçed, que al igual que todas las demás fórmulas de cortesía--Su Santidad, Su Alteza, Su Señoría, Vuestra Excelencia, Su Majestad, Su Gracia--regía siempre las formas verbales de tercera persona. (De ahí que se dice "Su Santidad habla ocho idiomas con fluidez" y no *"Su Santidad hablas ocho idiomas con fluidez".) Así que al pasar de fórmula de cortesía a pronombre personal sujeto, Vuestra Merçed (→ vostarçed/vosarçed/vosted/vusted) → Usted mantuvo su calidad como sujeto que regía formas verbales de tercera persona. Lo mismo vale para el pronombre Ustedes, que se desarrolló después como pluralización lógica de la forma singular Ud.

(4) La gran importancia de la tercera persona

De todos los pronombres personales sujeto y sus correspondientes formas verbales, **los más usados son los de la tercera persona**. Esto se debe al siguiente hecho: las formas verbales 1.sg., 2.sg.inf. y 1.pl. se limitan a los siguientes tres sujetos respectivamente: yo, tú, nosotros/nosotras). **ABSOLUTAMENTE TODOS LOS DEMÁS SUJETOS POSIBLES**--*Ud., Uds., Juan, Julieta, el perro, las hormigas, los satélites espaciales, mi gatito, esta telenovela, un millón de muertos, la física nuclear, las veinte páginas que tenemos que estudiar, el elefante de la vecina de al lado, etc., etc.*--**SON DE TERCERA PERSONA** en cuanto a la forma verbal que los acompaña. Esto realza la suma importancia de las formas verbales de la tercera persona, ya sean singulares o plurales.

●**EJERCICIO 3.2** ---

(A) Dé la **persona** y el **número** de los siguientes pronombres personales/nombres propios/sustantivos sujetos. Siga este **modelo**:

       él   tercera persona singular

1. yo

2. ellos

3. Gloria

4. los anteojos

5. la historia de México

6. nosotros

7. los señores Zedillo

8. mi tía

9. tú

10. treinta poemas

11. Uds.

12. este gato

13. los que

14. Ud.

15. Ezequiel

16. Juan Bobo

17. 201 animales feroces

18. nosotras las mujeres

(C) Los MLG de las formas verbales: Un verbo regular

Cualquier análisis morfológico procura (1) identificar los diversos morfemas de la manera más eficaz posible y (2) ordenarlos en la forma más clara y sistemática posible. Un análisis de las 34 formas de un verbo regular español revela el camino a seguir.

El **verbo arquetípicamente regular** que se ha escogido es <u>hablar</u>. Por "regular" se entiende dos cosas: (1) cualquier verbo que **NO manifieste ningún cambio en la raíz** a través de toda la conjugación (= los 28 tiempos y las 34 formas de los que ya hablamos), y (2) cualquier verbo que **no se aparte de la norma establecida en cuanto a los demás morfemas** que se incorporan en todos estos tiempos y todas estas formas. A continuación se presenta el análisis morfológico de las 34 formas diferentes de <u>hablar</u>--un **verbo regular**--en los siete tiempos sencillos.

FORMAS VERBALES FINITAS (conjugadas según su tiempo verbal)

TIEMPO		NOMBRE DEL MORFEMA		(vt = vocal temática)
				(ta = tiempo y aspecto)
				(tp = terminación personal)

TIEMPO	raíz	vt	ta	tp
futuro 1.sg.	habl	a	ré	
2sginf	----	-	rá	s
2sgfor/3sg[5]	----[6]	-	--	
1.pl.	----	-	re	mos
2plfor/3sg	----	-	rá	n
condicional[7]	----	-	ría	
	----	-	---	s
	----	-	---	
	----	-	---	mos
	----	-	---	n
presente de indicativo	----	o		
	----	a		s
	----	-		
	----	-		mos
	----	a		n
presente de subjuntivo	----	e		
	----	e		s
	----	e		
	----	e		mos
	----	e		n

imperfecto de indicativo	----	a	ba	
	----	-	--	s
	----	-	--	
	----	-	--	mos
	----	-	--	n

imperfecto de subjuntivo	----	-	ra	
	----	-	--	s
	----	-	--	
	----	-	--	mos
	----	-	--	n

pretérito	----	é		
	----	a	ste	
	----	ó		
	----	a	mos	
	----	-	ro	n

FORMAS INFINITAS O ATEMPORALES (sin tiempo propio)

infinitivo	----	-	r
participio pasado	----	-	do
gerundio	----	-	ndo

Todo análisis morfológico de un verbo empieza con el **infinitivo**, que es la forma verbal atemporal que termina con -*r*. El infinitivo consiste en tres morfemas: el de la **raíz**, el de la **vocal temática**, y el del **tiempo y aspecto**. (El infinitivo mismo no tiene morfema de terminación personal porque es una forma **atemporal infinita** o sea sin tiempo propio, y únicamente las formas finitas--las que tienen un tiempo propio--pueden tener terminación personal.)

La **raíz** es siempre aquella parte del infinitivo que queda al eliminarse las últimas dos letras:

h a b l (a) (r)

La penúltima letra del infinitivo--aquí la /a/--es el morfema de la **vocal temática**; la última letra del infinitivo--aquí la /r/--es el morfema del **tiempo y aspecto**.

● **EJERCICIO 3.3** --

(A) Haga el análisis morfológico de los siguientes infinitivos indicando cuál es la **raíz**, cuál es la **vt** y cuál es el **ta**.

1. entender

2. prohibir

3. desocupar

4. pintarrajear

5. ser

6. litofotografiar

7. emplebeyecer

8. oír

9. zurcir

10. distinguir

11. ir

12. incluir

----

(1) Raíz, vocal temática, tiempo y aspecto, terminación personal

Como ya se sabe, el guion (----) se emplea en el análisis morfológico para indicar que se ha repetido un morfema. Esta reducción de la conjugación a sus esencias--elementos repetidos vs. elementos nuevos--facilita el entendimiento de los contrastes explícitos y los enfatiza. Los guiones nos enseñan lo siguiente del verbo <u>hablar</u>:

RAÍZ:

No hay ningún cambio en la raíz. Esto demuestra que <u>hablar</u> es regular.

VOCAL TEMÁTICA:

Se manifiesta un gran predominio de la /a/, que es a su vez la vocal temática del infinitivo mismo, hecho que no es ningún accidente: esta vocal temática de la raíz es la vocal que **debe** predominar a través de la conjugación de un verbo regular como éste cuyo infinitivo termina en /ar/. La **vt** /a/, pues, se repite a través de toda la conjugación con una sola excepción: en el presente de subjuntivo es siempre /e/.

TIEMPO Y ASPECTO:

Aquí es donde más se indica lo que sirve para distinguir un tiempo de otro. Es de notarse que casi cada uno de los tiempos tiene su propio morfema de **ta**:

FUTURO: /ré/ /rá/ (tónicos los dos)

CONDICIONAL: /ría/ (tónico)

PRESENTE DE INDICATIVO: Ø [este símbolo indica que el morfema de estos dos tiempos en esta columna es cero, o sea, nulo; no tiene]

PRESENTE DE SUBJUNTIVO: Ø

IMPERFECTO DE INDICATIVO: /ba/ (átono)

IMPERFECTO DE SUBJUNTIVO: /ra/ (átono)

PRETÉRITO: Ø / /ro/ (aunque predomina [Ø], apareciendo en cuatro de las cinco posiciones posibles)

TERMINACIONES PERSONALES:

Las terminaciones personales son siempre las mismas (con una sola excepción que sale en letra negrilla):

1.sg.	Ø
2sginf.	/s/ /**ste**/
2sgfor./ 3.sg.	Ø
1.pl.	/mos/
2plfor./ 3.pl.	/n/

(La única excepción por supuesto es la 2.sg.inf., donde /s/ se usa en seis de los siete tiempos y /ste/ en el séptimo--el pretérito.)

Importa saber que las terminaciones personales son los únicos morfemas que se colocan en la columna t.p. y que siempre han de colocarse en dicha columna y no en ninguna otra. (Lo mismo vale para los morfemas de t.a., los morfemas de la v.t., y las raíces: cada morfema tiene su propia columna con exclusividad.)

● **EJERCICIO 3.4** --

(A) Describa el verbo <u>acompañar</u> mediante el análisis columnar que acabamos de hacer para el verbo <u>hablar</u>. Use líneas verticales para marcar las columnas. Indique el nombre del tiempo correspondiente a cada grupo de formas.

(B) Diga a cuál tiempo (o atiempo) pertenecen las formas
    siguientes.

1. comprabas

2. comprarías

3. andar

4. demostraré

5. solicitó

6. solicito

7. comprarán

8. compraran

9. señalara

10. señalaba

11. pasaste

12. pasé

13. pase

14. mandaron

15. envió

16. daría

17. pasen

18. mandamos [**dos** respuestas]

19. envío

20. pasan

21. envíe

22. envié

(D) Los MLG de las formas verbales: Las tres conjugaciones

El español no tiene una sola conjugación (la de los infinitivos que terminan en /ar/) sino dos conjugaciones más para un total de tres. Las conjugaciones restantes son la de los infinitivos que terminan en /er/ y la de los infinitivos que terminan en /ir/. Siguen varios ejemplos de los tres tipos de infinitivos:

LAS CONJUGACIONES:

primera:	**segunda:**	**tercera:**
/ar/	**/er/**	**/ir/**
acostar	aprender	abrir
bañar	beber	batir
cerrar	comer	conducir
dar	deber	decir
expresar	entender	elegir
faltar	fallecer	fingir
grabar	guarnecer	gemir
hallar	hacer	huir

Cada uno de estos tres grupos de infinitivos constituye una **conjugación**, palabra que aquí quiere decir 'clasificación morfológica de los infinitivos y sus formas derivados'. (Nótese que este uso de la palabra **conjugación** no es el que le dimos a la palabra en la sección B del presente capítulo, donde **conjugación** = 'lista de las diferentes formas de un verbo ordenadas según sus tiempos verbales'.) Los terminados en /ar/ constituyen la **primera conjugación** y son los más numerosos; unos 8,650 infinitivos son de la primera conjugación. Los terminados en /er/ constituyen la **segunda conjugación** y consiste en 672 infinitivos. Los terminados en /ir/ constituyen la **tercera conjugación** con 684 infinitivos.

Lo único que sirve para distinguir /ar/ de /er/ y de /ir/ es la vocal temática. La importancia de la v.t. crece aún más cuando recordamos la morfología de las formas conjugadas de <u>hablar</u> y las comparamos con las formas conjugadas de dos de los verbos regulares más representativos de las conjugaciones 2 y 3 respectivamente-- <u>comer</u> y <u>vivir</u>:

(1) TRES VERBOS REGULARES QUE REPRESENTAN SUS RESPECTIVAS CONJUGACIONES

	primera conjugación				**segunda conjugación**				**tercera conjugación**			
	raíz	vt	ta	tp	raíz	vt	ta	tp	raíz	vt	ta	tp
los siete tiempos sencillos												
LOS DOS FUTUROS	habl	a	r		com	e	r		viv	i	r	
f⁸	----	-	ré		---	-	ré		---	-	ré	
	----	-	rá	s	---	-	rá	s	---	-	rá	s
	----	-	--		---	-	--		---	-	--	
	----	-	re	mos	---	-	re	mos	---	-	re	mos
	----	-	rá	n	---	-	rá	n	---	-	rá	n
c	----	-	ría		---	-	ría		---	-	ría	
	----	-	---	s	---	-	---	s	---	-	---	s
	----	-	---		---	-	---		---	-	---	
	----	-	---	mos	---	-	---	mos	---	-	---	mos
	----	-	---	n	---	-	---	n	---	-	---	n
LOS DOS PRESENTES												
p.i.	----	o			---	o			---	o		
	----	a	s		---	e	s		---	e	s
	----	-			---	-			---	-		
	----	-	mos		---	-	mos		---	i	mos	
	----	-	n		---	-	n		---	e	n	

p.s.

----	e		---	a		---	a	
----	-	s	---	-	s	---	-	s
----	-		---	-		---	-	
----	-	mos	---	-	mos	---	-	mos
----	-	n	---	-	n	---	-	n

LOS TRES PASADOS

i.i.

----	a	ba		---	í	a		---	í	a	
----	-	-	s	---	-	-	s	---	-	-	s
----	-	-		---	-	-		---	-	-	
----	-	-	mos	---	-	-	mos	---	-	-	mos
----	-	-	n	---	-	-	n	---	-	-	n

i.s.

----	-	ra		---	ie	ra		---	ie	ra	
----	-	--	s	---	--	--	s	---	--	--	s
----	-	--		---	--	--		---	--	--	
----	-	--	mos	---	--	--	mos	---	--	--	mos
----	-	--	n	---	--	--	n	---	--	--	n

pret

----	é			---	í			---	í		
----	a	ste		---	i	ste		---	i	ste	
----	ó			---	ió			---	ió		
----	a	mos		---	i	mos		---	i	mos	
----	a	ro	n	---	ie	ro	n	---	ie	ro	n

los tres atiempos:

infinitivo

----	a	r	---	e	r	---	i	r

participio pasado

----	-	do	---	i	do	---	i	do

gerundio

----	-	ndo	---	ie	ndo	---	ie	ndo

●EJERCICIO 3.5 --

(A) Conteste las siguientes preguntas refiriéndose siempre a la tabla anterior.

1. De los siete tiempos sencillos, ¿cuáles tiempos tienen sólo **cuatro formas diferentes** (una de las cuales se repite [se usa dos veces])? ¿Cuáles tiempos tienen **cinco formas diferentes**?

2. ¿En cuáles tiempos hay diferencias entre las vocales temáticas de las formas conjugadas y la vocal temática del infinitivo correspondiente? (Por ejemplo, la v.t. de <u>hablar</u> no es siempre /a/. ¿Dónde no lo es?)

3. ¿En cuáles tiempos se manifiestan las pocas diferencias que hay entre las v.t. de la segunda conjugación y las v.t. de la tercera?

4. ¿En cuál tiempo se dan más v.t. diferentes?

5. ¿En cuáles tiempos hay **un solo morfema** que marca el t.a.? ¿En cuáles tiempos hay **dos** que lo marcan?

6. ¿En cuáles tiempos cae siempre la acentuación tónica en la columna del t.a.?

7. ¿En cuáles tiempos cae la acentuación tónica en la columna de la v.t.?

8. ¿En cuáles tiempos cae la acentuación tónica en la columna de la raíz en ocho de las diez palabras de la conjugación?

9. ¿A qué conclusión general podemos llegar en cuanto a la relación entre donde cae la acentuación tónica y el tiempo verbal? (Sugerencia: combine en una sola respuesta sus contestaciones a las preguntas 6, 7 y 8.)

(B) Indique a cuál(es) tiempo(s) o a cuál atiempo pertenecen las formas o los morfemas siguientes.

1. /é/

2. /ié/

3. vendas (dos respuestas)

4. hallaran

5. corriendo

6. /i/

7. /ro/

8. servido

9. /ba/

10. /r/

11. /rá/

12. siento

13. escuchaba

14. /ste/

15. /ría/

16. /o/

17. /ió/

18. /á/

19. entendió

20. entendido

----

(2) Los dos tiempos presentes y la vocal temática: El intercambio entre _a_ <--> _e_/_i_

El intercambio entre _a_ <--> _e_/_i_ es el intercambio entre el modo **'presente de indicativo'** y el modo **'presente de subjuntivo'** (vea el cap. 2 para una presentación completa de qué cosa es el modo). Esto se manifiesta en el siguiente repaso del análisis columnar de los tres verbos regulares:

```
        habl a r          com e r          viv i r
p.i.    ---- o            --- o            --- o
        ---- a   s        --- e   s        --- e   s
        ---- -            --- -            --- -
        ---- -   mos      --- -   mos      --- i   mos
        ---- a   n        --- -   n        --- e   n

p.s.    ---- e            --- a            --- a
        ---- -   s        --- -   s        --- -   s
        ---- -            --- -            --- -
        ---- -   mos      --- -   mos      --- -   mos
        ---- -   n        --- -   n        --- -   n
```

Descartando el morfema /o/ (que es una excentricidad), lo que salta a la vista a través del resto de la conjugación es el **intercambio** entre /a/ y /e/-/i/. En cuatro de las cinco formas del p.i. de hablar la v.t. es /a/, pero es /e/ en todas las formas de hablar del p.s. El mismo comentario vale para comer y vivir **pero al revés:** en comer el morfema de la v.t. es /e/ en el p.i. y /a/ en el p.s., y es /e/ (o /i/) en el p.i. de vivir y /a/ en el p.s. de vivir. Sigue una recapitulación de este **intercambio:**

```
hablar              comer               vivir
/a/ --- /e/         /e/ --- /a/         /e/-/i/ --- /a/
p.i.    p.s.        p.i.    p.s.        p.i.        p.s.
```

Este intercambio también puede representarse en el triángulo vocálico que representa las diferentes posiciones en la boca donde se pronuncian las cinco vocales del español:

```
[anteriores]   [central]  [posteriores]

     i                    (u) (Las vocales posteriores
                               no entran en este
                               intercambio.)
     e                    (o)

           a
```

De hecho se puede decir que el intercambio morfológico entre el p.i. y el p.s. gira alrededor de un **intercambio entre vocales anteriores** y la vocal central baja/abierta.

(3) La mínima diferencia entre las conjugaciones segunda y tercera

En sólo dos tiempos--el futuro y el condicional--es marcada la diferencia entre las conjugaciones 2 y 3. En los tiempos futuro y condicional, las formas de cada tiempo repiten la v.t. de sus respectivos infinitivos:

	com e r	viv i r
f	--- - ré	--- - ré
	--- - rá s	--- - rá s
	etc.	etc.
c	--- - ría	--- - ría
	--- - --- s	--- - --- s
	etc.	etc.

En el presente de indicativo las v.t. de estas dos conjugaciones son idénticas con la única excepción de las de la 1.pl. (com/e/ /mos, viv/i/ /mos).[9] En los demás tiempos--el p.s., y los tres tiempos pasados (i.e., i.s., pret)--la morfología de las dos conjugaciones es idéntica. Lo mismo vale para dos de los atiempos: el participio pasado y el gerundio. Como ya queda dicho, únicamente se manifiesta por completo una diferencia morfológica en los dos tiempos futuros que, como es sabido, se basan en el infinitivo entero y las formas conjugadas del verbo <u>haber</u>: "lo han de comprar" → "lo comprar + han" → "lo comprar-han" → "lo comprar(h)án" → "lo comprarán".

Es de notarse que las vocales temáticas de las conjugaciones segunda y tercera manifiestan más variedad que las de la primera conjugación. Esta variedad morfológica se hace patente sobretodo en el tiempo pretérito y en un tiempo pasado--el i.s.--que le sigue la corriente al pretérito en lo que a su morfología se refiere. Sigue una recapitulación:

	com e r		viv i r	
pret	--- í		--- í	
	--- i	ste	--- i	ste
	--- ió		--- ió	
	--- i	mos	--- i	mos
	--- ie ro n		--- ie ro n	
i.s.	--- ie ra		--- ie ra	
	--- -- --	s	--- -- --	s
	--- -- --		--- -- --	
	--- ié --	mos	--- ié --	mos
	--- -- --	n	--- -- --	n

Es en las formas de las terceras personas del pretérito donde hay una desviación de la morfología esperada: se dan /ió/ y /ié/ respectivamente en vez de /í/. Y como la morfología del tiempo i.s. de todos los verbos españoles repite cualquier peculiaridad de la 3.p. del pretérito, el morfema /ié/ se encuentra a través de toda la columna de la v.t. del i.s.

● **EJERCICIO 3.6** --

(A) Describa los siguientes verbos en todos los siete tiempos sencillos mediante el análisis columnar, usando líneas verticales e indicando el nombre del tiempo correspondiente a las diversas formas.

1. d i v i d i r   2. c o m p r e n d e r

3. d e s a r r e g l a r   4. d e p e n d e r

(B) Indique a cuál tiempo pertenecen las siguientes formas verbales. Luego haga el análisis columnar de cada forma.

1. pertenecen

2. entenderías

3. entendías

4. siento

5. sienta (dos respuestas)

6. desinfectábamos

7. serás

8. anticipe

9. anticipé

10. ordenen

11. contribuiste

12. frecuentara

13. recogiera

14. andará

15. vi

16. manejó

(E) Los MLG de las formas verbales: La irregularidad morfológica en general

Todo lo que no se conforma a los patrones morfológicos establecidos en las secciones anteriores para <u>hablar</u>, <u>comer</u> y <u>vivir</u> es irregular. Aquí la irregularidad que **más** nos interesa es la morfológica, pero no por eso dejaremos de analizar la ortográfica (vea las págs. 167-175) aunque sólo sea para que se entienda que los dos tipos de irregularidad son diferentes:

IRREGULARIDAD **MORFOLÓGICA**   IRREGULARIDAD **ORTOGRÁFICA**

```
              and    a  r            analiz a  r
pret    anduv  e                     analic é
        -----  i    ste              analiz a      ste
        -----  o                     ------ ó
        -----  i    mos              ------ a      mos
        -----  ie ro n               ------ a ro  n
```

La naturaleza de cualquier irregularidad se comprueba y se analiza comparando las formas que creemos ser irregulares con las formas que sabemos que son regulares, p.ej. comparando las formas pretéritas de <u>andar</u> con las formas pretéritas de un verbo de la misma conjugación, <u>hablar</u>, que ya se ha establecido como regular:

```
              and    a  r            habl a  r
pret    anduv  e                     ---- é
        -----  i    ste              ---- a    ste
        -----  o                     ---- ó
        -----  i    mos              ---- a    mos
        -----  ie ro n               ---- a ro n
```

Otra manera igualmente eficaz de determinar en qué consiste la irregularidad de un verbo irregular es "regularizándolo". Es decir, lo **conjugamos falsamente** como si fuera regular, aun a sabiendas de que en realidad no es así:

```
              and    a  r regularizado vs. and    a  r de verdad
pret*   ---    é                          and    e
    *   ---    a    ste                    anduv  i      ste
    *   ---    ó                           -----  o
    *   ---    a    mos                    -----  i      mos
    *   ---    a ro n                       -----  ie ro  n
```

(En algunos casos resulta que las formas regularizadas sí se usan en el habla popular, como las de <u>andar</u> que se acaban de presentar.)

La siguiente comparación entre <u>mentir</u>, un verbo irregular, y <u>vivir</u> (verbo que ya se ha establecido como completamente regular) nos ayudará aún más a explicar cómo se determina que un verbo es irregular y cómo se determina en qué consiste su irregularidad:

```
        ment i   r              viv i   r

f       ---- -   ré             --- -   ré
        ---- -   rá   s         --- -   rá   s
        ---- -   --             --- -   --
        ---- -   re   mos       --- -   re   mos
        ---- -   rá   n         --- -   rá   n

c       ---- -   ría            --- -   ría
        ---- -   ---  s         --- -   ---  s
        ---- -   ---            --- -   ---
        ---- -   ---  mos       --- -   ---  mos
        ---- -   ---  n         --- -   ---  n

pi      mient o                 --- o
        ----- e      s          --- e       s
        ----- -                 --- -
        ment  i      mos        --- i       mos
        mient e      n          --- -       n

ps      ----- a                 --- a
        ----- -      s          --- -       s
        ----- -                 --- -
        mint  -      mos        --- -       mos
        mient -      n          --- -       n

ii      ment  í  a              --- í  a
        ---- -   -   s          --- - -     s
        ---- -   -              --- - -
        ---- -   -   mos        --- - -     mos
        ---- -   -   n          --- - -     n

is      mint  ie ra             --- ie ra
        ---- -- --   s          --- -- --   s
        ---- -- --             --- -- --
        ---- -- --   mos        --- -- --   mos
        ---- -- --   n          --- -- --   n

pret    ment  í                 --- í
        ----  i      ste        --- i       ste
        mint  ió                --- ió
        ment  i      mos        --- i       mos
        mint  ie ro  n          --- ie ro   n
```

atiempos:

inf	ment	i	r	---	i	r
part pas	----	-	do	---	-	do
gerundio	mint	ie	ndo	---	ie	ndo

No notamos diferencia alguna entre _mentir_ y _vivir_ en los dos tiempos futuros. Donde sí observamos una diferencia--de hecho **dos** diferencias--es en los tiempos presentes. Como _vivir_ es regular, no hay cambio en la vocal radical (la /i/ de la raíz), pero la vocal radical de _mentir_ sí cambia: (1) de /e/ → /ie/ (_mient/o_, etc.), y de /e/ → /i/ (_mint/a/ /mos_). El primer cambio resulta en un diptongo y por eso el cambio se llama **diptongación**. La diptongación se manifiesta dondequiera que la vocal tónica reciba la acentuación tónica. El segundo cambio produce una **cerrazón vocálica** (o **cierre vocálico**), en donde la boca se cierra un grado cuando cambia de e → i:

altas/cerradas	i	m_i_nt a mos
medias	e	m_e_nt i r

La cerrazón vocálica de la vocal principal de la raíz (la **vocal radical**) se manifiesta también en:

--las dos terceras personas del pretérito
--el tiempo i.s. entero
--el gerundio

En síntesis, hay dos diferencias morfológicas entre _mentir_ (irregular) y _vivir_ (regular):

mentir--diptongación (_e_ → _ie_) de la vocal radical tónica del verbo en los tiempos presentes

--cerrazón vocálica (_e_ → _i_) en l.pl. del p.s., 3 sg./pl. del pretérito, en todo el i.s., y en el gerundio

vivir--sin ningún cambio en ningún tiempo en ninguna alguna de la raíz del verbo

● EJERCICIO 3.7 --

(A) Describa los siguientes verbos en los siete tiempos sencillos mediante el análisis columnar. Luego indique de qué tipo de irregularidad morfológica se trata, y en cuáles personas y de qué tiempos se manifiesta.

1. s e r v i r   2. e n t e n d e r   3. r e c o r d a r

(B) Indique el tipo de irregularidad morfológica que se manifiesta en las formas siguientes.

1. encuentran

2. prefieres

3. pidió

4. piden

5. sintamos

6. durmamos

7. sueltan

8. prefirió

9. revientes

10. repitiendo

(F) Los MLG de las formas verbales y la irregularidad morfológica según el tiempo

(1) Los tiempos presentes

Comenzamos con los tiempos presentes porque son los más irregulares de todos--un 18 por ciento de los verbos españoles son irregulares en los tiempos presentes--y también son los más complejos en cuanto a los diferentes tipos de regularidad que se manifiestan.

Cualquier análisis de la irregularidad morfológica de los tiempos presentes tiene que tomar en cuenta dos factores: el **patrón** de irregularidad al que se conforma el verbo, y el **proceso** de irregularidad que se manifiesta en dicho verbo. Ya hemos analizado muchos de los **procesos** más importantes como la **diptongación** (o → ue, e → ie) y la **cerrazón vocálica** (es decir, e → i, o → u), y en esta sección hemos de mencionar otros procesos como la **adición de consonante** (ten- → teng-) y el **cambio de consonante** (hac- → hag-). Pero el concepto de **patrón** es nuevo y se comentará en el párrafo que sigue.

PATRONES DE IRREGULARIDAD EN LOS TIEMPOS PRESENTES

Hay seis patrones diferentes; algunos de ellos manifiestan más de un solo proceso de irregularidad. (Toda irregularidad en los tiempos presentes se encuentra en la raíz del verbo.) Cinco de los seis patrones incorporan cambios morfológicos, mientras que el sexto patrón se limita a una irregularidad de acentuación.

La letra que va enfrente de la forma se refiere a la variedad de raíz que se manifiesta en dicha forma; de ahí que un verbo como recordar tiene dos variedades de raíz, record- y recuerd-, y cada variedad se marca con su propia letra--a) record- o b) recuerd-. Sentir tiene tres raíces diferentes: a) sent-, b) sient- y c) sint-. Venir tiene sus propias tres raíces: a) ven-, b) veng- y c) vien-. Caer tiene dos: a) ca- y b) caig-. Pedir tiene dos: a) ped- y b) pid-. Cambiar tiene uno solo: a) cambi- (pero con acentuación irregular).

PATRÓN I:

(Conjugaciones 1, 2.)

```
a)  record a r
(poder, pensar, entender,
 jugar)
b)  recuerd o
b)  ------- a   s
b)  ------- -
a)   record - mos
b)  recuerd - n

b)  ------- e
b)  ------- -   s
b)  ------- -
a)   record - mos
b)  recuerd - n
```

PATRÓN II:

(Conj. 3 nomás.)

```
a)  sent i r
(dormir)
b)  sient o
b)  ----- e   s
b)  ----- -
a)  sent i mos
b)  sient e   n

b)  ----- a
b)  ----- -   s
b)  ----- -
c)  sint -   mos
b)  sient -   n
```

PATRÓN III:

(Conjs. 3, 2.)

```
a)  ten e r
(decir, oír, venir)

b)  teng o
c)  tien e   s
c)  ---- -
a)   ten e   mos
c)  tien e   n

b)  teng a
b)  ---- -   s
b)  ---- -
b)  ---- -   mos
b)  ---- -   n
```

PATRÓN IV:

(Conjs. 2∅, 3∅.)

```
a)   ca e r
(poner, conocer, conducir,
 hacer, caber)

b)  caig o
a)   ca e   s
a)   -- -
a)   -- -   mos
a)   -- -   n

b)  caig a
b)  ---- -   s
b)  ---- -
b)  ---- -   mos
b)  ---- -   n
```

PATRÓN V:

(Conj. 3∅ nomás.)

```
a)  ped i r
(destruir)

b)  pid o
b)  --- e   s
b)  --- -
a)  ped i   mos
b)  pid e   n

b)  --- a
b)  --- -   s
b)  --- -
b)  --- -   mos
b)  --- -   n
```

PATRÓN VI:

(Conj. 1∅ [i/u +ar].)

```
a)  cambi a r
(averiguar)

a)  cambi o
a)  ----- a   s
a)  ----- -
a)  ----- -   mos
a)  ----- -   n

a)  ----- e
a)  ----- -   s
a)  ----- -
a)  ----- -   mos
a)  ----- -   n
```

EXAMEN DETALLADO DE PATRONES Y PROCESOS

PATRÓN I:

a; bbbab; bbbab

Un solo proceso: diptongación donde hay acentuación tónica en la vocal radical: o → ue, e → ie, u → ue.

Los verbos modelo son:
recordar, **poder**; **pensar**, **entender**; **jugar**.

(En **recordar**/**doler** hay diptongación de la **o**, mientras que en **pensar**/**entender** la hay de la **e** → **ie**. En **jugar** hay diptongación de la **u** → **ue**.)

a)	record	a	r		pens	a	r		jug	a	r

b)	recuerd	o			piens	o			jueg	o	
b)	-------	a	s		-----	a	s		----	a	s
b)	-------	-			-----	-			----	-	
a)	record	-	mos		pens	-	mos		jug	-	mos
b)	recuerd	-	n		piens	-	n		jueg	-	n

b)	-------	e			-----	e			jueg u[10]	e	
b)	-------	-	s		-----	-	s		-----	-	s
b)	-------	-			-----	-			-----	-	
a)	record	-	mos		pens	-	mos		jugu	e	mos
b)	recuerd	-	n		piens	-	n		jugu	-	n

Los que se comportan como **recordar** y **poder**:

1@ conjugación: *acordar, acostar, aprobar, avergonzar, colgar, contar, demostrar, encontrar, esforzar, forzar, mostrar, probar, rogar, soltar, sonar, soñar, volar*

2@ conjugación: *doler, morder, mover, oler, resolver, torcer, volver*

Los que se comportan como **pensar** y **entender**:

1@ conjugación: *acertar, apretar, calentar, cerrar, comenzar, confesar, despertar, empezar, encerrar, enterrar, quebrar, recomendar, reventar, sembrar, sentar, tropezar*

2@ conjugación: *atender, defender, descender, encender, entender, perder, querer, tender, verter*

El único verbo que se comporta como **jugar** es **jugar** mismo.

Como ya sabemos, la vocal radical es la primera que se encuentra a la izquierda de la línea que separa la raíz de la vocal temática. Si la vocal radical es tónica, se convierte en diptongo. Cuando no es tónica, no se convierte en diptongo; la diptongación no se manifiesta cuando no hay acentuación tónica en la vocal radical.

PATRÓN II:

a; bbbab; bbbcb

Dos procesos:

1) diptongación de la vocal radical cuando ésta recibe la acentuación tónica: *e → ie, o → ue.*

2) cerrazón vocálica en la vocal radical de la 1.pl. del presente de subjuntivo: *e → i, o → u.*

Los verbos modelo son:
<u>sentir</u>, <u>dormir</u>.

a)	sent	i	r	dorm	i	r
b)	sient	o		duerm	o	
b)	-----	e	s	-----	e	s
b)	-----	-		-----	-	
a)	sent	i	mos	dorm	i	mos
b)	sient	e	n	duerm	e	n
b)	-----	a		-----	a	
b)	-----	-	s	-----	-	s
b)	-----	-		-----	-	
c)	sint	-	mos	durm	-	mos
b)	sient	-	n	duerm	-	n

Los que se comportan como <u>sentir</u>:

3ª conjugación: *advertir, arrepentirse, consentir, convertir, divertir, herir, hervir, mentir, preferir, referir, resentir, sugerir*

El único que se comporta como <u>dormir</u> es <u>morir</u>.

Los verbos del patrón II son idénticos a los del patrón I con la excepción de las formas de la 1.pl. del p.s., donde hay cerrazón vocálica en la vocal radical.

PATRÓN III:

a; bccac; bbbbb

1 (<u>tener</u>):

Dos procesos, que están en distribución complementaria:

1) hay adición de consonante (ten- → teng-) si no hay diptongación

2) hay diptongación de la vocal radical que recibe la acentuación tónica (e → ie) si no hay adición de consonante

Los verbos que se comportan como tener incluyen todos los derivados de tener (*contener, detener, entretener, mantener, retener,* et al.) más el verbo venir y sus derivados (*convenir, intervenir, prevenir,* et al.).

2 (decir):

Dos procesos:

1) cambio de consonantes (c <--> g)

2) cerrazón vocálica (e → i)

Como decir en los tiempos presentes se comportan todos los derivados de decir (*bendecir, contradecir, maldecir, predecir,* et al.).

3 (oír):

Tres procesos:

1) diptongación (o → oi)

2) adición de consonante (+ g)

3) adición de consonante (+ y)

Como oír se comportan todos sus derivados (*entreoír, trasoír,* et al.).

a)	ten	e	r		dec	i	r		o í r
b)	teng	o			dig	o			oig o
c)	tien	e	s		dic	e	s		oy e s
c)	----	-			---	-			-- -
a)	ten	-	mos		dec	i	mos		o í mos
c)	tien	-	n		dic	e	n		oy e n
b)	teng	a			dig	a			oig a
b)	----	-	s		---	-	s		--- - s
b)	----	-			---	-			--- -
b)	----	-	mos		---	-	mos		--- - mos
b)	----	-	n		---	-	n		--- - n

Los verbos del modelo 1 del patrón III se parecen a los de los patrones I y II en cuanto a la **diptongación** como proceso. Los verbos del modelo 2 del patrón III (<u>decir</u>) no manifiestan diptongación sino cerrazón vocálica. Los tres modelos del patrón III tienen en común la distribución de la **consonante** /g/: se agrega en los modelos 1 y 3, y la /c/ se cambia a ella en el 2.

PATRÓN IV:

a; baaaa; bbbbb

1 (<u>caer</u>):

Dos procesos:

1) diptongación (*a* → *ai*)

2) adición de consonante (+ *g*)

Los verbos que se comportan como <u>caer</u> incluyen todos los derivados de <u>caer</u> más <u>traer</u> y sus derivados (*abstraer, atraer, contraer, distraer, extraer...*)

2 (<u>poner</u>, <u>conocer</u>, <u>conducir</u>):

Un solo proceso:

1) adición de consonante (+ *g*)

Los verbos que se comportan como <u>poner</u>, <u>conocer</u> y <u>conducir</u> incluyen <u>salir</u>, <u>valer</u> y todos los derivados de <u>poner</u> (*componer, imponer, reponer,* et al.), además de todos los verbos cuyos infinitivos terminan en -<u>ecer</u> / -<u>ocer</u> / -<u>ucir</u>, de los que siguen una muestra:

-<u>ecer</u>:	-<u>ocer</u>:	-<u>ucir</u>:
agradecer	conocer	conducir
aparecer	reconocer	producir
crecer		traducir
desaparecer		
enloquecer		
enriquecer		
merecer		
obedecer		
ofrecer		
parecer		
pertenecer		

Es de notarse que el último grafema de la raíz irregular de estos verbos es el que representa el sonido agregado:

conoc e r
[konos é r]

conoz**c** o
[konós**k** o]

3 (**hacer**):

Un solo proceso:

1) cambio de consonantes (*c* <--> *g*)

Los verbos que se comportan como <u>hacer</u> incluyen *satisfacer* más todos los derivados de <u>hacer</u> (*contrahacer, rehacer, deshacer*).

4 (**caber**):

Dos procesos:

1) cerrazón vocálica (*a* → *e*)

2) cambio de consonantes (*b* <--> *p*)

<u>Caber</u> es el único verbo que se comporta como <u>caber</u> en los tiempos presentes.

a)	ca	e	r		pon	e	r		hac	e	r		cab	e	r
b)	caig	o			pong	o			hag	o			quep	o	
a)	ca	e	s		pon	e	s		hac	e	s		cab	e	s
a)	--	e			---	-			---	-			---	-	
a)	--	-	mos		---	-	mos		---	-	mos		---	-	mos
a)	--	-	n		---	-	n		---	-	n		---	-	n
b)	caig	a			pong	a			hag	a			quep	a	
b)	----	-	s		----	-	s		---	-	s		----	-	s
b)	----	-			----	-			---	-			----	-	
b)	----	-	mos		----	-	mos		---	-	mos		----	-	mos
b)	----	-	n		----	-	n		---	-	n		----	-	n

Lo que distingue los verbos de este patrón--el IV--y los del patrón III es la **distribución** de las diferentes tendencias morfológicas. Es en el presente de indicativo donde son diferentes. Esto salta a la vista si comparamos los verbos <u>caer</u> (IV) y <u>tener</u> (III):

Patrón IV			**Patrón III**		
a) ca e r			**a)** ten e r		
b) caig o			**b)** teng o		
a) ca e	s		**c)** tien e	s	
a) -- -			**c)** ---- -		
a) -- -	mos		**a)** ten -	mos	
a) -- -	n		**c)** tien -	n	
b) caig a			**b)** teng a		
b) ---- -	s		**b)** ---- -	s	
b) ---- -			**b)** ---- -		
b) ---- -	mos		**b)** ---- -	mos	
b) ---- -	n		**b)** ---- -	n	

De igual manera, hay identidad de proceso entre los verbos del IV.3 (<u>hacer</u>) y III.2 (<u>decir</u>) (el intercambio *c* <--> *g* en ambos casos), pero la distribución es diferente. <u>Caber</u>, verbo único, cierra la *a* → *e* (cerrazón muy desacostumbrada, ya que la cerrazón típica da vocales altas y no vocales medias) e intercambia las consonantes *b* y *p*.[11]

PATRÓN V:

a; bbbab; bbbbb

1 (<u>pedir</u>):

Un solo proceso:

1) cerrazón vocálica (*e* → *i*)

Los verbos que se comportan como <u>pedir</u> incluyen:

3ª conjugación: *competir, conseguir, corregir, elegir, freír, impedir* (y todos los demás derivados de <u>pedir</u>), *reír, rendir, reñir, repetir, seguir* (y derivados), *servir, sonreír, vestir,* et al.

2 (<u>destruir</u>):

Un solo proceso:

1) adición de consonante (+ y)

Los verbos que se comportan como <u>destruir</u> incluyen todos los que terminan en <u>-uir</u> (*concluir, construir, contribuir, distribuir, excluir, huir, incluir,* et al.).

a)	ped	i	r		destru	i	r	
b)	pid	o			destruy	o		
b)	---	e	s		-------	e	s	
b)	---	e			-------	-		
a)	ped	i	mos		destru	i	mos	
b)	pid	e	n		destruy	e	n	
b)	---	a			-------	a		
b)	---	-	s		-------	-	s	
b)	---	-			-------	-		
b)	---	-	mos		-------	-	mos	
b)	---	-	n		-------	-	n	

PATRÓN VI:

a; aaaaa; aaaaa

Un solo modelo (<u>cambiar</u>, <u>averiguar</u>)

Un solo proceso:

1) desplazamiento de la acentuación tónica de la vocal radical (donde se encuentra en los verbos regulares) a la vocal que está a un paso más a la izquierda:

no *[kam-bí-o] sino [kám-bjo]

no *[a-ße-ri-ɣú-o] sino [a-ße-rí-ɣwo]

Este desplazamiento de acentuación tónica se da en todas las formas del p.i. y del p.s. menos las correspondientes a las dos 1.pl.

a)	cambi	a	r		averigu	a	r	
a)	-----	o			-------	o		
a)	-----	a	s		-------	a	-	
a)	-----	-			-------	-		
a)	-----	-	mos		-------	a	mos	
a)	-----	-	n		-------	-	n	

a)	----- e		averigü[12]e	
a)	----- - s		------- - s	
a)	----- -		------- -	
a)	----- - mos		------- - mos	
a)	----- - n		------- - n	

La vocal radical donde cae la acentuación tónica en los verbos regulares es la que se encuentra inmediatamente a la izquierda de la línea que separa la columna de la v.t. de la columna de la raíz:

h<u>a</u>bl a r

com<u>e</u>nt a r

organ<u>i</u>z a r

despreoc<u>u</u>p a r

Pero en los verbos del patrón VI que se conforman al modelo de <u>cambiar</u> y <u>averiguar</u>, la vocal radical es la **segunda** en encontrarse a la izquierda de la mencionada línea divisora:

c<u>a</u>mbi a r

aver<u>i</u>gu a r

Como la vocal radical no es la de costumbre, sino otra, estos dos tipos de verbo son irregulares aun cuando ninguno de los segmentos de la raíz (los sonidos mismos) experimenta cambio y aun cuando no se le agrega nada a la raíz.

Los verbos que se comportan como <u>cambiar</u> y <u>averiguar</u> incluyen:

--como <u>cambiar</u>: *abreviar, acariciar, aliviar, anunciar, contagiar, denunciar, desperdiciar, ensuciar, envidiar, iniciar, limpiar, negociar, odiar, premiar, pronunciar, remediar, renunciar*

--como <u>averiguar</u>: *atestiguar, fraguar*

No todos los verbos cuyos infinitivos terminan en -<u>iar</u> o en -<u>uar</u> se comportan como <u>cambiar</u>/<u>averiguar</u>. Los hay que son regulares, como <u>enviar</u> y <u>continuar</u>, donde la vocal radical sí es la de costumbre:

env<u>i</u> a r

contin<u>u</u> a r

Al conjugarse en los tiempos presentes, estos verbos regulares necesitan escribirse **con acento** para indicar que no se forma diptongo cuando el acento tónico recae en la raíz:

envi	a	r		continu	a	r
enví	o			continú	o	
----	a	s		-------	a	s
----	-			-------	-	
envi	-	mos		continu	-	mos
enví	-	n		continú	-	n

----	e			-------	e	
----	-	s		-------	-	s
----	-			-------	-	
envi	e	mos		continu	e	mos
enví	-	n		continú	-	n

En los verbos regulares como <u>enviar</u> y <u>continuar</u> el acento ortográfico representa una **irregularidad** *ortográfica*, no morfológica. Son cien por ciento regulares en cuanto a su morfología se refiere.

● **EJERCICIO 3.8** --

(A) Describa los siguientes verbos mediante el análisis columnar en los dos tiempos presentes. Haga la división en columnas e indique de qué tipo de irregularidad(es) morfológica(s) se trata en cada caso, indicando **patrón** y **proceso** para todos estos verbos.

1. demostrar

2. defender

3. convertir

4. venir

5. traer

6. maldecir

7. producir

8. repetir

9. pronunciar

(B) Diga qué **procesos** de irregularidad se manifiestan en las siguientes formas.

1. cuelgo

2. distraigan

3. despidamos

4. ensucias

5. se ríe

6. hagan

7. contenga

8. adviertes

9. muramos

10. quiebre

11. miento

12. excluyo

13. oyes

14. oigan

15. quepamos

(C) Proporcione un ejemplo original (que no se haya usado en la parte B del presente ejercicio) de cada uno de los siguientes **procesos** morfológicos.

1. diptongación de la vocal radical o

2. cerrazón vocálica

3. adición de consonante más diptongación

4. cambio de consonantes

5. adición de consonante

6. desplazamiento de acentuación tónica

7. diptongación de la vocal radical e

(D) De los siguientes verbos modelos, indique cuáles manifiestan los procesos morfológicos que se describen a continuación.

PROCESOS MORFOLÓGICOS:

(1) desplazamiento de acentuación tónica
(2) cerrazón vocálica
(3) adición de consonante
(4) cambio de consonantes
(5) diptongación

MODELOS VERBALES:

    I: (1) recordar, pensar, jugar

   II: (1) sentir, dormir

  III: (1) tener; (2) decir; (3) oír

   IV: (1) caer; (2) poner, conocer; (3) hacer; (4) caber

    V: (1) pedir; (2) destruir

   VI: (1) cambiar, averiguar

Irregularidades asistemáticas (o sea individuales) en el presente

Hay siete tipos adicionales de irregularidad en los tiempos presentes, pero como cada tipo se limita a un solo verbo (o a un verbo y sus respectivos derivados, p.ej. ver, entrever y prever), llamamos **individuales** a estos tipos de irregularidad; también son **asistemáticos** porque ninguno pertenece a ninguno de los "sistemas" (patrones y modelos) que se acaban de analizar.

Los siete tipos individuales son:

(1) ver: a)   v e r

            b) ve o
            a) v e   s
            a) - -
            a) - -   mos
            a) - -   n

            b) ve a
            b) -- -   s
            b) -- -
            b) -- -   mos
            b) -- -   n

Proceso: adición de vocal radical (e)

(2) saber:

            a) sab e r

            b)   sé
            a) sab e   s
            a) --- -
            a) --- -   mos
            a) --- -   n

            c) sep a
            c) --- -   s
            c) --- -
            c) --- -   mos
            c) --- -   n

Proceso: excéntrico e individual; no se presta al análisis generalizado fácil

(3) <u>haber</u>:

```
          hab e r

          h   e
          -   a   s
          -   -
          -   e   mos
          -   a   n

          hay a
          --- -   s
          --- -
          --- -   mos
          --- -   n
```

Proceso: muy excéntrico e individual. (Nótense los morfemas muy desacostumbrados en la columna de la vocal temática en el p.i.)

(4) <u>ser</u>:   s e r

```
          -  oy
          er e   s
          es
          s  o   mos
          -  -   n

          se a
          -- -   s
          -- -
          -- -   mos
          -- -   n
```

Procesos:

    (1) diptongación *o* → *oy* de (o, según otro análisis, adición de una deslizada a) la vocal temática en la 1.sg. del p.i.

    (2) adición de vocal (+ *e*) a la raíz del p.s.

Los demás cambios son excéntricos e individuales.

(5) <u>ir</u>:   i   r

```
    v oy
    - a      s
    - -
    - -      mos
    - -      n

  vay a
  --- -      s
  --- -
  --- -      mos
  --- -      n
```

Procesos:

--Sustitución total de las formas del antiguo verbo <u>vadar</u> ('cruzar un río en la parte donde está más baja el agua') → <u>vaar</u> → <u>var</u>. Note la diptongación de la *o* de la columna de la v.t., un proceso ya comentado con respecto a <u>ser</u>.

(6) <u>dar</u>:   d a   r

```
    - oy
    - a      s
    - -
    - -      mos
    - -      n

    - é
    - e      s
    - é
    - e      mos
    - -      n
```

Procesos:

--diptongación *o* → *oy* en la v.t. Ésta es la única irregularidad morfológica, ya que la forma <u>dé</u> del p.s. es irregular solamente en su **ortografía** (el acento se agrega para distinguir la forma verbal <u>dé</u> de la forma preposicional <u>de</u>, siendo siempre átona esta última).

(7) <u>estar</u>:   est a   r

```
    --- oy
    --- á      s
    --- -
    --- a      mos
    --- á      n
```

```
--- é
--- -      s
--- -
--- e     mos
--- é     n
```

Procesos:

(1) El proceso más original de <u>estar</u> en sus tiempos presentes es el **desplazamiento de la acentuación tónica** desde la raíz a la columna de la v.t., desplazamiento que se efectúa en un cien por ciento de los casos. Aquí, pues, la acentuación ortográfica sí marca una irregularidad morfológica--el **desplazamiento de acentuación.**

(2) Diptongación de la v.t. *o → oy* (1.sg. del p.i.).

● EJERCICIO 3.9 --

(A) ¿Cuál de los siete verbos irregulares asistemáticos es el menos irregular? Dé sus razones.

(B) ¿Cómo sería la conjugación de estos siete verbos irregulares asistemáticos **si fueran completamente regulares**? Describa tales conjugaciones regularizadas ('falsamente conjugadas') mediante un análisis de columnas verticales.

```
v e r        sab e r        hab e r        s e r


i r          d a r          est a r
```

(2) Los tiempos pasados

Aproximadamente el nueve por ciento de los verbos españoles son irregulares en el pretérito y el imperfecto de subjuntivo. (Todos los verbos que son irregulares en el pret. también lo son en el i.s., y con el mismo tipo de irregularidad exactamente.) En cambio, el tercer tiempo pasado--el imperfecto de indicativo--es el tiempo verbal más regular de todos, ya que sólo tres de los casi 10,000 verbos españoles son irregulares en el i.i.

Como el pret y el i.s. son siempre irregulares de la misma manera, el análisis que sigue de las formas pretéritas vale también para las formas del i.s. del mismo tipo de verbo. Esto lo demostrarán los siguientes ejemplos:

```
     and a   r                tra e   r

  anduv e                   traj e
  ----- i    ste            ---- i    ste
  ----- o                   ---- o
  ----- i    mos            ---- i    mos
  ----- ie ro n             ---- e ro n

  ----- ie ra               ---- e ra
  ----- -- -- s             ---- - -- s
  ----- -- --               ---- - --
  ----- -é -- mos           ---- é -- mos
  ----- -- -- n             ---- - -- n
```

Debido a esto, el i.s. no se mencionará como entidad separada excepto esporádicamente, puesto que **cualquier irregularidad que aparece en la 3.pl. del pret se repite al pie de la letra a través de todo el i.s.** (No hay irregularidad del i.s. que no aparezca también en la 3.pl. del pret). Cuando queremos referirnos en conjunto a estos dos tiempos lo hacemos mediante el acrónimo de PISUB = p[retérito]/i[mperfecto de] sub[juntivo].

El PISUB y sus dos patrones de irregularidad

Los verbos irregulares del PISUB pueden clasificarse en dos grupos: los del patrón 3:3 ("Patrón A") y los del patrón 1-5 ("Patrón B"). El patrón A manifiesta un solo cambio en sus dos terceras personas ("3:3") y el cambio enseña tres procesos: cerrazón vocálica, consonantización, y desaparición vocálica. El patrón B revela tres cambios diferentes: un cambio en la raíz en todas las cinco formas ("[de] 1 [a] 5" o sea "1-5"), y dos cambios en las personas 1.sg. y 3.sg. A continuación se describe un verbo modelo de cada patrón más un verbo regular--nuestro arquetípico verbo <u>vivir</u>--con fines contrastivos. (Las irregularidades se indican con letra negrilla, así: **mint**-ió.)

```
        PATRÓN A              PATRÓN B              VERBO REGULAR

        ment i  r             ten e  r              viv i  r

pret    ment í                tuv e                 --- í
        ---- i      ste       --- i      ste        --- i      ste
        mint ió               --- o                 --- ió
        ment i      mos       --- i      mos        --- i      mos
        mint ie ro  n         --- ie ro  n          --- ie ro  n

i.s.    ---- -- ra            --- ie ra             --- ie ra
        ---- -- -- s          --- -- -- s           --- -- -- s
        ---- -- --            --- -- --             --- -- --
        ---- -é -- mos        --- -é -- mos         --- -é -- mos
        ---- -- -- n          --- -- -- n           --- -- -- n
```

A continuación sigue un análisis detallado de las irregularidades de cada patrón.

Patrón A ("3:3" [es decir, las personas 3.sg. y 3.pl.]).

Este patrón incluye tres modelos. Cada uno de ellos manifiesta un solo proceso:

Modelo # 1: <u>mentir</u>

Proceso: cerrazón vocálica

Modelo # 2: <u>caer</u>

Proceso: consonantización

Modelo # 3: <u>reír</u>

Proceso: desaparición vocálica

Sigue un análisis columnar de **estos tres modelos verbales:**

```
A, # 1:                    A, # 2:                   A, # 3:

ment i    r                ca e   r                  re í   r

---- í                     -- í                      -- -
---- i    ste              -- i   ste                -- -     ste
mint ió                    -- yó                     r  io13
ment i    mos              -- í   mos                re í     mos
mint ie ro n               -- ye ro n                r  ie ro n
```

A, # 1: En los verbos del modelo **A,1** la vocal radical experimenta **cerrazón vocálica** (e → i; o → u en el caso de <u>dormir</u>, <u>morir</u>) en las dos terceras personas del pret y a través de todo el i.s. Entre los verbos que pertenecen al modelo **A,1** (proceso: **cerrazón vocálica**) se incluyen:

advertir, arrepentirse, competir, convertir, corregir, derretir, divertir, elegir, gemir, herir, hervir, pedir, preferir, referir, rendir, seguir, sentir, servir, sugerir, venir, vestir

y todos sus respectivos derivados. También se incluyen <u>dormir</u> y <u>morir</u>, donde la cerrazón vocálica es por supuesto de o → u.

A, # 2: En los verbos del modelo **A,2** hay una **consonantización** de la i → y en las dos terceras personas del pret. y a través de todo el i.s. (Ésta es la primera vez que vemos un ejemplo del proceso que se describe con el nombre de 'consonantización', que en esto consiste: la i--"vocal" para el que no haya tomada ninguna clase de fonética, "deslizada semi-consonántica" para el que sí haya cursado dicha materia--se convierte en y o sea en consonante plena; de ahí el nombre del proceso: **consonantización**.) Entre los verbos que pertenecen al modelo **A,2** se incluyen todos los derivados de los verbos <u>caer</u> y <u>oír</u> más todos los verbos cuyos infinitivos terminan en -<u>uir</u> (concluir, distribuir, substituir, etc.).

A, # 3: En el modelo **A,3** la vocal radical desaparece por completo en las dos terceras personas más todas las cinco formas del i.s. El nombre de este proceso es la **desaparición vocálica**. Los verbos que siguen el modelo **A,3** se limitan prácticamente a los derivados de <u>reír</u> más <u>freír</u>.

●EJERCICIO 3.10 ---

(A) Describa los siguientes verbos en el PISUB mediante un análisis
    columnar.

1. inclu i r

2. sonre í r

3. prefer i r

4. mor i r

Patrón B ("1-5" [es decir, todas las cinco formas]).

Hay tres maneras en que los PISUB del patrón B se diferencian
morfológicamente de los PISUB que pertenecen al patrón A. Para
ilustrar estas tres diferencias hemos escogido un verbo típico de
los que pertenecen al patrón B en el PISUB--*tener:*

```
ten e  r

tuv e
--- i    ste
--- o
--- i    mos
--- ie ro n
```

(1) una **RAÍZ** que tiende a ser muy distinta a la del infinitivo
(2) una **ACENTUACIÓN TÓNICA** que recae en la vocal radical en la 1.sg. y 3.sg. y no en la vocal temática
(3) unas **VOCALES TEMÁTICAS** de las personas 1.sg. y 3.sg. que son distintas tanto de las de los pret regulares como de las de los pret irregulares del tipo A

La primera de estas diferencias recae en todas las cinco formas de la raíz--**tuv**e, **tuv**iste, **tuv**o, **tuv**imos, **tuv**ieron--mientras que la segunda y la tercera de estas diferencias recaen únicamente en las personas 1.sg. y 3.sg. (ACENTUACIÓN TÓNICA: [tú-ße], [tú-ßo] y no *[tu-ßé], [tu-ßó]; VOCALES TEMÁTICAS: tuv**e**, tuv**o** y no *tuví, *tuvió.)

Hagamos otra vez la comparación entre el pret del patrón B y el pret del patrón A para poner en relieve estas tres diferencias morfológicas:

```
ment i  r            ten e  r

--- í                tuv e
--- i    ste         --- i    ste
mint ió              --- o
--- i    mos         --- i    mos
mint ie ro n         --- ie ro n
```

Los dos modelos verbales del patrón B

Los verbos que constituyen el patrón B siguen dos modelos diferentes: el **modelo** /u/ y el **modelo** /i/. La característica morfológica principal de cada modelo es su vocal radical: los verbos que pertenecen al modelo /u/, o ya tenían /u/ de vocal radical (traducir), o convierten a /u/ la vocal radical del infinitivo (tener → tuv-). A continuación se describe un verbo arquetípico de cada modelo:

PATRÓN B

Modelo /u/   **Modelo /i/**

pon e r   quer e r

pus e   quis e
--- i   ste   ---- i   ste
--- o   ---- o
--- i   mos   ---- i   mos
--- ie ro n   ---- ie ro n

El modelo /u/

Se conforman los siguientes verbos al modelo /u/:

andar   and a   r   Es de notarse que la raíz
          anduv e   "crece" de una sílaba a
          ----- i   ste   dos, y que es en la parte
          ----- o   agregada (uv) donde se
          ----- i   mos   encuentra la /u/.
          ----- ie ro n

estar   est a   r   Estar se comporta igual que
          estuv e   andar.
          ----- i   ste
          ----- o
          ----- i   mos
          ----- ie ro n

haber   hab e   r
          hub e
          --- i   ste (etc.)

poder   pod e   r
          pud e
          --- i   ste (etc.)

poner   pon e   r
          pus e
          --- i   ste (etc.)

                                 Como poner se conjugan todos los derivados
                                 de poner (componer, disponer, exponer,
                                 imponer, oponer, posponer, proponer,
                                 suponer, etc.).

```
saber       sab  e   r
            sup  e
            ---  i        ste  (etc.)
```

Como _saber_ se comporta también _caber_.

```
tener       ten  e   r
            tuv  e
            ---  i        ste  (etc.)
```

```
traducir    traduc  i   r
            traduj  e
            ------  i        ste
            ------  o
            ------  i        mos
            ------  e   ro  n

            ------  -   ra
            ------  -   ra  s   (etc.)
```

Note el morfema de la 3.pl. del pret (y de todas las personas del i.s.): es /e/ y no la /ie/ de costumbre; las formas correspondientes son _tradujeron_ y _tradujera_ (etc.) y no *_tradujieron_, *_tradujiera_. Esta anomalía morfológica constituye una irregularidad dentro de una irregularidad. Mediante un proceso histórico, el grafema _j_ al final de cualquier raíz irregular de un verbo del patrón B-modelo /u/ "absorbe" la _i_, eliminándola. (Vea también _traer_, a continuación.) Como _traducir_ se comportan _conducir_, _introducir_, _producir_ y _reducir_ (entre otros).

```
traer       tra  e   r
            traj e
            ----  i        ste
            ----  o
            ----  i        mos
            ----  e   ro  n

            ----  e   ra
            ----  -   --  s
            ----  -   --
            ----  é   --  mos
            ----  -   --  n
```

Traer no debe pertenecer al modelo /u/ porque su vocal radical no cambia a /u/ (aunque el español popular--al igual que el español antiguo--sí manifiesta la /u/ en estas formas: <u>truje</u>, <u>trujiste</u>, <u>trujo</u>, etc.). Sin embargo, <u>traer</u> debe clasificarse como verbo del modelo /u/ porque sigue la regla de <u>conducir</u> et al. que "absorbe" la *i* de la columna v.t.

Como <u>traer</u> se comportan todos sus derivados.

El modelo /i/

Se conforman los siguientes verbos al modelo /i/:

<pre>
decir   dec i   r
             dij e
             --- i   ste
             --- o
             --- i   mos
             --- e ro n

             --- e ra
             --- - -- s
             --- - --
             --- é -- mos
             --- - -- n
</pre>

Note que al igual que <u>conducir</u> y <u>traer</u> (véanse arriba), <u>decir</u> absorbe la *i* de la columna v.t., porque su raíz es irregular y termina en *j*.

Como <u>decir</u> se comportan en el PISUB todos sus derivados (bendecir, contradecir, maldecir, etc.).

<pre>
hacer   hac e   r
             hic e
             --- i   ste
             hiz[14]o
             hic i   mos
             --- ie ro n

             --- ie ra
             --- -- -- s (etc.)
</pre>

Como <u>hacer</u> se comportan en el PISUB los derivados de este verbo más <u>satisfacer</u>.

```
querer    quer e   r
          quis e
          ---- i     ste
          ---- o
          ---- i     mos
          ---- ie ro n

          ---- ie ra
          ---- -- -- s   (etc.)

venir     ven i   r
          vin e
          --- i     ste
          --- o
          --- i     mos
          --- ie ro n

          --- ie ra
          --- -- ra s   (etc.)
```

Como venir se conjugan todos sus derivados.

Patrones misceláneos: Los verbos dar y ser/ir

Dar sencillamente **cambia de conjugación** en el PISUB, convirtiéndose en un verbo regular de la **segunda** conjugación:

```
     d a   r

     - i
     - i     ste
     - io
     - i     mos
     - ie ro n

     - -- ra
     - -- -- s   (etc.)
```

Ir y ser comparten exactamente las mismas formas, que manifiestan una raíz nueva (fu-) y las mismas terminaciones irregulares:

```
       i  r/
     s e  r

     fu i
     -- -     ste
     -- e
     -- i     mos
     -- e ro n

     -- -     ra
     -- - -- s   (etc.)
```

●EJERCICIO 3.11 --

(A) Describa los siguientes verbos en el PISUB mediante un análisis columnar.

1. conduc i r   2. compon e r

3. deten e r   4. satisfac e r

(B) Indique el patrón y el modelo del PISUB que siguen estas formas verbales. Dé también el tiempo (pret o i.s.).

1. introdujiste

2. impusieron

3. fue

4. convinieras

5. cupe

6. rehíce

7. pospusieran

8. hubo

9. diera

10. supiéramos

11. vino

12. contradijeron

13. quisiera

14. contraje

(C) Explique todas las diferencias morfológicas entre un verbo **regular**, un verbo **irregular del patrón A** y un verbo **irregular del patrón B** en el PISUB. Mencione: raíz; acentuación tónica; vocales temáticas.

- -

El imperfecto de indicativo y sus tres verbos irregulares

El i.i. es el tiempo más regular del español. Es tan regular que sólo **tres** verbos son irregulares en este tiempo (de un total de los casi 10,000 verbos que tiene el idioma). Los tres verbos irregulares (que a continuación se comparan con el regularísimo comer) son:

```
   i r            v e r            s e r           com e r

   i ba           ve í a           er a            --- í a
   - -- s          -- - - s         --   - s         --- - - s
   - --            -- - -           --   -           --- - -
   - -- mos        -- - - mos       --   - mos       --- - - mos
   - -- n          -- - - n         --   - n         --- - - n
```

La irregularidad morfológica de <u>ir</u> y <u>ver</u> son fáciles de analizar:

ir: a la /a/ de la columna de t.a. de <u>ir</u> se le agrega una /b/ y el resultado es /ba/ (o sea precisamente el morfema del i.i. de t.a. de los verbos de la primera conjugación [<u>compr-a-ba</u>, etc.]).

ver: a la raíz de <u>v-</u> de <u>ver</u> se le agrega una /e/: <u>ve-</u>.

La morfología de <u>ser</u> en cambio es tan irregular que no es fácil ver que las formas <u>era</u>, <u>eras</u> etc. sean del tiempo i.i., ni que se deriven del mismo infinitivo <u>ser</u>.

● **EJERCICIO 3.12** --

(A) (1) Describa (mediante el análisis de las columnas verticales) las formas de <u>ver</u> **regularizadas**, es decir, conjugadas falsamente como si <u>ver</u> fuera un verbo regular en el i.i. Luego (2) describa cualesquiera diferencias que Ud. encuentre entre las formas regularizadas de <u>ver</u> y las formas de verdad.

```
        v e r
```

----

(3) Los tiempos futuros sintéticos: El futuro y el condicional

Los dos tiempos futuros sintéticos--el futuro (f) y el condicional (c)--son casi tan regulares como el i.i.: sólo el 1 % de los verbos del español son irregulares en el f y el c, y sólo hay tres patrones de irregularidad que caracterizan el f y el c. (Cualquier irregularidad que se da en el f se da también en el c.)

¿Qué cosa es un tiempo futuro "sintético" (y por qué hay que distinguir entre un tipo de futuro y otro)? La palabra **sintético** quiere decir 'de una sola palabra'. El **futuro sintético** es aquél tiempo cuyas formas son de una sola palabra, p.ej., *hablaré, hablarás, hablará* (etc.). En la última parte de esta sección se estudiarán los tiempos futuros **perifrásticos** ('de más de una sola palabra'), p.ej., *voy a hablar, vas a hablar, va a hablar* (etc.).

Patrón f/c # 1:

Proceso: desaparición de la vocal temática.

```
        pod e r

f   ---   ré
    ---   rá  s
    ---   --
    ---   re  mos
    ---   rá  n

c   ---   ría
    ---   --- s
    ---   ---
    ---   --- mos
    ---   --- n
```

Como <u>poder</u> se comportan: <u>caber</u>, <u>haber</u>, <u>querer</u> y <u>saber</u>.

Patrón f/c # 2:

Procesos:

   --desaparición de la vocal temática

   --adición de la consonante *d*

```
        ven i r

f   vend  ré
    ----  rá  s
    ----  --
    ----  re  mos
    ----  rá  n

c   ----  ría
    ----  --- s
    ----  ---
    ----  ---
    ----  --- mos
    ----  --- n
```

Como <u>venir</u> se comportan <u>poner</u>, <u>salir</u>, <u>tener</u> y todos los derivados de estos verbos.

Patrón f/c # 3:

Procesos:

Varias desapariciones:

<u>decir</u>: desaparece la **vocal radical** y la **última consonante de la raíz**

<u>hacer</u>: desaparece la **vocal temática** y la **última consonante de la raíz**

```
        dec i r                 hac e r

f       d  - ré                 ha    ré
        -  - rá   s             --    rá   s
        -  - --                 --    --
        -  - re   mos           --    re   mos
        -  - rá   n             --    rá   n

c       -  - ría                --    ría
        -  - ---  s             --    ---  s
        -  - ---                --    ---
        -  - ---  mos           --    ---  mos
        -  - ---  n             --    ---  n
```

Como <u>decir</u> se comportan todos sus derivados **con las excepciones de** <u>bendecir</u> y <u>maldecir</u>, que son perfectamente regulares en el f/c.

Como <u>hacer</u> se comportan todos los derivados de <u>hacer</u> más <u>satisfacer</u>.

● **EJERCICIO 3.13** --

(A) Describa los siguientes verbos en el f/c mediante un análisis columnar. (Algunos son irregulares y otros regulares.)

1. t e n e r   2. s a b e r   3. v e n d e r

4. c o n v e n i r 5. q u e r e r 6. s a t i s f a c e r

7. p r e t e n d e r 8. p o n e r

(B) Todas las siguientes formas son irregulares en el f/c. Indique a qué patrón pertenece cada forma y qué proceso se ha empleado en la producción de su irregularidad.

1. cabré

2. impondría

3. desdirán

4. sabrías

5. vendremos

6. habrán

7. reharíamos

8. valdrá

9. querrían

10. saldré

(C) El tiempo futuro sintético representa un desarrollo
relativamente tardío en la historia del español. Proviene de
las expresiones perifrásticas <u>he de</u> + INFINITIVO, <u>has de</u> +
INFINITIVO, etc. Procure determinar cómo llegó a convertirse
(p.ej.) "he de hablar" en <u>hablaré</u>. ¿En qué consistieron las
etapas por las que pasó <u>he de hablar</u> → <u>hablaré</u>?

----

(4) Los tiempos futuros perifrásticos

Como ya sabemos, **perifrástico** quiere decir 'más de una sola
palabra'. Acabamos de examinar los dos tiempos futuros sintéticos,
que expresan lo futuro o lo condicional con una sola palabra. En
esta sección vamos a examinar dos tiempos que expresan lo futuro o
lo condicional con **más de una palabra**. Veamos la siguiente
comparación:

<u>Formas</u> del futuro perifrástico y del condicional perifrástico

FUTURO PERIFRÁSTICO	FUTURO SINTÉTICO CORRESPONDIENTE
una forma conjugada de <u>ir</u> + <u>a</u> + el infinitivo del verbo	el verbo léxico con sus respectivos morfemas indicados

"léxico" (= el verbo
principal cuyo signifi-
cado es el que tiene
más peso en la frase)

voy a hablar
vas a hablar
va a hablar
vamos a hablar
van a hablar

```
habl a ré
---- - rá s
---- - --
---- - re mos
---- - rá n
```

CONDICIONAL PERIFRÁSTICO

una forma conjugada de ir en
el i.i. + a + el infinitivo
del verbo léxico

iba a hablar
ibas a hablar
iba a hablar
íbamos a hablar
iban a hablar

CONDICIONAL SINTÉTICO CORRESP.

el verbo léxico con sus respectivos morfemas indicados

```
habl a ría
---- - --- s
---- - ---
---- - --- mos
---- - --- n
```

Funciones del futuro perifrástico y del condicional perifrástico

El futuro perifrástico:

El futuro perifrástico (f.p.) expresa aproximadamente lo que
expresa el futuro sintético (f.s.): acciones, estados o esencias
que todavía no se realizan pero que prometen realizarse:

[Te prometo que] mañana voy a hablar con él.
------------------ ------ hablaré con él.[15]

La única posible diferencia de significado entre el f.p. y el f.s.
es ésta: el f.s. quizás se oriente más a la expresión de lo
probable--la **probabilidad**--mientras que el f.p. expresa algo del
que ya está convencido la persona que habla--el **convencimiento**:

f.s.   f.p.
    probabilidad   convencimiento

De hecho el f.s. se emplea muy seguido para expresar la pura probabilidad ("¿Qué hora **será** en este momento?") y el f.p. es el que se usa más para la expresión de lo que se cree que va a pasar.

El condicional perifrástico:

El condicional perifrástico (c.p.) se distingue del condicional sintético (c.s.) en el siguiente sentido importante: el c.p. (iba a hablar) puede emplearse para expresar lo que prometía hacerse pero entendiendo que al fin y al cabo no se hizo:

> Decía que iba a hablar con él [pero nunca lo hizo].
> El barco iba a llegar a tiempo [pero llegó tarde].

El c.s. en cambio tiende a emplearse más para expresar lo que todavía no se realiza pero aún tiene la posibilidad de realizarse:

> Decía que hablaría con él [y no se sabe si ya lo ha hecho o no].

De igual manera el c.s. se emplea casi con exclusividad para referirse a algo hipotético, es decir, a algo que se realizará con tal de que cierta condición se lleve a cabo antes:

> Si tuviera mucho dinero, me <u>compraría</u> un condominio en París.

Esta oración también podría expresarse de la manera siguiente, sobretodo en el lenguaje coloquial:

> Si tuviera mucho dinero, me <u>compraba</u> [i.i.] un condominio en París.

> Si tenía mucho dinero, me <u>compraba</u> [i.i] un condominio en París.

(Para más información sobre la hipoteticalidad, vea el capítulo 5.)

● **EJERCICIO 3.14** --

(A) Escriba oraciones originales que corresponden a cada una de las siguientes descripciones.

1. <u>comprar</u> VL [verbo léxico], futuro perifrástico

2. <u>escribir</u> VL, futuro sintético

3. <u>leer</u> VL, condicional perifrástico

4. <u>llegar</u> VL, condicional sintético

(B) Cambie los tiempos futuros/condicionales perifrásticos a tiempos futuros/condicionales sintéticos y vice versa.

1. Van a mudarse de casa tan pronto como reciban el dinero.

2. Julio me dijo que cerraría la puerta.

3. Te graduarás el año que entra.

4. Magdalena se va a casar con Ramón en abril.

5. Creían que todo iba a resolverse.

6. Nos vamos a ir a Cancún para Semana Santa.

- -

(5) Los tiempos compuestos

De hecho todos los tiempos compuestos son perifrásticos, ya que todo lo que es compuesto se "compone" forzosamente de dos palabras o más. Los tiempos compuestos de la voz activa son 21 y se clasifican según estas tres categorías siguientes. Cada una de estas categorías incluye siete tiempos específicos cuyos nombres se presentan a continuación con ejemplos de su uso:

TIEMPOS COMPUESTOS

(1) tiempos perfectos

a) futuro perfecto
b) condicional perfecto
c) presente perfecto de indicativo
d) presente perfecto de subjuntivo
e) pluscuamperfecto de indicativo
f) pluscuamperfecto de subjuntivo
g) pretérito perfecto

1.a. habré vendido
  b. habría -------
  c. he   -------
  d. haya   -------
  e. había   -------
  f. hubiera -------
  g. hube   -------

(2) tiempos progresivos

a) futuro progresivo
b) condicional progresivo
c) presente progresivo de indicativo
d) presente progresivo de subjuntivo
e) imperfecto progresivo de indicativo
f) imperfecto progresivo de subjuntivo
g) pretérito progresivo

2.a. estaré vendiendo
  b. estaría ---------
  c. estoy ---------
  d. esté ---------
  e. estaba ---------
  f. estuviera ---------
  g. estuve ---------

(3) tiempos perfectos progresivos

a) futuro perfecto progresivo
b) condicional perfecto progresivo
c) presente perfecto progresivo de indicativo
d) presente perfecto progresivo de subjuntivo
e) pluscuamperfecto progresivo de indicativo
f) pluscuamperfecto progresivo de subjuntivo
g) pretérito perfecto progresivo

3.a. habré estado vendiendo
  b. habría ------ ---------
  c. he ------ ---------
  d. haya ------ ---------
  e. había ------ ---------
  f. hubiera ------ ---------
  g. hube ------ ---------

Los tiempos perfectos

El tiempo perfecto consiste siempre en dos elementos:

(1) la forma conjugada del verbo auxiliar <u>haber</u>

(2) el participio pasado del VL que sea

Por ejemplo:

he vendido
1   2

(1--la 1ª sg. del p.i. de <u>haber</u>)

(2--el participio pasado [part.pas.] del VL <u>vender</u>)

En los tiempos perfectos el verbo <u>haber</u> es siempre **auxiliar**, es decir, no principal y no léxico; no encierra ningún contenido semántico propio, y sólo sirve para marcar la persona, el número, el tiempo y el modo del tiempo perfecto que sea. La morfología de <u>haber</u>--muy irregular--ya se analizó por separado en las secciones F, G y H del presente capítulo; a continuación se presenta de nuevo a fin de que todas sus formas puedan consultarse de una sola vez:

El verbo auxiliar <u>haber</u>

```
       hab e r                hab e r                  hab e r

f   --- ré           p.i. h    e            i.i. --- í   a
    --- rá  s             -    a   s             --- -   -   s
    --- --                -    -   -             --- -   -
    --- re  mos            -    e   mos          --- -   -   mos
    --- rá  n              -    a   n            --- -   -   n

c   --- ría          p.s. hay a               i.s. hub ie ra
    --- --- s             --- -   s             --- -- -- s
    --- ---               --- -                 --- -- --
    --- --- mos           --- -   mos           --- -- -- mos
    --- --- n             --- -   n             --- -- -- n

                                              pret --- e
                                                   --- i   ste
                                                   --- o
                                                   --- i   mos
                                                   --- ie ro n
```

En cualquier tiempo compuesto es el verbo auxiliar el que se conjuga. (Si hay dos verbos auxiliares es el primero el que se conjuga, como en los tiempos perfectos progresivos: <u>he estado vendiendo</u>, <u>**has** estado vendiendo</u>, etc.)

Los **participios pasados**

El **participio pasado** de un 99% de los verbos españoles es regular y se conforma fielmente a nuestros tres modelos de regularidad:

habl a r   com e r   viv i r

---- - do   --- - do   --- - do
(hablado)   **(comido)**   **(vivido)**

Sólo el 1 % de los verbos--siempre los de las conjugaciones 2ª y 3ª--tienen part.pas. irregulares, que se conforman a dos patrones generales que manifiestan un total de diez procesos morfológicos. Los dos patrones y sus respectivos procesos se presentan a continuación. Es de notarse que **en todos los casos se elimina la vocal temática,** un proceso morfológico que por ser común a todos los procesos ya no se comentará más. (Note que como ya no hay vocal temática en la que pueda recaer el acento tónico, éste se desplaza a la raíz en todos los part.pas. irregulares.)

Participios pasados irregulares del patrón A: -to

La gran mayoría de los participios pasados irregulares terminan en -to y acatan a uno de los siguientes conjuntos de procesos:

(1) **diptongación de la vocal radical; cambio consonántico de la raíz**

pon e r

pues   to → puesto

Se comportan como poner todos los derivados del mismo: componer, disponer, exponer . . .

(2) **diptongación de la vocal radical; eliminación de la última consonante de la raíz**

volv e r

vuel   to → vuelto

Se comportan como volver todos sus derivados: absolver, devolver, envolver . . .

(3) **diptongación de la vocal radical**

mor i r
muer   to → muerto

(4) **adición de una vocal radical diptongada**

abr i r

abier **to** → <u>abierto</u>

Se comportan como <u>abrir</u> los siguientes verbos: <u>cubrir</u>, <u>entreabrir</u>, <u>reabrir</u>.

(5) **adición de vocal radical; adición de consonante a la raíz**

v e r

vis **to** → <u>visto</u>

Como <u>ver</u> se comportan todos sus derivados.

(6) **cerrazón vocálica en la raíz**

fre í r

fri **to** → <u>frito</u>

(7) **eliminación de la última consonante de la raíz**

escrib i r

escri **to**

Como <u>escribir</u> se comportan todos los verbos cuyos infinitivos terminan en -<u>scribir</u>: <u>describir</u>, <u>inscribir</u>, <u>prescribir</u>, <u>subscribir</u> . . .

(8) **eliminación de la combinación consonántica de la raíz**

romp e r

ro **to**

(<u>Corromper</u> **NO** se comporta como <u>romper</u>; el infinitivo → <u>corromper</u> da como part.pas. <u>corrompido</u>.)

Participios pasados del patrón B: -cho

Sólo dos agrupaciones de verbos pertenecen al patrón B, que manifiesta sólo dos procesos:

(1) **cerrazón vocálica; cambio consonántico de la raíz**

hac e r   dec i r

hech o → hecho   **dich** o → dicho

Como hacer se comportan todos sus derivados más satisfacer.

Como decir se comportan todos sus derivados: contradecir, desdecir, predecir . . .

● **EJERCICIO 3.15** --

(A) Dé el nombre del tiempo verbal de cada una de las formas siguientes.

1. habrán transformado

2. habían sufrido

3. estamos practicando

4. has dicho

5. habríamos eliminado

6. estuviera manejando

7. había estado viviendo

8. estuvo lloviendo

9. estaría hablando

10. haya entendido

11. hubo llegado

12. hubiera traído

(B) Escriba la forma verbal que corresponde a cada una de las siguientes descripciones.

1. 1.sg. del presente perfecto de indicativo del VL <u>cantar</u>

2. 3.pl. del presente perfecto de subjuntivo del Vl <u>querer</u>

3. 2.sg. del pluscuamperfecto de indicativo del VL <u>describir</u>

4. 1.pl. del pluscuamperfecto de subjuntivo del VL <u>suponer</u>

5. 3.sg. del condicional del VL <u>satisfacer</u>

6. 1.sg. del futuro perfecto del VL <u>cubrir</u>

7. 3.sg. del pretérito perfecto del VL <u>llover</u>

8. 3.pl. del presente perfecto de subjuntivo del VL <u>devolver</u>

(C) Describa las diferencias morfológicas entre las siguientes formas verbales compuestas.

    (a) hemos puesto   (b) hemos podido

Los tiempos progresivos

El tiempo progresivo consiste siempre en dos elementos:

    (1) la forma conjugada del verbo auxiliar <u>estar</u>

    (2) el gerundio del VL que sea

Por ejemplo:

<u>estoy vendiendo</u>
   1   2

        (1--1.sg. del p.i. de <u>estar</u>)

        (2--el gerundio de <u>vender</u>)

En los tiempos progresivos el verbo <u>estar</u> es siempre **auxiliar** y, como tal, sirve para marcar la persona, el número, el tiempo y el modo del tiempo progresivo que sea. La morfología de <u>estar</u> es algo irregular; ya se ha analizado por separado (vea las págs. 135-136, 142 del presente capítulo) y se presentará a continuación para que sus diferentes formas se puedan consultar en un solo sitio:

El verbo auxiliar <u>estar</u>

```
       est a  r                    est a  r
f      --- -  ré          i.i.     --- -  ba
       --- -  rá  s                --- -  -- s
       --- -  --                   --- -  --
       --- -  re  mos              --- -  -- mos
       --- -  rá  n                --- -  -- n
```

```
c    --- - ría              i.s. estuv ie ra
     --- - --- s                 ----- -- -- s
     --- - ---                    ----- -- --
     --- - --- mos                ----- -- -- mos
     --- - --- n                  ----- -- -- n


p.i. --- oy                 pret ----- e
     --- á    s                  ----- i    ste
     --- -                       ----- o
     --- -    mos                ----- i    mos
     --- -    n                  ----- ie ro n


p.s. --- é
     --- -    s
     --- -
     --- -    mos
     --- -    n
```

Los gerundios

El gerundio de un 98 % de los verbos del español es regular y se conforma a los modelos de regularidad que ya hemos analizado:

```
    habl a r              com e r          viv i r
    ---- - ndo            --- ie ndo       --- ie ndo
```

Sólo 2% de los verbos--siempre los de las conjugaciones 2ª y 3ª-- tienen gerundios irregulares, los cuales pueden clasificarse en sólo tres patrones. Cada patrón manifiesta un solo proceso.

Gerundios del patrón A

Proceso: **cerrazón vocálica** $e \to i$, $o \to u$

```
    sent i r
    sint ie ndo = sintiendo
```

> Como sentir se comportan 135 otros verbos de la tercera conjugación cuya vocal radical es -e. Entre ellos figuran: *advertir, arrepentirse, competir, convertir, corregir, divertir, elegir, hervir, invertir, medir, mentir, preferir, referir, repetir, sugerir, vestir* y los siguientes cuatro verbos y sus derivados: *decir, pedir, seguir* y *sentir.*

```
dorm i  r
durm ie ndo = durmiendo
```

Como <u>dormir</u> se comportan <u>morir</u> y <u>poder</u>.

Gerundios del patrón B

Proceso: **consonantización** *i → y*

```
ca e  r                    distribu i  r
-- ye ndo = cayendo        -------- ye ndo = distribuyendo
```

Como <u>caer</u> se comportan todos aquellos verbos--unos 72--cuyos infinitivos terminan en cualquiera de las combinaciones siguientes de **vocal +** *-er* / *-ir*:

-<u>aer</u>   -<u>uir</u>
-<u>eer</u>   -<u>oír</u>
-<u>oer</u>

Entre éstos figuran todos los derivados de <u>caer</u> y <u>traer</u>; <u>leer</u>; <u>creer</u>; y unos verbos misceláneos como <u>raer</u> y <u>roer</u>.

Como <u>distribuir</u> se comportan todos los verbos cuyos infinitivos terminan en -<u>uir</u>: <u>atribuir</u>, <u>concluir</u>, <u>constituir</u>, <u>construir</u>, etc. (Los mismos verbos <u>oír</u> e <u>ir</u> caben dentro de este patrón.)

Gerundios del patrón C

Proceso: **eliminación de la vocal radical**

```
re í  r
r  ie ndo = riendo
```

Como <u>reír</u> se comportan <u>freír</u> y <u>sonreír</u>.

● **EJERCICIO 3.16** --

(A) Dé el nombre del tiempo verbal al que pertenecen las siguientes formas.

1. estarían cenando

2. estuviste recorriendo

3. estábamos incluyendo

4. está leyendo

5. esté mintiendo

6. estaremos

7. estuvieran oyendo

8. estoy friendo

(B) Describa el cambio morfológico--si hay cambio--que manifiesta
    cada uno de los gerundios siguientes.

1. siguiendo

2. sonriendo

3. rayendo

4. royendo

5. hirviendo

6. desapareciendo

- -

Los tiempos perfectos progresivos

El tiempo perfecto progresivo--dos veces compuesto--consiste
siempre en estos tres elementos:

      (1) la forma conjugada del verbo auxiliar <u>haber</u>

      (2) <u>estado</u> [el part.pas. de <u>estar</u>]

      (3) el **gerundio** del VL que sea

Por ejemplo:

<u>hemos estado estudiando</u>
   1   2   3

El segundo elemento es invariable. El tercer elemento varía en su raíz pero no en su morfema de tiempo y aspecto /ndo/, que es siempre el mismo. El primer elemento es cualquiera de las 34 formas conjugadas del primer verbo auxiliar <u>haber</u> según la persona, el número, el tiempo y el modo.

● **EJERCICIO 3.17** --

(A) Dé el nombre del tiempo verbal al que pertenecen las formas siguientes.

1. hemos estado manejando

2. habrás estado sintiendo

3. había estado andando

4. han estado decayendo

5. hayamos estado viniendo

6. hubieras estado diciendo

7. habían estado eligiendo

8. habrían estado suponiendo

(B) Escriba la forma verbal que corresponde a cada una de las siguientes descripciones.

1. 3.pl. del presente perfecto progresivo de indicativo de <u>enviar</u>

2. 1.sg. del pluscuamperfecto progresivo de subjuntivo de <u>recoger</u>

3. 2.sg.inf. del condicional perfecto progresivo de <u>desvestir</u>

4. 3.sg. del pluscuamperfecto progresivo de indicativo de <u>incluir</u>

5. 1.pl. del futuro perfecto progresivo de <u>leer</u>

6. 1.sg. del presente perfecto progresivo de subjuntivo de <u>reír</u>

(H) El verbo español y los cambios ortográficos

En esta sección analizamos únicamente **aquellos cambios** (es decir, aquellas irregularidades) **que son <u>de letra</u> y no de sonido.** Hay once irregularidades ortográficas donde un grafema ('una letra del alfabeto') se cambia forzosamente a otro. En la gran mayoría de los casos el cambio se realiza para preservar un sonido determinado. Un buen ejemplo es lo que sucede con el verbo <u>tocar</u>, donde la c se convierte en qu a fin de conservar el sonido del fonema /k/:

```
            toc a r

     ps   toqu e
          ---- -    s
          ---- -
          ---- -    mos
          ---- -    n

     pret ---- é
          toc a    ste
          --- ó
          --- a    mos
          --- a ro n
```

Aquí la combinación de grafemas qu se usa para representar el fonema /k/ únicamente cuando éste se encuentre delante de la vocal anterior e. De encontrarse en cualquier otro ambiente, el fonema /k/ se representa con el grafema "de costumbre" o sea la c.

Estos cambios ortográficos pueden clasificarse según cuatro **patrones** en los que se manifiestan once **procesos** diferentes. El principio que determina la clasificación en cuatro patrones es ésta: la **distribución del cambio según el tiempo, la persona y el número** afectados por el cambio. De ahí sacamos estas descripciones de los diferentes cambios:

--los del **patrón 'A'** afectan exclusivamente a **las cinco formas del presente de subjuntivo y a la 1.sg. del pretérito:**

toque, toques, toque, toquemos, toquen; toqué

--los del **patrón 'B'** afectan a **todas las personas de los tiempos presentes menos la 1.pl.;**

huelo, hueles, huele ... huelen
huela, huelas, huela ... huelan

--los del **patrón 'C'** afectan a la **1.sg. del p.i. y a todas las personas del p.s.;**

convenzo; convenza, convenzas, convenza, convenzamos, convenzan

--los del **patrón 'D'** afectan a **las dos terceras personas (3.sg., 3.pl.) del pretérito, a todas las personas del i.s., y al gerundio.**

... riñó ... riñeron; riñera, riñeras, riñera, riñéramos, riñeran

Los cambios mismos involucran a **doce procesos ortográficos** diferentes que se enumeran en la tabla siguiente.

(1) TABLA DE LOS DOCE PROCESOS ORTOGRÁFICOS DEL VERBO ESPAÑOL

sonido	proceso ortográfico
/k/	(1) c → qu / __ e: *tocar → toque ...*
/g/	(2) g → gu / __ e, i: *pagar → pague ...*
	(3) gu → g / __ a, o: *seguir → siga ...*
/gw/	(4) gu → gü / __ e: *averiguar → averigüe ...*
	(5) adición de la diéresis / /o/ → /we/: *avergonzar → avergüence ...*
/s/	(6) z → c / __ e: *rezar → rece ...*
	(7) c → z / __ a, o: *convencer → convenza ...*

/x/   (8) g → j / __ a, o: *dirigir → dirija* ...

/j/   (9) ll + i = ll: *bullir → bulló* ...

/ñ/   (10) ñ + i = ñ: *reñir → riñó* ...

/č/   (11) ch + i = ch: *henchir → hinchó* ...

∅   (12) + h cuando ue / #__: *oler → huela* ...

A continuación se presenta un análisis detallado de cada uno de los cuatro patrones con su total de once procesos.

(2) Los cuatro patrones de cambios ortográficos verbales

Patrón A

Tiempos/personas/números afectados: p.s. entero; pret 1.sg.

Procesos:

sonido   **proceso ortográfico.**   (Cada proceso lleva el mismo número que lo identificó en la tabla anterior.)

/k/:   (1) c → qu / __ e

verbo modelo: toc a r

        ps **toqu** e
        ---- e   s
        ---- -
        ---- -   mos
        ---- -   n

       pret ---- é

Verbos afectados: todos los terminados en -<u>car</u> que son unos 275, como: *abanicar, abarcar, acercar, ahorcar, aplicar, atacar, brincar* ...

/g/:   (2) g → gu / __ e, i

verbo modelo: pag a r

        ps **pagu** e
        ---- e   s
        ---- -
        ---- -   mos
        ---- -   n

       pret ---- é

Verbos afectados: todos los terminados en -<u>gar</u>
que son unos 100, como: *abnegar, ahogar,*
apagar, cargar, colgar, despegar . . .

/gw/:   (4) gu → gü / __ e

verbo modelo: averigu a r

        ps **averigü** e
        ------- - s
        ------- -
        ------- - mos
        ------- - n

    pret ------- é

Verbos afectados: todos los terminados en
-<u>guar</u>, que son unos 14, como: *aguar,*
amortiguar, apaciguar, fraguar . . .

/s/:   (6) z → c / __ e

verbo modelo: rez a r

        ps **rec** e
        --- - s
        --- -
        --- - mos
        --- - n

    pret --- é

Verbos afectados: todos los terminados en -<u>zar</u>
que son unos 275, ·como: *abrazar, alzar,*
analizar, avanzar, bautizar, calzar, cazar,
comenzar . . .

Patrón B

Tiempos/personas/números afectados: pi 1/2/3 sg., 3.pl.
                                  ps 1/2/3 sg., 3 pl.
    Procesos:

/∅/   (12) + h cuando ue / # ____ ("al principio de
                                     cualquier palabra")

verbo modelo: ol e r

        pi **huel** o
        ---- e s
        ---- -

```
          ol  -    mos
        huel  -    n

  ps   ----  a
       ----  -    s
       ----  -
          ol -    mos
        huel a    n
```

Verbos afectados: <u>oler</u> y <u>desosar</u> son los únicos.

/gw/   (5) adición de la diéresis cuando /o/ → /we/

verbo modelo: avergonz a r

```
      pi avergüenz o
         --------- a    s
         --------- -
         avergonz  -    mos
         avergüenz a    n

      ps avergüenc e
         --------- e    s
         --------- -
         avergonc  -    mos
         avergüenc -    n
```

Verbos afectados: *agorar, avergonzar, degollar, desvergonzarse, regoldar.*

Patrón C

Tiempos/personas/números afectados: pi 1.sg., ps 1-5

Procesos:

/s/   (7) c → z   verbos modelos: convenc e r   mec e r

```
          pi convenz o          mez o

          ps ------- a          --- z
             ------- -   s      --- -  s
             ------- -          --- -
             ------- -   mos    --- -  mos
             ------- -   n      --- -  n
```

Verbos afectados: todos los terminados en consonante + <u>-cer</u>/<u>-cir</u> (*coercer,*

contorcerse, convencer, ejercer, retorcer,
torcer, vencer, esparcir, fruncir,
resarcir, uncir, zurcir), además de los
verbos <u>cocer</u>, <u>escocer</u>, <u>mecer</u>, <u>recocer</u> y
<u>remecer</u>.

/x/   (8) g → j

        verbo modelo: dirig i r

            pi **dirij** o

            ps **dirij** a
            ----- -   s
            ----- a
            ----- -   mos
            ----- -   n

Verbos afectados: todos los terminados en
-<u>ger</u> o -<u>gir</u> y sus derivados, p.ej. <u>coger</u>
(encoger, escoger, recoger), proteger,
elegir, afligir, dirigir, exigir, fingir,
resurgir, surgir . . .

/g/   (3) gu → g

        verbo modelo: segu i r

            pi **sig** o

            ps --- a
            --- -   s
            --- -
            --- -   mos
            --- -   n

Verbos afectados: <u>seguir</u> y sus derivados
más <u>distinguir</u> y <u>extinguir</u>.

Patrón D

Tiempos/personas/números afectados: pret 3sg./3pl.
                                              is 1-5
                                              gerundio

    Procesos:

/j/   (9) ll + i = ll (la _ll_ = /j/ absorbe la _i_ = /j/)

        verbo modelo: bull i r

```
              pret ---- ó    (y NO *bullió)
                   ---- e ro n    etc.


        i.s. ---- - ra
             ---- - -- s
             ---- - --
             ---- - -- mos
             ---- - -- n


          gerundio ---- - ndo

       Verbos afectados:  todos los terminados
       en -llir (bullir, engullir, mullir . . .)
```

/ñ/   (10) ñ + i = ñ   (la ñ absorbe la i = /j/)

       verbo modelo: reñ i r

```
                   pret riñ ó    (y NO *riñió)
                        riñ e ro n    etc.


        i.s. --- - ra
             --- - -- s
             --- - --
             --- - -- mos
             --- - -- n


          gerundio --- - ndo
```

       Verbos afectados: los dos terminados en
       -ñer (atañer, tañer) y los 14 terminados
       en ñir (bruñir, ceñir, constreñir, gruñir,
       teñir . . .)

/č/   (11) ch + i = ch   (la ch absorbe ld i = /j/)

```
              verbo modelo:  hench i r
                   pret  hinch ó    (y NO hinchió)
                         hinch e ro n


        i.s.    --- - ra
                --- - -- s
                --- - --
                --- - -- mos
                --- - -- n


          gerundio --- - ndo
```

● EJERCICIO 3.18 ---

(A) Identifique y describa el cambio ortográfico que se encuentra en cada una de las siguientes formas verbales. Siga este **modelo**:

recoja: la *g* se cambia a *j* para que siga sonando [x] delante de la vocal *a*

1. practiqué

2. garantice

3. respingues

4. zambullera

5. tuerza

6. protejamos

7. sonsaquemos

8. huelas

9. tropecé

10. zurza

11. critiquen

12. distingo

13. comiences

14. averigüe

15. gruñó

16. encargué

17. avergüences

18. exija

19. rehinchéramos

- -

Capítulo 4--Temas morfosintácticos varios (Primera parte)

(A) Algunas cuestiones preliminares

Los componentes de la frase nominativa

El capítulo 1 ya demostró que la **cláusula** es la unidad básica de la oración típica, y que toda cláusula tiene que contener por lo menos una **frase nominativa (fn)** y una **frase verbal (fv)**. Demuestra además que si hay **frase adjetival (fadj)**, ésta se deriva siempre de la fn. A continuación damos un ejemplo más de todos estos tipos de frase--la fn, la fv y la fadj--mediante una oración ejemplificadora y su correspondiente árbol lingüístico:

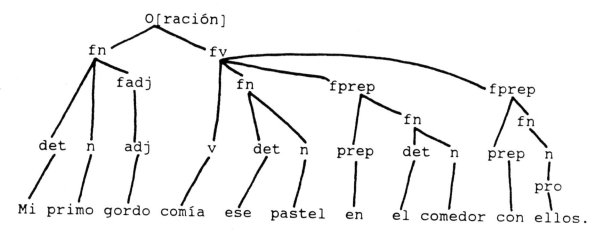

En esta oración y el árbol que lo ilustra se pueden ver muchos de los componentes de las frases nominativas y adjetivales que vamos a comentar en el presente capítulo: los **det**[erminantes] (que abarcan los demostrativos, los posesivos y los artículos), los **n** ('sustantivos'), los **adj**[etivos] y los **pro**[nombres] (categoría que incluye los pronombres personales, los pronombres relativos, los pronombres interrogativos y los pronombres indefinidos).

Antes de comenzar nuestro análisis (vea la sec. B de este capítulo) de determinantes, sustantivos, adjetivos y pronombres, nos conviene examinar el concepto de la **concordancia**, factor tan importante en el análisis de cualquier componente de las frases nominativa y adjetival en un idioma tan rico en concordancia como el español.

La **concordancia**

¿Qué es la concordancia? En términos muy generales, es lo que tienen en común X número de palabras o de morfemas. Es una especie de **acuerdo** entre dos cosas.

Vamos a emplear varios símbolos para exlicar más ampliamente el concepto de la concordancia. A continuación se presentan dos columnas:

   Columna **1**   Columna **2**

   ----z   ----e
   ----p   ----e

Las dos entidades de la columna 2 concuerdan de la manera más obvia posible: aparte de ser idénticas, tienen exactamente las mismas terminaciones: e, e. Las dos de la columna 1, en cambio, no concuerdan con respecto a sus terminaciones: la z no se parece en absoluto a la p.

Examinemos otro par de columnas:

   Columna **3**   Columna **4**

   ----z   ----e
   ----p   ----es

Todavía no hay concordancia entre los pares de la columna 3. Pero, ¿aún hay concordancia entre las entidades de la columna 4? La respuesta es sí y no. Sí hay concordancia de vocal (e), pero la adición de la s le quita la posibilidad de tener una concordancia completa. La concordancia, pues, es **parcial**: concordancia de vocal (e), pero no de consonante ($\emptyset \neq$ s).

Veamos aún otro par de columnas:

   Columna **5**   Columna **6**

   ----zs   ----e
   ----ps   ----es

Aquí, la columna de la izquierda--la **5**--manifiesta una nueva especie de concordancia, la de las consonantes s / s en posición final de palabra. En el par de columnas que sigue:

   Columna **7**   Columna **8**

   ----zs   ----es
   ----ps   ----es

se encuentra por fin en la columna a la derecha una concordancia completa: concuerdan tanto la vocal como la consonante.

Los diferentes tipos de concordancia que tiene el español

(1) Concordancia entre sujeto y verbo finito conjugado

Entre sujeto y verbo la concordancia es de <u>persona</u> y también de <u>número</u>. Esto ya se ha explicado ampliamente en el capítulo 3. Sigue una recapitulación del tema:

número (singular o plural)

<u>persona:</u>	1@	1 sg.	1 pl.
	2@	2 sg.	[2 pl.]
	3@	3 sg.	3 pl.

Ilustremos con ejemplos esta tabla relacionando pronombres sujetos con formas verbales:

número (singular o plural)

<u>persona:</u>	1@	yo ajusto	nosotros ajustamos
	2@	tú ajustas	[vosotros ajustáis]
	3@	él ajusta	ellos ajustan

Obviamente, lo que tienen en común las seis formas verbales conjugadas es la raíz--/ajust/--y lo que no tienen en común son los morfemas "finales" de v.t., de t.a. y de t.p.: /o/, /a/ /s/, /mos/, /n/. Es igualmente obvio que las reglas de la concordancia nos obligan a relacionar determinados pronombres sujeto con sendos morfemas "finales": <u>yo</u> con /o/, <u>tú</u> con /a/ /s/, <u>nosotros</u> con /a/ /mos/, y así sucesivamente.

Es el sujeto (pronombre o sustantivo) el que rige o sea determina "persona" y "número". Así que si el sujeto es 1.sg., la persona y el número de la forma verbal tienen que ser 1.sg. también.

(2) Concordancia entre sustantivos, adjetivos, cuantificadores y determinantes

Entre sustantivos y adjetivos/cuantificadores la concordancia es de <u>género</u> y también de <u>número</u>:

--concordancia de <u>género</u> (masculino vs. femenino)

--concordancia de <u>número</u> (singular vs. plural)

La concordancia de género es del tipo e / e de las columnas 2 y 4 que se presentaron en la página anterior. La concordancia de número es la de las columnas 5 y 7. La concordancia tanto de género como de número se ejemplifica en la columna 8: /e/-/e/, /s/-/s/. A continuación se presenta una tabla que relaciona los dos fenómenos:

número (singular o plural)

| género (masculino o femenino) | m.sg. f.sg. | m.pl. f.pl. |

Ilustremos esta tabla con ejemplos:

número (singular o plural)

| género (masculino o femenino) | rico rica | ricos ricas |

Es evidente que lo masculino es marcado por el morfema /o/ (rico, ricos), lo femenino por el morfema /a/ (rica, ricas), lo plural por el morfema /s/ (ricos, ricas) y lo singular por el morfema cero o sea por la **ausencia** de /s/ (rico∅, rica∅).

Es el **encabezado de la frase nominativa** (es decir, el sustantivo o pronombre) el que rige o sea determina "género" y "número". Así que si el sustantivo/pronombre es m.sg., todo adjetivo, cuantificador o determinante que sea regido por dicho sustantivo/pronombre tiene que ser m.sg. también. Ejemplos:

encabezado de la frase nom.	adjetivo, cuantificador o determinante
(1) vacas	lecheras (y no *lecheros, lechera, lechero) muchas (y no *muchos, mucha, mucho) las (y no *los, la, el)
(2) niños	enfermos (y no *enfermo, enferma, enfermas)
(3) ella	bonita (y no *bonito, bonitos, bonitas)
(4) elefante	enorme (y no *enormes, enorma, enormo)
(5) tigre	furioso (y no *furiosos)

El ejemplo (5) demuestra que la concordancia de género no es siempre entre vocales idénticas al estilo de /a/ /a/, /o/ /o/, /e/ /e/. La concordancia de género también puede darse entre /e/ y /o/ u /o/ y /e/ (entre varias posibilidades). Éstos son algunos de los temas que se examinarán en el presente capítulo.

¿Toda concordancia siempre se revela?

En la **superficie** no siempre se revela la concordancia. Pero, ¿qué cosa es la **superficie**? La superficie es 'lo que se oye en lo hablado o lo que se ve en lo escrito'. Lo contrario de 'la superficie' es 'lo **subyacente**'. 'Subyacente' quiere decir 'por debajo de la superficie'. Aún cuando en lo hablado o lo escrito siempre se sabe lo subyacente, este subyacente de por sí no se oye ni se ve.

¿Cuál tipo de concordancia no siempre se revela? La concordancia de **número** se manifiesta siempre. No hay frase, cláusula u oración en la que no se revele el número. En cambio, la concordancia de **género** puede revelarse o no según el caso. Como veremos en las secciones C y D del presente capítulo, en unos sustantivos el género es de superficie (o sea, hay algo en la superficie que nos dice que el sustantivo es masculino o femenino), pero en otros no. Aquí se presentarán varios ejemplos preliminares de estos dos fenómenos:

--<u>sustantivos en los que el género se revela en la superficie</u>:

vac<u>a</u>, habilida<u>d</u>

(Los elementos subrayados son típicos de un género en particular, en este caso del género femenino.)

perr<u>o</u>, pape<u>l</u>, revólve<u>r</u>

(Los elementos subrayados son típicos del otro género, el masculino.)

--<u>sustantivos en los que el género **NO** se revela en la superficie</u>:

lápi<u>z</u>, elefantiasi<u>s</u>, avió<u>n</u>

(En cambio, estos elementos subrayados no nos dicen de por sí el género del sustantivo.)

Así es que en una oración como la siguiente, el género del sustantivo sólo podría determinarse por medio del determinante y el adjetivo:

Tiene un<u>a</u> cicatriz muy fe<u>a</u>.

(Como *cicatriz* termina en una consonante--la <u>z</u>--que de por sí no indica el género del sustantivo, el que desconociera el género de *cicatriz* podría interpretarlo como cualquiera de los dos géneros si no fuera por la presencia del det *un<u>a</u>* y del adj *fe<u>a</u>* en los que sí sale a la superficie el género. Por lo contrario, en la oración siguiente no hay pista de superficie que revele el género de *cicatriz*:)

En su cara hay tres grandes cicatrices artificiales.

(Ni *tres*--cuantificador numérico que no marca el género en la superficie--ni *grandes* ni *artificiales*--dos adjetivos que tampoco marcan el género en la superficie--indican que el género de *cicatriz* es femenino.)

Como aquí se ha visto, en algunas ocasiones el género **NO sale** a la superficie. Es muy posible que ni en la superficie de la frase ni el resto de la cláusula no haya nada que revele cuál es el género subyacente de la frase nominativa. Demostremos esto mediante un cuidadoso examen de los siguientes dos casos opuestos:

--género que sí sale a la superficie de la frase nominativa:

(1) La otra profesora se ha jubilado ya.

(Aquí hay tres elementos que marcan el género y nos dicen que es femenino: la palabra <u>la</u>, la <u>-a</u> de <u>otra</u>, y la <u>-a</u> de <u>profesora</u>.)

--género que NO sale a la superficie de la frase nominativa:

(2) A <u>tales agentes nicaragüenses importantes</u> hay que hacerles mucho caso.

(En la frase subrayada no hay ni un solo elemento que revele cuál podría ser el género--masculino o femenino-- del sustantivo <u>agentes</u>, el cual por su parte tampoco lo revela.)

Como se verá más extensamente en la sección C de este capítulo, hay dos tipos de **género**: el **natural** y el **artificial**. Hablamos del **género natural** cuando nos referimos al género que refleja la clasificación de los mamíferos según su sexo (aquí **mamíferos** se entiende en un sentido muy amplio: 'animales grandes y seres humanos'), ya que en la vida misma hay características físicas que permiten ver el género de los mamíferos de sexo **masculino** y el de los mamíferos de sexo **femenino**. Por eso al hablar de siquiatras se habla de "<u>el</u> siquiatra" o "<u>el</u> dentista" si el referido es hombre y de "<u>la</u> siquiatra" o de "<u>la</u> dentista" si el referido es mujer. (En español los determinantes reflejan o "copian" el género de su sustantivo.) En cambio, todo género que no se entienda como natural es artificial. De ahí que el género de sustantivos que no denotan mamíferos (tales como <u>libro</u>, <u>mesa</u>, <u>papel</u>, <u>revólver</u>, <u>dificultad</u>, <u>condición</u>, etc.) sea **artificial**--"<u>el</u> libro, el papel, el revólver", pero, por lo contrario, "<u>la</u> mesa, la dificultad, la condición"--porque ninguno de estos sustantivos denota mamífero.

¿Cuáles partes de la oración son concordantes?

Se dice que una palabra es **concordante** si admite cualquier cambio que provenga de la necesidad que tiene de entrar en concordancia con otro elemento de la frase. Dada esta definición amplia, toda forma verbal conjugada, pues, es concordante, y son concordantes también los adjetivos, los cuantificadores, los determinantes, los pronombres y los sustantivos.

● **EJERCICIO 4.1**---

(A) Indique qué tipo de concordancia se manifiesta en los siguientes renglones: (1) concordancia entre sujeto y verbo conjugado, (2) concordancia entre sustantivos, adjetivos, cuantificadores y determinantes o (3) las dos cosas a la vez.

1. una perra gorda

2. él sufrió

3. Mi magnífica mamacita me mima mucho.

4. tal intérprete exigente e importante

5. Vamos a ir de todos modos.

6. Tres tristes tigres tragaron todo el trigo.

7. Los carros cargados de azúcar cubano corrieron rápido.

8. doscientas damas de caridad

9. varios barrios bajeños hundidos en la miseria más absoluta

10. Aprobaron este examen todos los niños de la escuela primaria.

(B) Diga si se revela o no se revela el género en la superficie de las frases nominativas de los siguientes renglones.

1. el rancho grande

2. tres cafetales triviales

3. Este labrador costarricense es inocente de cualquier crimen.

4. otros carros rojos destrozados y abandonados

5. los vehementes dioses de los indígenas precolombinos

6. No se sabe cuál es el problema.

7. En esta foto, poderosas accionistas nicaragüenses reclaman a viva voz sus derechos legales ante dos autoridades judiciales.

8. ¿Cuándo me van a presentar Uds. a la tal hindú inteligente como me prometieron el mes pasado?

(C) ¿Es **natural** o **artificial** el género de los siguientes sustantivos?

1. el burro

2. la computadora

3. mi rifle

4. mi caballo

5. el libro de texto

6. una yegua

7. otro elefante

8. otra siquiatra

9. otro siquiatra

10. mil siquiatras

11. doscientos siquiatras

12. un siquiatra

13. más bueno que el pan

14. aquel contador público

(D) Explique y luego ejemplifique la **superficie** y lo **subyacente**, relacionándolo todo con el tema de la concordancia.

(B) La morfosintaxis de los determinantes: Demostrativos; artículos; posesivos

¿Para qué sirven los determinantes? Entre otras cosas, los determinantes señalan los diferentes grados de especificación de un sustantivo, como: qué tan lejos está X de Y; qué tan bien definida es X con respecto a Y; o a quién pertenece X. Los determinantes suelen **anteponerse** a su sustantivo, como nos deja ver la frase nominativa **"los** libros" (y no *"libros **los**"). Los determinantes consisten en tres macrocategorías gramaticales:

(1) los **demostrativos** y sus quince formas (este, estos, esta, estas, esto, etc.)

(2) los **artículos** y sus ocho formas (el, los, la, las; un, unos, una, unas)[16]

(3) los **posesivos** y sus tres categorías morfosintácticas (posesivos no pronominales antepuestos [mi, tu, su ...] y pospuestos [mío, tuyo, suyo ...]; posesivos pronominales [el mío, el tuyo, el suyo ...])

Ahora vamos a examinar cada una de estas dos categorías desde el punto de vista de su **morfosintaxis** (palabra que combina **morfología** y **sintaxis** y significa 'el análisis tanto de la forma que tiene una categoría gramatical como de la función y posición que tiene en la frase o cláusula').

(1) Los demostrativos

Los **demostrativos** sirven en gran parte para señalar los **diferentes grados de proximidad** entre (1) el que habla y (2) el sustantivo al que el demostrativo se refiere. La tabla de la página siguiente revela--además de las clasificaciones de género y número--los tres grados de proximidad de las quince formas demostrativas:

LA MORFOLOGÍA DE LOS DEMOSTRATIVOS

		+ número / + género (son concordantes de género y número)		- número / género (no son concordantes de género; sí concuer. de núm. pero sólo el sg.)
grado de proximidad		singular plural		
(1) próximo al que habla	masc.	este	estos	esto
	fem.	esta	estas	
(2) próximo al que escucha	masc.	ese	esos	eso
	fem.	esa	esas	
(3) lejos de los dos	masc.	aquel	aquellos	aquello
	fem.	aquella	aquellas	

Los demostrativos son aún más específicos que cualquier artículo; de ahí viene la diferencia de especificación que se percibe entre estas dos oraciones:

(1) Dame **el** libro.
[artículo]

(2) Dame **ese** libro.
[demostrativo]

En cuanto a los ya mencionados **grados de proximidad**, el grado # 1 se refiere a algo que está más cerca del que habla que de cualquier otra persona, y así sucesivamente:

grado # 1 ('próximo al que habla'): ¿Qué te parece este libro [que tengo en la mano]?

grado # 2 ('próximo al que escucha'): ¿Qué te parece ese libro [que estás leyendo tú]?

grado # 3 ('lejos de los dos'): ¿Qué te parece aquel libro [que tiene Fulano/que se encuentra en una mesa distante/que leímos hace varios años/que está lejos de todos/etc.]?

Las 15 formas demostrativas también tienen que clasificarse en dos categorías según **la naturaleza de su concordancia**. Hay 12 demostrativos--los que se hallan a la izquierda de la línea divisora en la tabla anterior--que forzosamente son concordantes de género y número. Los tres restantes, en cambio--los que se encuentran a la derecha de la línea--<u>esto</u>, <u>eso</u> y <u>aquello</u>--sólo son concordantes de número en un sentido limitado: no pueden señalar ningún número que no sea el singular. (Tampoco pueden ser acompañados por ningún sustantivo que lleve género, es decir, que no pueden ser acompañados o modificados por ningún sustantivo, punto, ya que cualquier sustantivo tiene que llevar género.) En realidad, <u>esto</u>, <u>eso</u> y <u>aquello</u>, o sea los tres demostrativos que la tabla describe como [- número / - género] y que se llaman **neutros** ('sin género'), sólo pueden ser **demostrativos pronominales**. Esto quiere decir que nunca son acompañados por ningún sustantivo. Siguen ejemplos de los tres demostrativos neutros y su uso correcto e incorrecto:

1.a.   Siempre he dicho que esto no me gusta.

  b.   *Siempre he dicho que *esto trabajo* no me gusta.

2.a.   Yo ya no tolero eso; no lo aguanto más.

  b.   *Yo ya no tolero *eso ruido*; no lo aguanto más.

3.a.   No sabemos cómo van a poder vivir sin aquello.

  b.   *No sabemos cómo van a poder vivir sin *aquello lujo*.

Los doce demostrativos concordantes restantes pueden ser pronominales o no pronominales según su función. Si modifican a algún sustantivo que está presente en la frase (al que apunta la flechita), son **demostrativos no pronominales**:

4.   Voy a comprar <u>esta</u> casa.
              →

5.   ¿Te acuerdas de <u>aquel</u> automóvil que vimos en la feria?
              →

6.   Andan pidiendo limosna <u>esos</u> pobres mendigos.
              →

Pero si el sustantivo no está presente en la superficie de la frase, son **demostrativos pronominales**:

7. Voy a comprar <u>ésta</u>.

8. ¿Te acuerdas de <u>aquél</u> que vimos en la feria?

9. Andan pidiendo limosna <u>ésos</u>.

Ya que todos los demostrativos [+ género / + número] son concordantes plenos, podría decirse--y muchos libros de texto lo dicen--que son "adjetivos". Sin embargo, no se comportan exactamente como adjetivos. Por eso, hemos optado por usar el término **no pronominales** para clasificar los demostrativos--tanto los antepuestos como los pospuestos--que no son pronombres.

La mayor parte de las veces los doce demostrativos no pronominales se comportan como típicos determinantes en el sentido de que se anteponen a su sustantivo: *estas manzanas, esos manuscritos, aquellas bombas atómicas*. Sin embargo, el demostrativo no pronominal (y en particular el del grado # 2) puede colocarse después de su sustantivo o después del adjetivo que lo modifica, logrando así un efecto mayormente despreciativo. Al hacerlo, ya dejó de ser determinante puro y podría llamarse "demostrativo no pronominal pospuesto" (en contraste con los dem no pronominales "antepuestos").

10. ¿Ya tiraste la clase esa?

11. Sus padres no quieren que se case con el feo tipillo ese.

¿Deben acentuarse por escrito los demostrativos pronominales?

La gran mayoría de los periódicos, las revistas y las casas editoriales siguen acentuando ortográficamente a las vocales tónicas de los demostrativos **pronominales** [+ género / + número], así--*éste, éstos, ésta, éstas; ése, ésos, ésa, ésas; aquél, aquéllos, aquélla, aquéllas*--a pesar de que la Real Academia de la Lengua ha dictaminado que la acentuación por escrito de los demostrativos pronominales debe ser opcional. (En cambio, ninguno de los tres demostrativos no concordantes pronominales--*esto, eso, aquello*--se ha acentuado por escrito nunca, ni debe acentuarse en la actualidad.)

Todos los demostrativos en resumidas cuentas

La siguiente tabla resume los demostrativos y relaciona a todos con los términos gramaticales que los describen.

RESUMEN DE DEMOSTRATIVOS

	demostrativos NO pronominales concordantes de género y número	demostrativos pronominales concordantes de género y número	demostrativos pronominales neutros restringidos al singular
próx. a q. habla	este estos esta estas	éste éstos ésta éstas	esto
próx. a q. escu.	ese esos esa esas	ése ésos ésa ésas	eso
lejos de los dos	aquel aquellos aquella aquellas	aquél aquéllos aquélla aquéllas	aquello

(2) Los artículos

Todos los artículos son concordantes de género y número. Un artículo siempre antecede al sustantivo al que se refiere: **el señor**, **las montañas**, **unos elefantes**. Hay dos categorías de artículos: los artículos **definidos** y los artículos **indefinidos**. Los cuatro definidos--**el**, **los**, **la**, **las**--se usan para indicar que tanto el que habla como el que escucha tiene previos conocimientos del sustantivo. En cambio, los cuatro indefinidos--**un**, **unos**, **una**, **unas**--se usan para indicar lo contrario: (1) no hay previo conocimiento de parte del que escucha, o (2) ni el que escucha ni el que habla tiene previo conocimiento del sustantivo. A continuación se hallan varias muestras de artículos que formarán parte de una pequeña ficción narrada:

SIN PREVIO CONOCIMIENTO DE PARTE DE NADIE:

Ramón quería casarse con **una** portuguesa, así que se fue a Lisboa para ver qué había.

CON PREVIO CONOCIMIENTO PERO SÓLO DE PARTE DEL QUE HABLA:

Luego de conocer Ramón a **una** portuguesa muy linda, regresó con ella a New Bedford y nos la presentó a todos nosotros.

CON PREVIO CONOCIMIENTO DE PARTE DEL QUE HABLA Y TAMBIÉN DEL QUE ESCUCHA:

Ahora que se casa Ramón muy pronto con **la** portuguesa, todos estamos muy contentos.

En cuanto a la morfología de los artículos, notamos (como era de esperarse) que todos son concordantes plenos que se dividen en varias subclasificaciones según su género y su número:

LOS ARTÍCULOS: SU MORFOLOGÍA

		singular	plural
definidos	masculino	el	los
	femenino	la	las
indefinidos	masculino	un	unos
	femenino	una	unas

De las dos subclasificaciones basadas en consideraciones de género, la femenina es la más consistente en cuanto a sus formas: las dos singulares terminan en -a (la, una) y se pluralizan mediante la simple adición del morfema pluralizador /s/: la + s → las; una + s → unas. La masculina en cambio carece de esa consistencia: para hacer la pluralización el → los, el tiene que perder su vocal inicial e y agregar otra vocal--una o--al final, y sólo entonces está lista para la adición del morfema pluralizador /s/; asimismo la conversión un → unos se lleva a cabo por medio de una adición vocálica antes de que se le pueda agregar el morfema /s/.

Las dos contracciones

El artículo definido masculino singular el (minúsculo) es el único elemento del español que forma **contracciones**. Las forma con sólo dos preposiciones: a (+ el → al), y de (+ el → del). La única forma escrita que entra en estas contracciones es el. Ninguna de las dos formas siguientes--la él que es pronombre personal y la El que es el artículo def. m. sg. que forma parte de nombres propios como El Paso o El Salvador)--participa en contracción alguna.

●EJERCICIO 4.2 --

(A) Haga una lista de todos los determinantes demostrativos y de todos los determinantes artículos que son **concordantes de género y número**. Luego haga otra lista de todos los que son **concordantes de número restringidos al singular**.

1. CONCORDANTES DE GÉNERO Y NÚMERO:

2. CONCORDANTES DE NÚMERO RESTRINGIDOS AL SINGULAR:

(B) Identifique y describa las siguientes palabras subrayadas según los modelos.

MODELO:

Alcánzame <u>esa</u> manzana.

esa--determinante demostrativo no pronominal femenino singular, próximo a quien escucha

MODELO:

Me robaron <u>la</u> alfombra nueva.

la--determinante artículo definido femenino singular

1. Voy a ordenar tres de <u>esas</u> computadoras nuevas.

2. Estabas bastante enferma en <u>aquel</u> momento.

3. Procuraron conseguir <u>un</u> boleto para mañana, pero ya no había.

4. <u>Estos</u> chamacos subieron <u>las</u> escaleras en 70 segundos.

5. Mis dos primos trabajaron 27 años en <u>esta</u> fábrica.

6. ¡Cómo me acuerdo de <u>aquellos</u> tiempos!

7. <u>Los</u> ingenieros chilenos habían perdido <u>unos</u> objetos de mucho valor.

8. Vete a comprar <u>el</u> pan en <u>aquella</u> tienda.

9. Ya te he dicho mil veces que <u>esto</u> no me convence.

10. Olvídate ya de todo <u>eso</u>. Ya pasó.

(C) Escriba oraciones originales con los determinantes que se describen a continuación.

1. artículo definido femenino plural

2. demostrativo no pronominal masculino singular, próximo a quien escucha

3. demostrativo pronominal neutro próximo a quien habla

4. artículo indefinido masculino singular

5. demostrativo pronominal femenino singular, lejos de los dos que hablan

6. demostrativo pronominal masculino plural, próximo a quien habla

7. artículo definido masculino singular

8. demostrativo no pronominal femenino singular, lejos de los dos que hablan

----

(3) Los posesivos

La palabra *posesivo* señala **posesión**, es decir, indica a quién le **pertenece** algo o alguien. El <u>posesor</u> ("X") posee la entidad poseída ("Y").

<u>mi</u> dinero ('Yo [X] soy el dueño de tal dinero [Y]')

<u>tus</u> casas ('Tú [X] eres el dueño de tales casas [Y]')

<u>su</u> elefante ('Ud.--o él/ella/Uds./ellos/ellas ... -- es/son el dueño/la dueña/los dueños/las dueñas de tal elefante')

<u>nuestros</u> condominios ('Nosotros somos los dueños ... ')

Al igual que los demostrativos y los artículos, estos posesivos suelen entenderse como determinantes. Esto es una verdad a medias. Sí hay posesivos--los no pronominales antepuestos--que se colocan enfrente de los sustantivos que modifican (lo cual es una de las características primordiales del determinante). Pero hay un segundo grupo de posesivos--los no pronominales pospuestos--que no se colocan enfrente del sustantivo sino detrás de él. Luego hay un tercer grupo de posesivos--los pronominales--que como pronombres excluyen por completo el referido sustantivo de la superficie. Así que si los posesivos son determinantes, sólo lo son de una manera parcial.

Ya que todos los posesivos no pronominales son concordantes de género y número o sólo de número, podría decirse--y muchos libros de texto lo dicen--que los posesivos no pronominales son "adjetivos". Sin embargo, no se comportan exactamente como adjetivos. Por eso, este texto ha optado por usar el término **no pronominales** para clasificar los posesivos--tanto los antepuestos como los pospuestos--que no son pronombres.

Sigue una tabla que relaciona los tres tipos de posesivos entre sí:

POSESIVOS

no pronominales   pronominales

determinantes: no determinantes:
los <u>antepuestos</u>   los <u>pospuestos</u>

A continuación hay una tabla de los posesivos no pronominales. La tabla muestra que sólo uno de los posesivos no pronominales **antepuestos** manifiesta género mientras que todos marcan el número; en cambio, todos los posesivos **pospuestos** manifiestan género.

LOS POSESIVOS NO PRONOMINALES: Formas y contextos

FORMAS

<u>posesivos antepuestos</u>   <u>posesivos pospuestos</u>

1.   mi(s)   nuestr$\begin{bmatrix} o \\ a \end{bmatrix}$(s)   mí$\begin{bmatrix} o \\ a \end{bmatrix}$(s)   nuestr$\begin{bmatrix} o \\ a \end{bmatrix}$(s)

2inf.tu(s)   tuy$\begin{bmatrix} o \\ a \end{bmatrix}$(s)

2for.	su(s)	su(s)	$\text{suy}\begin{bmatrix}o\\a\end{bmatrix}$(s)	$\text{suy}\begin{bmatrix}o\\a\end{bmatrix}$(s)
3.	su(s)	ṡu(s)	$\text{suy}\begin{bmatrix}o\\a\end{bmatrix}$(s)	$\text{suy}\begin{bmatrix}o\\a\end{bmatrix}$(s)

En la tabla que sigue se presentan los posesivos no pronominales en su contexto:

CONTEXTOS

posesivos antepuestos	posesivos pospuestos
<u>Mi</u> carro es nuevo.	Este carro <u>mío</u> es nuevo.
<u>Tus</u> casas son bonitas.	Estas casas <u>tuyas</u> son bonitas.
<u>Su</u> tía trabaja allí.	Una tía <u>suya</u> trabaja allí.
<u>Nuestra</u> tía tiene 92 años.	Una tía <u>nuestra</u> tiene 92 años.

Los determinantes posesivos no pronominales manifiestan en la superficie su concordancia, séase sólo de número, séase tanto de número como de género. Manifiestan el mismo número/género que el del sustantivo que modifican. Por lo tanto pueden asumir todas las formas siguientes si su clasificación morfológica lo permite:

Concordancia plena (de número y género en la superficie):

nuestro tío / *nuestros* tíos; *nuestra* tía / *nuestras* tías

Concordancia parcial (sólo de número en la superficie):

mi tío / *mis* tíos   *mi* tía / *mis* tías

LOS POSESIVOS PRONOMINALES: La pronominalización de "det + n + posesivo pospuesto"

Los posesivos pospuestos se emplean como el segundo elemento en la creación de los **posesivos pronominales**. Éstos se derivan de una frase nominativa mediante un proceso de **pronominalización**. Por medio de este proceso se elimina el sustantivo, y el posesivo que queda pasa a formar parte de la nueva frase pronominal:

FN CON SUSTANTIVO: los parientes nuestros

                            det   n   pos.pospuesto

ELIMINACIÓN DEL SUSTANTIVO: los [parientes] nuestros →

                            det   [n]   pos.pospuesto

RESULTADO (pronominalización del pos. → **posesivo pronominal**):

<u>los nuestros</u>

(Note que una vez realizada la pronominalización, tanto el antiguo det como el antiguo pos. pospuesto--lo subrayado--se juntan en algo que se considera una sola unidad gramatical y que se representa así: <u>los nuestros</u>.)

La tabla siguiente da todas las formas posesivas pronominales:

POSESIVOS PRONOMINALES: SUS FORMAS
(todos son concordantes de número y de género)

1.	el mío	el nuestro
	los míos	los nuestros
	la mía	la nuestra
	las mías	las nuestras
2inf.	el tuyo	
	los tuyos	
	la tuya	
	las tuyas	
2for.	el suyo	el suyo
	los suyos	los suyos
	la suya	la suya
	las suyas	las suyas
3.	el suyo	el suyo
	los suyos	los suyos
	la suya	la suya
	las suyas	las suyas

Además de estos posesivos pronominales concordantes, hay otra serie de posesivos pronominales que muestran una sola concordancia limitada: la de número, y que va siempre en singular. Como los posesivos pronominales de esta serie nunca manififestan concordancia de género, la nueva serie se dice ser de posesivos pronominales **neutros**:

POSESIVOS PRONOMINALES <u>NEUTROS</u>

1. lo mío	lo nuestro
2inf.lo tuyo	
2for.lo suyo	lo suyo
3. lo suyo	lo suyo

La derivación de "Lo mío" etc. pueden entenderse como resultado de la reducción de una cláusula relativa:

> lo [que es] mío, lo [que es] tuyo (etc.)

Un posesivo pronominal neutro como <u>lo mío</u> se refiere a todo un conjunto de entidades "mías" sin referirse a ninguno en particular. Los posesivos pronominales neutros carecen de antecedentes nominativos específicos. Como no se refiere a ninguno en particular, el posesivo pronominal neutro no puede llevar ni el número ni el género de un antecedente nominativo que no tiene. De ahí que sea neutro.

LA AMBIGÜEDAD DE LOS POSESIVOS <u>SU</u> ... , <u>SUYO</u>... , <u>EL SUYO</u> ...

Todos los posesivos que <u>no</u> son de primera persona (*mi, nuestro,* etc.) o de segunda persona informal (*tu,* etc.) son **ambiguos** en este sentido: potencialmente tienen más de un significado cuando se usan sin un contexto que los explique de una manera satisfactoria. De modo que el posesivo antepuesto de la oración siguiente--

    (a) **Su** casa me gusta mucho.--

puede tener por lo menos seis significados diferentes:

    (1) Me gusta la casa <u>de Ud.</u>

> ("Pero ¡qué casa más bonita, doña Herlinda! <u>Su</u> casa de veras me gusta mucho.")

    (2) Me gusta la casa <u>de él</u>.

> ("Manrique me ha invitado a pasar un fin de semana con él. Pero si acepto es sólo porque <u>su</u> casa me gusta mucho.")

    (3) Me gusta la casa <u>de ella</u>.

(4) Me gusta la casa <u>de Uds.</u>

(5) Me gusta la casa <u>de ellos.</u>
<u>{mis vecinos los Álvarez}</u>
<u>{los tíos que tengo en San Juan}</u>
(etc.)

(6) Me gusta la casa <u>de ellas.</u>
(etc.)

Otro tanto puede decirse de los posesivos de oraciones como las siguientes:

Ayer conocimos a unos primos <u>suyos</u> ['de Ud.   '] en Laredo.
él
ella
Uds.
ellos
ellas (etc.)

Me gusta <u>la suya</u> ['la de Ud.   '] más que la mía.
él
ella
Uds.
ellos
ellas (etc.)

La lengua resuelve estas ambigüedades potenciales por medio del **contexto** ("¡Qué bonita casa tiene Ud., <u>doña Herlinda</u>! <u>Su</u> casa de veras me gusta mucho"). También las resuelve por medio de la **adición de una frase preposicional** (y la consiguiente eliminación del posesivo antepuesto):

(**ambiguo**)   <u>Su</u> casa me gusta mucho. →

(**desambiguado**)   <u>La</u> casa <u>de usted</u> me gusta mucho.

También se usan construcciones como la siguiente, que desde el punto de vista prescriptivo se ve mal porque conserva el posesivo antepuesto aún cuando se le agrega la frase preposicional explicativa:

<u>Su</u> casa <u>de usted</u> me gusta mucho.

LOS POSESIVOS: PROBLEMAS DE MÚLTIPLE CLASIFICACIÓN GRAMATICAL

Los problemas de ambigüedad de significado que presentan los posesivos *su / suyo / el suyo* ... se extienden a la clasificación gramatical misma. Pero son problemas que afectan a **todos** los posesivos y no sólo los de *su / suyo / el suyo* ... . Por ejemplo,

¿cómo podría describirse el posesivo pospuesto de una oración como "Unos amigos míos se fueron de vacaciones"? Obviamente <u>míos</u> puede describirse como primera persona **singular** porque se refiere a un posesor de primera persona singular ("mío = yo"). Pero desde el punto de vista de la concordancia de número, podría considerarse **plural** porque el posesivo modifica a un sustantivo plural (<u>amigos</u>). ¿Cómo se resolverá este problema? Aquí se ha optado por seguir clasificando al posesivo según el posesor al que se refiere ("mío = yo") y **no** según la concordancia de número que proviene del sustantivo modificado (<u>amigos</u>). Así que <u>míos</u> sería "posesivo no pronominal pospuesto de primera persona singular" aún cuando una descripción exhaustiva añadiría esto: " ... que concuerda en género y número con un sustantivo masculino de tercera persona plural".

Como los posesivos *su / suyo / el suyo* ... son siempre ambiguos si carecen de un contexto más amplio, la clasificación gramatical de ellos es especialmente problemática. ¿Cómo podría clasificarse p.ej. el posesivo pospuesto <u>suyo</u> de la oración siguiente, ya que <u>suyo</u> tiene la potencialidad de referirse a por lo menos seis personas ("al de Ud., al de él, al de ella, al de Uds., al de ellos, al de ellas", etc.)?

Un automóvil <u>suyo</u> quedó eliminado de la competencia.

La respuesta a esta pregunta es que **sin un contexto más amplio, la clasificación gramatical no puede ir más lejos de ésta general:** "segunda persona formal o tercera persona singular o plural."

● **EJERCICIO 4.3** --

(A) Indique cuáles de los posesivos siguientes manifiestan sólo concordancia de número y cuáles manifiestan concordancia de género y número.

1. mi

2. mío

3. el mío

4. lo mío

5. nuestro

6. tu

7. su

8. lo nuestro

9. suyo

10. el suyo

11. tuyo

12. lo tuyo

(B) Subraye y describa todos los posesivos.

1. Sus notas han bajado considerablemente, mientras que las mías

    han subido.

2. Mis primos no me dejaron usar su bicicleta.

3. Insiste que éstos son de Sigifredo y que los tuyos están detrás

    del garaje.

4. Una prima mía perdió su casa y ahora espera heredar la mía.

5. Lo tuyo no me interesa para nada porque bastantes problemas

   tengo con lo mío.

6. Nuestros familiares no saben dónde queda mi casa.

7. Otro tío abuelo mío se me murió anoche.

8. Se sabe que su suegra se suicidó el sábado. ¿Y la tuya?

9. De las nuestras sólo queda viva Chencha.

10. Unos tíos suyos se fueron a Cancún de vacaciones.

(C) Escriba una oración original con cada uno de los posesivos que
    se describen a continuación.

1. posesivo adjetival antepuesto 1.sg.

2. posesivo adjetival pospuesto 3.pl.

3. posesivo pronominal 2.sg. informal

4. posesivo pronominal 3.sg.

5. posesivo adjetival antepuesto 1.pl.

6. posesivo adjetival pospuesto 1.pl.

7. posesivo neutro 1.pl.

8. posesivo neutro 2.sg. formal

(D) Elimine la ambigüedad de cualquier posesivo que sea ambiguo.

1. Lo problemática de su decisión fue la rapidez con la que se hizo.

2. Manuel ya vendió su casa y ahora quiere que le venda la mía.

3. Aquí tengo los suyos en caso de que se los quieras regresar.

4. Varios amigos suyos me han hablado por teléfono en diferentes ocasiones.

5. Ya les he dicho a esos cantantes que mil veces más me gusta la música nuestra que la suya.

(C) S u s t a n t i v o s : Número y género

Ya se sabe lo que es un n (sustantivo), y cómo se distinguen los n de los adj(etivos), que de otra manera se les parecen tanto en cuanto a la forma. (El que necesite repasar los parámetros de estas dos categorías gramaticales lo puede hacer volviendo a examinar el primer capítulo.)

(1) El número: La pluralización de los sustantivos

La pluralización de un n se lleva a cabo mediante la adición al final de la palabra nominativa del morfema /s/, cuyos **alomorfos** ('las realizaciones concretas de un morfema')--son [Ø], [es] y [s]. (Como ya se aprendió en el capítulo 3, un **morfema** es una representación abstracta que sólo puede "levantar vuelo" al realizarse como **alomorfo**.) A continuación siguen tres reglas para la pluralización de los sustantivos. Estas reglas deben aplicarse en la secuencia en que son presentadas, es decir: lo primero que hay que preguntar con respecto a cómo se pluraliza un n es lo que contiene la regla # 1; luego de hecha esta pregunta se pasa a la regla # 2, y sólo entonces a la regla # 3.

R E G L A S   D E   P L U R A L I Z A C I Ó N

Regla # 1: alomorfo [Ø]

Hay sustantivos a los que no se les agrega **nada** para pluralizarse.

La fórmula es: $/s/ \rightarrow [Ø] / \cdots \underset{esdrújula}{(\acute{})} - \underset{llana}{(\acute{})} - \underline{}s\#$

(El símbolo # significa "final de palabra".)

Así se entiende esta fórmula:

No agregan nada al pluralizarse los n **esdrújulos o llanos** que **ya terminan con -s en el singular**. (Las señales de pluralización las dan los demás componentes de la FN, como p. ej. el determinante.)

Ejemplos:

sustantivo -s# llano	el oasis → los oasis
sustantivo -s# llano	la crisis → las crisis
sustantivo -s# esdrújulo	el análisis → los análisis
sustantivo -s# esdrújulo	el énfasis → los énfasis

Regla # 2: <u>alomorfo [es]</u>

Hay sustantivos que se agregan una [e] antes de añadir la [s] pluralizadora.

La fórmula es: /s/ → [es] / ... <u>(´)</u> s#

... <u>   </u>C# que no sea <u>-s</u>

... <u>   </u>í#
... <u>   </u>ú#

<u>Explicación y ejemplos:</u>

La regla # 2 se aplica a **TRES GRUPOS DE SUSTANTIVOS:**

(1) los agudos o monosilábicos **terminados en <u>-s</u> en el singular:**

    el dios → los dioses

    el mes → los meses

    el ciprés → los cipreses

    el interés → los intereses

(2) los **terminados en cualquier consonante que no sea <u>-s</u>:**

    la ciudad → las ciudades

    el papel → los papeles

    el lápiz → los lápices

    la canción → las canciones

(3) los **terminados en <u>-í</u> o en <u>-ú</u>** (es decir, en vocales altas/cerradas tónicas):

    el colibrí → los colibríes

    el iraquí → los iraquíes

    el hindú → los hindúes

Regla # 3: <u>alomorfo [s]</u>

Hay sustantivos que sólo añaden el alomorfo [s] o sea <u>-s</u> para pluralizarse.

La fórmula es: /s/ → [s] / en **cualquier ambiente que no sea los anteriores** (reglas 1 y 2).

Explicación:

"Cualquier ambiente que no sea los anteriores" consiste en todos los sustantivos que terminan en _-i_ / _-u_ (es decir, en vocales cerradas átonas) o en cualquier otra vocal. En realidad la inmensa mayoría de los sustantivos que se adhieren a la regla # 3 terminan en _a e o_ átonas; sólo unos cuatrocientos terminan en las restantes.

Ejemplos:

     _-i_: el taxi → los taxis

     _-u_: la tribu → las tribus

     _-a_: la casa → las casas

     _-á_: el papá → los papás

     _-e_: el coche → los coches

     _-é_: el café → los cafés

     _-o_: el perro → los perros

     _-ó_: el bongó → los bongós

Pluralizaciones excéntricas o indecisas

Un número muy limitado de sustantivos españoles (que en su mayoría son préstamos recientes de otros idiomas como el latín, el francés y el inglés) presentan algún problema pasajero en cuanto a su pluralización. Los sustantivos que terminan en aquellas consonantes que raras veces aparecen al final de la palabra española--_b c f g m t x_--tienden a pluralizarse en [s] (o a veces en [Ø]) a pesar de la regla # 2:

   el club → los clubs (pero también _los clubes_)

   el álbum → los álbums (pero también _los álbum_/_los álbumes_)

   el coñac → los coñacs (pero también _los coñac_/_los coñaques_)

Otros se pluralizan siguiendo incorrectamente la regla # 1:

     el déficit → los déficit (podría ser los deficites,
                             palabra llana, pero nadie la dice
                             así)

     el gong → los gong (podría ser los gongues pero así no
                         la dice nadie)

También reina cierta confusión (sobre todo en el español popular)
respecto a la pluralización de los casi 400 sustantivos que
terminan en -á, -é, -ó tónicas; de ahí que se dan las formas
populares el papá → los papases, el pie → los pieses, el yoyó → los
yoyoses, etc.

● EJERCICIO 4.4 --

(A) A continuación se dan varios n en plural. Cite las reglas que
    explican su pluralización.

1. yanquis

2. veces

3. gases

4. ajonjolíes

5. animales

6. neurosis

7. manos

8. maldiciones

9. irlandeses

10. malas

11. parálisis

12. pies

----

(2) El género gramatical: Natural vs. artificial

Todo sustantivo español tiene que tener un **género gramatical**: o es "m." (de género masculino) o es "f." (de género femenino). El concepto del **género gramatical** es abovedor: abarca todos los sustantivos de la lengua, tanto los de género de origen natural como los de género de origen artificial.

Ya se ha explicado (pág. 181) la diferencia entre el género natural y el género artificial. En resumidas cuentas es ésta:

--El **género natural** es el relacionado con lo que se puede observar de las características físicas de los mamíferos (los seres humanos y los animales grandes). Si el ser humano es hombre, es de género natural masculino (y por lo tanto de género gramatical masculino también):

> Julio = siquiatra → el siquiatra

Si el ser humano es mujer, es de género natural (y gramatical) femenino:

> Julia = siquiatra → la siquiatra

--El **género artificial** es todo el que **no** se relaciona con las observables características físicas de los mamíferos. El hecho de que mesa, bicicleta, ventana y mente sean de género gramatical femenino--la mesa, la bicicleta, etc.--no tiene nada que ver con características físicas de género natural porque no las tiene. Son femeninos estos sustantivos por puras coincidencias de forma: la mesa (género artificial) / la maestra (género natural). (La a como letra final es una característica de forma de los sustantivos de género femenino gramatical.)   Intervienen en estas coincidencias razones históricas que pueden remontarse hasta hace miles de años.

El género natural

Así se determina el género natural: si el sustantivo denota a un ser humano o mamífero grande de sexo masculino, es de género masculino; si denota a un ser humano o mamífero grande de sexo femenino, es de género femenino. Siguen varios ejemplos:

MASCULINOS:	FEMENINOS:
el maestro	la maestra
el cocinero	la cocinera
el abogado	la abogada
el doctor	la doctora
el profesor	la profesora
el actor	la actriz
el rey	la reina
el duque	la duquesa

Son muchos los n de género natural que terminan en -o si son masculinos y en -a si son femeninos. Esta correspondencia entre -o = m. y -a = f. se repite con creces entre los n de género artificial, donde casi todos los que terminan en -o son m. y un 96% de los que terminan en -a son f. Otro patrón que se puede percibir en esta lista es la equivalencia entre -r = m. y -ra = f., o sea, al sustantivo masculino se le agrega una -a para hacerlo femenino. No todos los sustantivos femeninos de género natural van a terminar en -a, como lo demuestra el ejemplo de la actriz, que de conformarse a otros patrones sería *la actora.

El género natural y los sustantivos ambivalentes de género

Hay unos mil n de género natural cuyas formas mismas no reflejan-- como lo hacen maestro/maestra, etc.--la ya establecida distinción masculina/femenina con sus repercusiones morfológicas. Son sustantivos como siquiatra, que a pesar de la naturaleza de su referencia físico-sexual--refiérase a un hombre, refiérase a una mujer--siempre tienen la misma terminación, -a. Pero no por eso van a tener el mismo género gramatical, porque si la persona a la que se refiere el n es hombre, será <u>el siquiatra</u>, pero si la persona a la que se refiere el n es mujer, es <u>la siquiatra</u>. Es el det (o el adj o el cuant) el que revela el género gramatical de todo n que es ambivalente de género.

MASCULINO	FEMENINO
el siquiatra	la siquiatra
el dentista	la dentista
el idiota	la idiota
el mártir	la mártir
el criminal	la criminal
el cliente	la cliente

Estos sustantivos se llaman **ambivalentes de género** porque su forma singular única e invariable "vale para ambos" géneros (<u>ambi-</u> = 'ambos'; <u>-valente</u> 'que vale para').

Entre los sufijos más típicos de los sustantivos ambivalentes de género figuran los siguientes:

<u>-ista</u>:

    el comunista/la comunista
    el novelista/la novelista
    el nudista/la nudista

<u>-a(u)ta</u>:

    el burócrata/la burócrata
    el demócrata/la demócrata
    el astronauta/la astronauta

<u>-cida</u>:

    el homicida/la homicida
    el regicida/la regicida

<u>-ita</u>:

    el menonita/la menonita
    el moscovita/la moscovita

-ota:

      el patriota/la patriota
      el idiota/la idiota

$\left.\begin{array}{l}\underline{-a}\\ \underline{-(i)e}\end{array}\right\}$ nte:

      el amante/la amante
      el cliente/la cliente
      el residente/la residente

-(i)ense:

      el canadiense/la canadiense
      el rioplatense/la rioplatense
      el nicaragüense/la nicaragüense

-al:

      el criminal/la criminal
      el caníbal/la caníbal

-s como última letra de sustantivos singulares **compuestos** (es decir, que se componen de dos morfemas libres: la 3.sg. del p.i. del VL más un n en forma plural):

      el sacamuelas/la sacamuelas
      el cortabolsas/la cortabolsas
      el trotacalles/la trotacalles
      el lameplatos/la lameplatos

El sustantivo epiceno: Una **excepción a la regla del género** natural

Hay media docena de n que deberían pertenecer a la categoría del género natural porque denotan a seres humanos. Sin embargo, **no** pertenecen a dicha categoría porque **no** "valen para ambos" géneros y **no** cambian de género gramatical aun cuando sí cambia de un género a otro la persona a la que el n se refiere. Veamos unos ejemplos:

persona (siempre **la persona** aun cuando la persona a la que se refiere es un hombre):

"El Sr. Ramírez es una persona culta."

(Si persona fuera ambivalente de género diríamos *"El Sr. Ramírez es **un** persona cult**o**" pero así no se dice nunca.)

<u>víctima</u> (siempre f.)

"L<u>a</u> víctima era <u>un muchacho</u> de 12 años" (y no *el víctima)

Otros n epicenos (palabra cuyo significado es 'que manifiesta características de los dos sexos') son <u>ángel</u>, <u>víbora</u> y <u>estrella</u> (de cine).

EL GÉNERO ARTIFICIAL: UN RESUMEN ANTICIPADO

El género gramatical de los n que pertenecen a esta categoría--que son como el 90% de todos los n del español--**es determinado por la última letra o las últimas dos, tres o cuatro letras del sustantivo.** Un resumen a ojo de águila revela lo siguiente de la relación entre los grafemas finales y el género artificial:

RELACIÓN ENTRE GRAFEMAS FINALES Y GÉNERO ARTIFICIAL

<u>femeninos</u>	<u>imprecisos</u>	<u>masculinos</u>	
-d	-n	**todos** los demás grafemas, o sea:	
-a	-z	-l	-t
		-o	-i
	-s	-r	-m
		-e	-y
			-u
			-x (y otros)

Obviamente, "impreciso" no es un género; se refiere "impreciso" a las tres terminaciones que de por sí no clasifican al sustantivo como masculino o femenino. Las reglas que explican el género gramatical de los sustantivos terminados en -<u>n</u> -<u>z</u> -<u>s</u> se basan en varias **subclasificaciones** de las terminaciones -<u>n</u> -<u>z</u> -<u>s</u> como veremos en unas cuantas páginas (págs. 212-215).

LAS TERMINACIONES FEMENINAS -<u>d</u>, -<u>a</u>

-<u>d</u>:

Un 98.5% de los aproximadamente 1,200 n que terminan en -<u>d</u> son femeninos. Siguen varios ejemplos:

la merced   la pared

la red   la sed

la salud

Y **todos** los más de mil n que terminan en -<u>dad</u>/-<u>tad</u>/-<u>tud</u> son femeninos:

la enfermedad	la comunidad	etc.
la felicidad	la tempestad	
la bondad	la juventud	

Entre los sustantivos de cierto uso frecuente hay una sola excepción aparente--<u>el abad</u>--que en realidad no es excepción porque denota un oficio que sólo puede ser de hombres; por lo tanto, <u>abad</u> pertenece forzosamente al campo del **género natural**. (La equivalente femenina de <u>abad</u> es <u>abadesa</u>.)

De los 17 sustantivos <u>-d</u> que constituyen una **excepción** a la regla "<u>-d</u> = f." (es decir, masculinos que terminan en <u>-d</u> que no son de género natural), sólo estos cuatro son algo frecuentes de uso:

el césped el ataúd el alud el sud

<u>-a</u>:

Un 22 % de las palabras del español terminan en el grafema <u>-a</u>--unas 13,000 palabras en total. (El grafema <u>-a</u> es el segundo más frecuente en cuanto a palabras que terminan en él; el más frecuente como final es <u>-o</u> con unas 19,800 palabras.) De las 13,000 palabras que terminan en <u>-a</u>, la gran mayoría son sustantivos. Un 96% de estos n--miles y miles--son de un género femenino gramatical de origen artificial; citemos sólo unos cuantos ejemplos de los miles y miles posibles:

la vida	la casa	la tierra	la palabra
la obra	la hora	la idea	la historia
la bolsa	la guerra	la cosa	. . . . . .

Las excepciones a la tan abrumadora equivalencia <u>-a</u> = f. pertenecen a tres categorías:

(1) los de género natural (que por lo tanto son masculinos o femeninos según el sexo del mamífero que denotan)

(2) los que terminan en <u>-ma</u>

(3) los demás (los misceláneos)

Vamos a ocuparnos ahora de las categorías 2 y 3.

Los sustantivos -ma masculinos

La tercera parte de los n que terminan en -ma son masculinos. La gran mayoría de ellos son de origen griego. Aunque la subclasificación a base de reglas lingüísticas nos ayuda algo a acordarnos de cuáles de los n que terminan en -ma son masculinos y cuáles son femeninos, muchos tienen que aprenderse de memoria en cuanto al género. Sin embargo, son útiles las siguientes dos subclasificaciones lingüísticas:

(1) todos los terminados en -grama/-drama (menos *la grama* misma):

el drama   el telegrama   el programa

el cardiograma   el crucigrama

(2) todos los terminados en -orama:

el panorama   el ciclorama

Como no se presta a ninguna subclasificación, el género de los siguientes sustantivos terminados en -ma necesita memorizarse:

el clima   el idioma   el pijama   el sistema

el diploma   el lema   el problema   el tema

el enigma   el poema   el síntoma   el trauma

Los sustantivos -a masculinos misceláneos

A aprenderse de memoria en cuanto al género son:

el día   el mapa   el sofá   el tranvía

LAS TERMINACIONES IMPRECISAS "-n, -z, -s"

-n:

La terminación -n no señala de por sí el género del sustantivo. Hay aproximadamente 4,600 sustantivos que terminan en -n. Un poco más de la mitad de ellos son masculinos; los -n femeninos, sin embargo, son los más fáciles de subclasificar, así que vamos a comenzar nuestra subclasificación con los -n femeninos.

LOS SUSTANTIVOS *-N* DE GÉNERO FEMENINO: UNA SUBCLASIFICACIÓN

		c		substitución, inflación, nación ...
		g		región, religión ...
(1)	-	n	ión :	opinión, reunión ...
		s		confesión, depresión, misión ...
		t		cuestión, sugestión ...
		x		conexión, crucifixión ...

(No hay excepción común a esta regla que establece la equivalencia entre *c/g/n/s/t/x* + *-ión* y el género f.)

(2) -azón: razón, sazón, hichazón, ligazón ...

(Como un 25% de los -azón son excepciones a esta regla subclasificadora, sí hay importantes -azón masculinos como el corazón.)

Casi todos los demás sustantivos *-n* --es decir, los que no se subclasificaron arriba--son **masculinos**. Los *-n* **masculinos** pueden terminar en las siguientes combinaciones de grafemas:

		b		el jabón
		c		el rincón
		ch		el colchón
		d		el algodón
		e		el acordeón
-		f	ón:	el saxofón
		g		el vagón
		j		el cajón
		l		el pantalón
		ll		el sillón
		m		el jamón
		ñ		el cañón
		p		el cupón
		...		...

o en:		b		el rabión
		d		el meridión
	-	m	ión:	el camión
		p		el sarampión
		rr		el gorrión
		v		el avión

```
o en:      ( ´ )
        |   a   |
    -   |   e   |   n:      el huracán, el pan
        |   i   |          el almacén, el crimen
        |   u   |          el jardín, el fin
                           el atún, el betún
```

(Hay muy pocas excepciones a estas subclasificaciones. Entre ellas figuran *la comezón, la imagen, la rebelión* y *la sien.*)

-z:

Aun cuando los subclasificamos, los más de 400 n que terminan en -z suelen seguir un poco imprecisos. Un 75 % de los n que terminan en -az/-oz/-uz son **masculinos:**

(preponderancia:)	(minoría:)
masculinos	**femeninos**
el alcatraz	la cruz
el disfraz	la luz
el altavoz	la paz
el arroz	la voz
el avestruz	

Un 85 % de los más de 200 sustantivos que terminan en -ez son de género **femenino:**

(minoría--un 15 %)	(preponderancia--un 85 %)
masculinos	**femeninos**
el ajedrez	la acidez
el jerez	la desnudez
	la estrechez
	la estupidez
	la honradez
	la rigidez
	la timidez

En cambio, los que terminan en -iz no se prestan a ninguna subclasificación útil, ya que no hay preponderancia que sirva:

masculinos	**femeninos**
el barniz	la cicatriz
el cáliz	la codorniz
el desliz	la lombriz

el lápiz	la nariz
el maíz	la perdiz
el matiz	la raíz

-s:

Los sustantivos que terminan en -s se subclasifican así:

(1) los **compuestos**, e.g., el paracaídas (VL para[r]+ n caídas)

Casi todos son **masculinos**:

el abrelatas	el parabrisas
el cuentagotas	el paraguas
el lanzallamas	el rompeolas

(2) los **plurales que no admiten singular**, e.g., las cosquillas (no se puede hablar de una sola *cosquilla)

Casi todos son **femeninos**:

las asentaderas	las exequias
las escondidas	las nupcias
las expensas	

(3) los **singulares no compuestos**:

(a) los singulares no compuestos que terminan en -sis y -tis y que mayormente denotan **enfermedades u otros términos médicos y científicos** son todos **femeninos**:

la apendicitis	la epidermitis
la bronquitis	la hipótesis
la crisis	la parálisis
la dosis	la sífilis
la epidermis	la tesis

(b) los singulares no compuestos que **no terminan en -sis** y en **-tis** (y que no denotan enfermedades, etc.) son casi todos **masculinos**:

el as	el interés
el atlas	el iris
el brindis	el lunes (y los demás días que terminan en -s)
el compás	el mes
el gas	el país

LAS TERMINACIONES MASCULINAS: LAS RESTANTES (-l, -o, -r, -e; -t/i/m/y/u/x et al.)

Cualquier terminación que **no** sea -d/-a (f.) o -n/-z/-s (imprecisas) caracteriza a los n **masculinos**. Los grafemas de final de palabra más importantes son los cuatro que con más frecuencia se usan, o sea -l, -o, -r, -e:

-l:

Ca. 1200 sustantivos terminan en -l; un 98 % de ellos son masculinos, p. ej.:

el ferrocarril   el metal
el gol   el papel
el hotel   el pincel
el ideal   el sol

Excepciones comunes: *la catedral, la cárcel, la piel, la sal, la señal.*

-o:

Varios miles de sustantivos terminan en -o. Más de un 99 % son masculinos, p. ej.:

el banco   el libro
el cesto   el plato
el circo   el pleito
el fondo   el rabo

Excepciones comunes: *la foto(grafía), la mano, la moto(cicleta).*

-r:

Unos 3,000 sustantivos terminan en -r, y más de un 99 % de ellos son masculinos, p. ej.:

el alfiler   el horror
el cadáver   el licor
el calor   el lugar
el cáncer   el taller

Excepciones comunes: *la flor, la labor.*

-e:

Otros 3,000 sustantivos terminan en -e. Mientras que

un 90 % de ellos sí son **masculinos** (de los que siguen varios ejemplos)--

el aceite	el detalle	el pasaje
el aire	el diente	el perfume
el alcance	el eje	el pie
el ataque	el golpe	el puente
el baile	el horizonte	el relieve
el bosque	el informe	el té
el borde	el lenguaje	el timbre
el cine	el límite	el traje
el coche	el monte	el valle
el cobre	el mueble	el viaje
el continente	el nombre	el vientre

un importante diez por ciento de los sustantivos que terminan en -e son **femeninos**; por lo tanto constituyen excepciones a la regla, incluyendo a 24 sustantivos de uso muy frecuente (que a continuación se dan en su totalidad):

la base	la frase	la nieve
la calle	la fuente	la noche
la carne	la gente	la nube
la catástrofe	el hambre	la parte
la clase	la leche	la sangre
la corriente	la llave	la suerte
la fe ·	la mente	la tarde
la fiebre	la muerte	la torre

También son **femeninos** casi todos los componentes de dos subcategorías pequeñas:

(1) los sustantivos **llanos** que terminan en C + ie (es decir, en cualquier consonante más -ie):

la barbarie, la especie, la serie, la superficie ...

(2) los sustantivos -umbre; por ejemplo:

la costumbre   la cumbre   la muchedumbre

Los sustantivos que terminan en -t, -i, -m, -y, -u, -x--casi todos ellos masculinos--no son de tanta importancia porque hay pocos y no se usan con gran frecuencia:

-t: el chalet, el déficit, el vermut

-i: el colibrí, el esquí, el frenesí, el rubí, el taxi

(Excepción común: la metrópoli)

-m: el álbum, el ítem, el islam, el memorándum, el ultimátum

-y: el batey, el maguey

(Excepción común: la ley)

-u: el bambú, el champú, el espíritu, el tabú

(Excepción común: la tribu)

-x: el clímax, el tórax, el índex, el ápex

Los nueve grafemas restantes que pueden aparecer en posición final de sustantivos son -b, -c, -ch, -f, -g, -j, -k, -ll, -p.[17] Pero como apenas hay cien sustantivos que terminen con estos grafemas, son de escasa importancia. Casi todos son de género masculino. Siguen varios ejemplos de los menos desconocidos:

el club, el coñac, el golf, el gong, el reloj, el yak, el crup

LOS PARES HOMOFÓNICOS

El español tiene aproximadamente 30 sustantivos como frente que cambian de género cuando cambian de significado. Analicemos frente como un buen ejemplo de un par homofónico. Cuando frente significa "parte superior del rostro, desde el cuero cabelludo hasta las cejas" es de género femenino: la frente. Pero si la misma combinación de sonidos frente quiere decir "cualquier parte anterior de algo, y en particular de una tropa en orden de batalla", es masculino: el frente.

Como frente hay otros once sustantivos homofónicos de uso común:

COMPONENTE MASCULINO	COMPONENTE FEMENINO
el capital:	la capital:
recursos financieros	sede de gobierno de una entidad política
el cólera:	la cólera:
enfermedad epidémica	irritación, coraje, enojo

el cometa:

    astro errante que va
    acompañado por un
    rastro luminoso

la cometa:

    juguete de armazón de papel/
    tela/cañas que se
    mantiene en el aire
    sujeta por una cuerda

el consonante:

    palabra que rima con otra
    por medio de un
    parecido consonántico
    a la vez que vocálico

la consonante:

    sonido que se produce con
    alguna obstrucción o
    fricción

el corte:

    filo de un arma; acción y
    efecto de cortar;
    lesión producida por
    el filo de un arma

la corte:

    residencia de un soberano
    (rey, emperador, etc.);
    tribunal de justicia

el doblez:

    parte que se dobla (p. ej.
    en un vestido)

la doblez:

    disimulo, falsedad,
    duplicidad

el moral:

    árbol de la familia de las
    moráceas

la moral:

    moralidad, ciencia que
    enseña las reglas que
    deben seguirse para
    hacer el bien y evitar
    el mal

el orden:

    --disposición metódica de
      las cosas
    --regla establecida por la
      naturaleza
    --paz y tranquilidad
    --clase y categoría

la orden:

    --mandato

    --instituto civil, militar
      o religioso
    --sacramento que da el
      poder de ejercer las
      funciones eclesiásticas

el pendiente:

    arete

la pendiente:

    cuesta, subida de un cerro

el pez:

> animal acuático, pescado
> de río

la pez:

> chapopote/chapapote (asfal-
> to espeso); substancia
> pegajosa que se extrae
> de los pinos

el radio:

> radiorreceptor (el aparato
> casero, etc.); metal de
> número atómico 88; recta
> que une el centro del
> círculo con un punto de
> su circunferencia

la radio:

> radioemisora (la estación
> de radio)

Además de estos doce pares homofónicos de género artificial, hay dos más en los que está involucrada parcialmente la cuestión del género natural:

el guía:

> el hombre que acompaña a la
> gente para enseñarle el
> camino

la guía:

> la mujer que acompaña a la
> gente para enseñarle
> el camino; libro de
> indicaciones (p. ej.,
> la guía de teléfonos)

el Papa:

> sumo pontífice de la Iglesia
> Católica Romana

la papa:

> patata (planta de la
> familia de las
> solanáceas)

El género artificial <u>indeciso</u>: Los sustantivos no homofónicos que tienen <u>dos</u> géneros

Hay media docena de sustantivos que todavía no han optado firmemente ni por un género ni por otro. (En la práctica, sin embargo, todos han llegado a preferir el género masculino.) Los más comunes son los siguientes:

<u>Mar</u> puede ser <u>el mar</u> o <u>la mar</u> y no hay ninguna diferencia de significado que resulte del (inter)cambio. ("El mar" es el más común de los dos usos, ya que "<u>la</u> mar" se limita prácticamente a la poesía y al uso de alguna gente pescadora.)

Azúcar, sartén y algún otro sustantivo varían de género según la región; de ahí que sartén es masculino en México pero femenino en España, y azúcar es al revés: femenino en México y masculino en España.

Arte es siempre masculino en singular ("el arte mexicano") pero femenino en plural ("las bellas artes"), sin que intervenga ninguna consideración regional o dialectal.

Sustantivos de género femenino que requieren los artículos singulares el, un sin dejar de ser femeninos

Hay sustantivos de género estrictamente femenino que sin embargo dan la falsa impresión de ser masculinos porque su forma singular pide los artículos el y un, p. ej.:

> el agua sucia   las aguas sucias
> un agua sucia   unas aguas sucias

La prueba de que agua **no es de género masculino**--ni en su forma singular--es la presencia de la terminación arquetípicamente femenina (la a) que marca el adjetivo modificador sucia. Agua et al. siguen siendo sustantivos femeninos, pero requieren los artículos el y un en singular por la siguiente razón:

> **Cualquier sustantivo que empieza con el SONIDO de [á] tónica toma el como su artículo definido singular (y un como su artículo indefinido singular) para que la [á] tónica no se "pierda"** (es decir, que no sea absorbida por la que sería el último sonido de la o una; esta absorción no ocurre si el artículo es el o un.)

Todos los sustantivos afectados por esta regla la acatan. Las siguientes son de uso frecuente:

águila	área
ala	arma
alba	habla
alma	hacha
ansia	hambre

Debe notarse que la ortografía no interfiere con la operación de la regla; como la h no tiene sonido, no puede figurar como primer "sonido", que sigue siendo [á] en palabras como hacha, habla y hambre.

● EJERCICIO 4.5 --

(A) Repase todas las secciones de este capítulo que tienen que ver con el género y conteste las siguientes preguntas.

1. ¿Qué es el género natural? ¿Qué es el género artificial?

2. ¿Qué es un sustantivo ambivalente de género? Defina el concepto.

3. ¿Qué es el sustantivo epiceno? ¿En qué sentido constituyen los sustantivos epicenos una excepción a la regla del género natural?

4. ¿Qué significa la palabra "impreciso" con referencia al género artificial? ¿Cuáles tres terminaciones son imprecisas con respecto al género?

5. ¿Cuáles son las dos terminaciones que tipifican el género femenino? ¿Las diez más importantes que tipifican el género masculino?

6. ¿Qué es un sustantivo compuesto?

7. ¿Qué es un par homofónico (de sustantivos)?

8. ¿Por qué **no** es correcto decir que 'un sustantivo como alma es masculino en el singular'? ¿Por qué hay que decir "el alma" y no "la alma"?

(B) (1) Dé el género (o los géneros) de los siguientes 30 sustantivos. (2) Explique por qué escogió tal o cual género, citando por lo menos una regla en todos los casos. (Recuerde que la primera regla en aplicarse siempre es la regla del género natural. Si no se trata del género natural, hay que buscar la regla más indicada del género artificial.)

1. idealista

2. pontífice

3. alferraz

4. translucidez

5. cefalotórax

6. curamagüey

7. electrocardiograma

8. gimnosperma

9. otorrinolaringología

10. perseverancia

11. yak

12. baobab

13. partenogénesis

14. lanzatorpedos

15. rastrillaje

16. fase

17. chichicuilote

18. manatí

19. conexión

20. rector

21. crup

22. ensorberbecimiento

23. chimó

24. resquemazón

25. danzón

26. impermeabilización

27. embrión

28. grial

29. memorándum

30. poliomelitis

(C) Explique la diferencia de significado entre los siguientes sustantivos.

1. la capital; el capital

2. el radio; la radio

3. el corte; la corte

4. el cólera; la cólera

5. el pendiente; la pendiente

6. el orden; la orden

(D) Escriba la forma correcta del artículo **definido** y luego del artículo **indefinido** (singulares o plurales según el caso).

1. _____ área

2. _____ ala

3. _____ alarma

4. _____ alas

5. _____ arma

6. _____ hambre

7. _____ aldea

8. _____ hálara

9. _____ hamaca

10. _____ aventura

11. _____ aguas

12. _____ aventuras

(E) Indique cuál de las dos selecciones de sustantivos es la correcta--o si son correctas las dos. Luego dé sus razones citando las diferentes reglas de género.

1. un ángel / una ángel

2. el programa / la programa

3. los artes / las artes

4. los mares / las mares

5. los águilas / las águilas

6. el especie / la especie

7. el techumbre / la techumbre

8. el panorama / la panorama

9. el aluvión / la aluvión

10. los hablas / las hablas

11. el abad / la abad

12. el índex / la índex

(D) Adjetivos: Morfología y sintaxis

Lo que aquí se entiende por adjetivos es lo explicado en el primer capítulo: el **adjetivo** es cualquier palabra que tradicionalmente se emplea para describir y calificar a un sustantivo. Los adjetivos también pueden usarse como sustantivos cuando los n se quitan de la superficie de la FN, como muestra la siguiente transformación:

```
el chico gordo:      FN           →          FN        = el gordo
                det   n   adj            det  [n]  adj
```

Aunque lo de **adjetivo** sea un término relativo, de todos modos abarca todas aquellas palabras que "tradicionalmente" se han entendido como adjetivos, tales como gordo, feliz, inteligente, neurótico, y miles más, aun cuando la gran mayoría de ellos puede funcionar perfectamente bien como sustantivos que a su vez se encuentran modificados por otros adjetivos ("El gordo feliz se enamoró de la neurótica inteligente").

Primero examinemos los adjetivos desde el punto de su morfología.

(1) MORFOLOGÍA ADJETIVAL: LAS DOS MACROCATEGORÍAS

En cuanto a la morfología adjetival, hay dos macrocategorías distintas cuya distinción se basa en consideraciones de concordancia:

(1) **MACROCATEGORÍA # 1:** Ésta está integrada por los adjetivos que tienen concordancia de género tanto como de número. Los adjetivos de esta categoría **distinguen entre formas masculinas y femeninas**, dando como resultado **por lo menos <u>cuatro</u> formas diferentes.** De esta categoría hay tres subcategorías:

subcategoría 1.1	**subcategoría 1.2**	**subcategoría 1.3**
m. tonto tontos	buen(o) buenos	receptor receptores
f. tonta tontas	buena buenas	receptora receptoras

(2) **MACROCATEGORÍA # 2:** los adjetivos que sólo tienen concordancia de número y no de género. Éstos **no distinguen entre formas masculinas y formas femeninas.** El resultado es que hay sólo **dos formas diferentes**, la m/f sg. y la m/f pl. De esta categoría hay dos subcategorías:

subcategoría 2.1	**subcategoría 2.2**
m/f inteligente inteligentes	israelí israelíes
m/f budista budistas	feliz felices

A continuación sigue un análisis más detallado de las diferentes macrocategorías y sus respectivas subcategorías.

Macro # 1: Los adjetivos tienen por lo menos cuatro formas

Sub 1.1: <u>tonto</u>

La mayoría absoluta de los adjetivos del español--miles y miles de adjetivos--se comportan como el adjetivo <u>tonto</u>: tienen cuatro formas distintas (m.sg., m.pl., f.sg. y f.pl.). Las terminaciones más comunes de esta subcategoría son **-ado** (*cansado, jorobado*), **-ico** (*cómico, católico*), **-oso** (*jugoso, dificultoso*), **-ivo** (*pasivo, agresivo*) e **-iano** (*anciano, italiano*).

El adjetivo de esta subcategoría tiene estas cuatro formas diferentes:

	sg.	pl.
m.	tonto	tontos
f.	tonta	tontas

Sub 1.2: <u>bueno</u>

Sólo 11 adjetivos pertenecen a esta subcategoría, la más chica de todas. Como <u>bueno</u> mismo se comportan seis más: <u>alguno</u>, <u>ninguno</u>, <u>malo</u>, <u>primero</u>, <u>tercero</u> y <u>postrero</u>. Cada uno de éstos tiene *cinco* **formas diferentes**:

	sg.	pl.
m.	bueno	buenos
	buen	
f.	buena	buenas

La forma corta <u>buen</u>, producto de un **apócope** ('pérdida de vocal'), es la que tiene que emplearse delante de un sustantivo m.sg.; de ahí que

*un bueno vino → un buen vino   (etc.)

Hay cuatro adjetivos excéntricos que experimentan un apócope o cualquier otra reducción de forma:

	SINGULAR	PLURAL
<u>ciento</u>	[no hay singular]	cien personas
<u>cualquiera</u>	cualquier persona	cualesquiera personas
<u>grande</u>	gran persona	grandes personas

<u>santo</u> (como título, que se antepone al nombre de cualquier santo masculino cuyo nombre empiece con <u>To</u> o <u>Do</u>:)

<u>Santo</u> (Tomás/Toribio/Domingo)

pero <u>San</u> (Pedro/Miguel/Juan ... , es decir, todos los demás nombres masculinos de santo)

Sub 1.3: <u>receptor</u>/<u>musulmán</u>/<u>francés</u>

Pertenecen unos 2,500 adjetivos a esta subcategoría, que morfológicamente es la más complicada del español:

```
    | d |            libertador
    |   |
  - | s |  or        invasor
    |   |
    | t |            protector

    | á |            musulmán
    |   |
  - | í |  n         chiquitín
    |   |
    | ó |            fisgón


  -és                francés
```

La gran mayoría de los integrantes de esta subcategoría terminan en -dor (ca. 1,800); unos 320 terminan en -ón y unos 160 terminan en -és. Hay menos de 100 que terminan en -sor, -tor, -án, -ín respectivamente. Un 99 % de los terminados en -és son **toponímicos** ('adjetivos de sitio y lugar') como los siguientes:

portugués	cordobés
danés	escocés
finlandés	senegalés
holandés	inglés
irlandés	libanés
siamés	leonés

No pertenecen a esta subcategoría los pocos adjetivos en -és que no son toponímicos, p. ej. cortés.

El adjetivo típico de la subcategoría 1.3 tiene cuatro formas como las siguientes:

	sg.	pl.
m.	conservador	conservadores
f.	conservadora	conservadoras

Estas formas pueden representarse así (donde C = r/n/s de la lista anterior):

	sg.	pl.
m.	C	Ces
f.	Ca	Cas

Macro # 2: Los adjetivos tienen sólo dos formas

Sub 2.1: <u>inteligente</u> / <u>budista</u>

Pertenecen a esta subcategoría todos los adjetivos cuya forma masculina singular termina en **vocal que <u>NO</u> sea -o, -í tónica o -ú tónica.** La morfología de esta subcategoría es sencilla:

	sg.	pl.
m.	inteligente	inteligentes
f.	inteligente	inteligentes

O sea:

	sg.	pl.
m/f	V	V<u>s</u> (donde V ≠ <u>-o</u>/<u>-í</u>/<u>-ú</u>)

Ejemplos: *prudente, decente, obediente, malsonante, pobre, estable, fascista, imperialista, comunista, nudista*

Sub 2.2: <u>israelí</u> / <u>feliz</u>

Pertenecen a esta subcategoría los adjetivos cuya forma masculina singular termina en:

-í (las dos vocales altas/cerradas tónicas)
-ú

Ejemplos: *israelí, gilí, berberí, manchú, zulú, hindú*

-l (las dos consonantes líquidas)
-r
  (**menos** <u>-dor</u>/<u>-sor</u>/<u>-tor</u> [vea la sección 1.3 supra])

Ejemplos: *tribal, global, leal, local, infantil, par, impar*

-z

Ejemplos: *eficaz, perspicaz, mordaz, audaz, capaz, feliz, infeliz, feroz, andaluz*

También pertenecen a esta subcategoría cinco adjetivos de uso frecuente que no terminan en <u>-l</u>/<u>-z</u>/<u>-r</u>:

joven   común   cortés   descortés   aborigen

La tabla de formas de <u>israelí</u> y <u>feliz</u> es igual de sencilla que la de la subcategoría 2.1:

	sg.	pl.
m.	israelí	israelíes
f.	israelí	israelíes

O sea:

		sg.	pl.
<u>israelí</u> (___V#):	m./f.	V	V<u>es</u>
<u>feliz</u> (___C#):	m./f.	C	C<u>es</u>

● EJERCICIO 4.6 --

(A) Para cada una de las siguientes subcategorías dé diez adjetivos que sirven de ejemplo.

Subcategoría 1.1

Subcategoría 1.2

Subcategoría 1.3

Subcategoría 2.1

Subcategoría 2.2

(B) Conteste las siguientes preguntas.

1. El adjetivo toponímico <u>español</u> termina en <u>-l</u> pero **NO** pertenece a la subcategoría de <u>feliz</u> et al. ¿Por qué no? ¿A qué subcategoría pertenece, y por qué?

2. ¿Bajo cuáles condiciones se convierte <u>malo</u> en <u>mal</u>?

3. ¿Se refiere la frase siguiente a un hombre o a una mujer? ¿Cuál detalle nos lo deja saber?

<u>un tal idealista hindú ausente</u>

(C) Dé las formas restantes de los adjetivos siguientes e indique a cuál subcategoría pertenece cada uno. (Las formas son masculinas singulares todas.)

1. paupérrimo

2. tropical

3. bilingüe

4. agresor

5. fascista

6. homogéneo

7. japonés

8. indígena

9. blanquecino

10. antropoide

11. ninguno

12. mandón

----

(2) SINTAXIS ADJETIVAL: LOS ADJETIVOS EN LA FN ATRIBUTIVA

Un tema muy debatido en la lingüística española es **la posición del adjetivo atributivo**--la que modifica a su sustantivo en la misma frase nominativa. (Aquí **no** nos referimos al adjetivo predicativo, el que modifica a su sustantivo después de un verbo copulativo, p. ej. "La casa es *nueva*" [cf. "la casa *nueva*" en la que el adjetivo es atributivo].) El adjetivo atributivo ya **precede** al sustantivo que modifica ('posición **prenominativa**'), ya "postcede"[18] al sustantivo que modifica ('posición **postnominativa**'). El debate aún no se ha resuelto hasta el punto de permitirnos dar en forma de lista unas reglas que lo expliquen todo. Quizás nunca se resuelva por completo porque en cierto sentido el tema de la posición adjetival es cuestión estilística y no estrictamente gramatical.

Sin embargo, ya se sabe lo suficiente de la posición adjetival atributiva en la frase nominativa para poder dar, si no "reglas", por lo menos varios principios generales con sus respectivos comentarios que podrán servir para alumbrar algo las tinieblas.

PRINCIPIO # 1:

--**Casi todos** los adjetivos **pueden preceder** a su sustantivo.
 (Este principio es una declaración general que no precisa de más comentario.)

PRINCIPIO # 2:

--Sin embargo, **algunos adjetivos tienen que preceder** a su sustantivo.

Los adjetivos que tienen que preceder al sustantivo son:

--los **cuantificadores**, o sea, los que expresan **cantidad** (<u>ningún</u> profesor, <u>muchos</u> loros);

--los **interrogativos** (¿<u>Cuántas</u> casas?, ¿<u>Cuál</u> mansión te gusta más?)

Además de los anteriores, tienen que preceder al sustantivo dos categorías que realmente no son adjetivales: **todos los determinantes** (artículo, demostrativo o posesivo: <u>este</u> automóvil, <u>nuestro</u> perro) y **todos los numerales** (tres casas).

Los comentarios siguientes se aplican tanto al principio # 2 como al principio # 3 (q.v. a continuación):

Cualquier adjetivo que tenga un valor de <u>determinante</u> precede al sustantivo, a la vez que algunos adjetivos precedidos <u>asumen</u> valores de determinante. Este comentario nos ayuda a entender muchas de las "diferencias de significado" que suceden al contrastar p. ej. un adjetivo como *cierto* al usarse como precedido y luego al usarse como postcedido:

(1.a) Tomaron *ciertas medidas* ['algunas/varias/determinadas medidas'] para defenderse del ataque.
(1.b) Tomaron *medidas ciertas* ['unas medidas muy certeras y seguras'] para defenderse del ataque.

Sigue a continuación una lista parcial de los 15 adjetivos más comunes que suelen cambiar de significado (o de enfoque) al cambiar de posición:

adjetivo	precedencia (valores de det)	postcedencia
alguno	Me habló algún pariente. ['un pariente cualquiera']	No mereció premio alguno. ['de ninguna categoría']
alto	El alto clero lo condenó. [cardenales y arzobispos]	Es un chico alto. [de estatura física]
cierto	[Vean los ejemplos 1.a. y 1.b. de esta misma página.]	
cualquiera	Servirá cualquier ejemplo. [escogido al azar]	Es un ejemplo cualquiera. [sin importancia]

diferente	Examiné diferentes clases de automóviles antes de escoger. ['varias/respectivas']	Son dos clases diferentes y las trato como tales. ['distintas, no similares']
grande	Es un gran hombre. ['importante/famoso']	Es un hombre grande. ['grande de tamaño']
mismo	La misma mujer contestó. [la idéntica, la de antes]	La mujer misma contestó. [la ya reconocida mujer y nadie más]

(Aquí nos ayudará a entender estas sutilezas una rápida traducción inglesa: "la misma mujer" es 'the same woman' mientras que "la mujer misma" es 'the woman herself.')

nuevo	Tengo una nueva casa. ['otra casa, no la que tenía antes']	Tenga una casa nueva. ['una recién construida']
pobre	Mataron a una pobre niña. ['desdichada, infeliz']	Mataron a una niña pobre. ['sin dinero']
propio	Fue mi propia decisión. ['mía y de nadie más']	Fue una decisión propia. [justa, correcta, bien pensada]
puro	Toma pura agua. [agua y nada más]	Toma agua pura. [agua sin contaminación]
simple	Es un simple maestro. [maestro y nada más]	Es un maestro simple. [bobo, lelo, incauto]
único	Fumar es su único vicio. [exclusivo, solo]	Tiene un vicio único. [raro, extraño]
varios (siempre en plural)		
	Allí venden varias cosas. [algunas, hasta muchas]	Allí venden cosas varias. [misceláneas, toda clase de]
viejo	Es un viejo maestro. [antiguo maestro mío]	Es un maestro viejo. [ya entrado en años]

PRINCIPIO # 3:

--Muchos de los adjetivos que no son gobernados por el principio # 2 pueden **PRECEDER o POSTCEDER al sustantivo**. Pero un cambio de posición suele resultar en un cambio de enfoque, de énfasis y hasta de significado. **El adjetivo precedido se refiere a la TOTALIDAD de lo que expresa el sustantivo, mientras que el postcedido DISTINGUE.**

Según el principio # 3, cuando se habla de "las **hermosas mujeres** de Villa Ahumada", se da a entender que todas lo son, mientras que si se habla de "las **mujeres hermosas** de Villa Ahumada" se da a entender que en aquel pueblo las hay que son hermosas y las hay que no. **El adjetivo precedido constituye una GENERALIZACIÓN que atribuye X calidad a todo lo que el sustantivo denota** (p. ej. "el **caliente** sol de verano", ya que el sol de verano suele dar mucho calor). **El adjetivo postcedido sirve para DISTINGUIR entre varios componentes de la misma entidad.** Siguen varios ejemplos que ilustran estos dos principios:

(1.a) A mis hijos les gusta ver *los mansos animales del Parque Zoológico* ['todos lo son'].

(1.b) *Los animales mansos del Zoológico* no necesitan barras protectoras [pero los no tan mansos sí].

(2.a) *Los blancos cabellos de don Víctor* ['don Víctor es cien por ciento canoso'] hacen que todos lo respeten.

(2.b) *Los cabellos blancos de don Víctor* ['ya le están empezando a salir alguna que otra cana'] lo tienen muy preocupado porque en su familia nunca ha habido canosos.

(3.a) Ayer me presentaron a *su linda esposa* ['tiene una sola esposa y ella es linda'].

(3.b) Ayer me presentaron a *su esposa linda* ['él es bígamo'].

(4.a) *Los valientes soldados* nunca abandonaron sus puestos. ['Todos eran valientes'.]

(4.b) *Los soldados valientes* nunca abandonaron sus puestos [mientras que los soldados cobardes huyeron en seguida].

(5.a) *La blanca nieve* lo cubría todo. [Se presupone que toda nieve va a ser blanca, de que es la naturaleza de la nieve de ser blanca.]

(5.b) Solamente se encontraba *nieve blanca* en el Parque Central (pero en el resto de la isla de Manhattan toda la nieva ya había asumido un color más propio de una ciudad donde todo se ensucia en seguida).

(6.a) *Las feroces hienas* atacaron a los campesinos. [La ferocidad es una característica primordial de la hiena.]

(6.b) *Las hienas feroces* entraron en el pueblo (mientras que las hienas acobardadas se quedaron en las afueras).

El adjetivo precedido parece provenir de una cláusula no restrictiva, mientras que el adjetivo postcedido parece provenir de una cláusula **restrictiva**, como se verá a continuación:

PRECEDIDO <--- CLÁUSULA NO RESTRICTIVA:

> Todos *los maravillosos cuentos* de Horacio Quiroga se recogieron en un solo tomo.
> = Todos *los cuentos* de Horacio Quiroga, *que son maravillosos*, se recogieron en un solo tomo.

(Todos sus cuentos son maravillosos, así que la cláusula que se encuentra entre comas que hacen las veces de paréntesis sólo nos da una información parentética que no sirve para distinguir unos cuentos suyos--los maravillosos--de otros [los no tan maravillosos].)

POSTCEDIDO <--- CLÁUSULA RESTRICTIVA:

> Todos *los cuentos maravillosos* de Horacio Quiroga se recogieron en un solo tomo.
> = Todos *los cuentos* de Horacio Quiroga *que son maravillosos* se recogieron en un solo tomo.

(Algunos cuentos suyos son maravillosos pero otros no. Aquí la cláusula **no es parentética**, así que sí sirve para distinguir unos cuentos--los maravillosos--de otros, los no tan maravillosos.)

PRINCIPIO # 4:

--Todos los no gobernados por los principios 2 y 3 <u>suelen</u> postceder al sustantivo. (Y hay frases adjetivales que <u>tienen que</u> postceder al sustantivo.)

Los adjetivos que pertenecen a las siguientes categorías semánticas <u>acostumbran</u> postceder al sustantivo (pero hay comentadas excepciones a esto, que más que regla es sugerencia basada en la frecuencia de uso):

--afiliación política, estatus, nacionalidad, religión

> [Ejemplo: (1) Ayer contrataron a un maestro mexicano.]
> [Contraejemplo: (2) ¡Goce el mexicano sabor de la cerveza X!]

--término científico o técnico

> [Ejemplo: (3) Es estudioso del análisis freudiano.]
> [Contraejemplo: (4) Su freudiana actitud no me gusta nada.]

--color, condición, materia, tamaño

> [Ejemplo: (5) Tiene los ojos negros.]

[Contraejemplo: (6) Sus negros ojos lo tienen hechizado.]

Las frases adjetivales complejas tienen que postceder al sustantivo. (**Las frases adjetivales con intensificador suelen postcederlo** también.)

Siguen varios ejemplos de fadj complejas:

(7) *los crímenes <u>fáciles de cometer</u>* (cf. *los fáciles de cometer crímenes)

(8) *los problemas <u>difíciles de resolver</u>* (cf. *los difíciles de resolver problemas)

y de fadj con int:

(9) Cervantes siempre ha sido *el autor español <u>más leído</u>* de todos.

(10) Cantaba *una melodía <u>muy triste</u>*.

● **EJERCICIO 4.7** --

(A) ¿Cuál de los principios y comentarios sobre la posición adjetival explican la sintaxis de los adjetivos de estas oraciones? (Cite primero el principio y luego el comentario.)

1. ¡Cómo me gustaría visitar algún día los bellos lagos de Finlandia!

2. Hay demasiados gatos en este barrio.

3. Las enormes ballenas se lanzaron a la playa sin que pudieran impedirlo los bravos marineros.

4. Muchas gracias por mandarme estas lindas flores.

5. El frío clima de invierno canadiense me tiene hipnotizada.

6. No me gustan las conferencias aburridas de aquel profesor.

7. Te voy a comprar dos guantes rojos y una bufanda amarilla.

8. Yo soy un hombre cualquiera de la tierra lejana de la palma real.

9. Para nada sirve renovar el edificio actual. Necesitamos un edificio nuevo.

10. Los trajeados empleados de la Embajada Argentina no se dignaron en escuchar mis urgentes palabras.

11. Los trabajadores socialistas declararon una huelga general.

12. Esto es un problema muy interesante de contemplar.

(B) Use cada uno de estos adjetivos en una fn atributiva en una oración completa original.

1. varios

2. católico

3. difícil

4. tierno

5. alegre

6. ridículo

7. estudioso

8. embarazada

9. criminal

10. guapo

(E) Pronombres personales: Morfología, caso/función, sintaxis

Los pronombres personales **sujetos** ya se presentaron en el capítulo 3 como (1) sistema íntegro y (2) sistema que se relaciona con las formas verbales de las tres personas singulares y plurales. En la tabla que sigue se presentan otra vez los mismos pronombres sujetos; aquí, sin embargo, los presentamos como parte de todo un sistema de pronombres personales incluyendo a los objetos de preposición, los objetos reflexivos, los objetos directos y los objetos indirectos.

(1) Morfología

LA TABLA DE LOS PRONOMBRES PERSONALES

CASO = sujeto		objeto de preposición (oprep)		objeto reflexivo (oref)		objeto indirecto (oi)		objeto directo (od)	
PERSONA: =									
1.	yo nosotros	mí	nosotros	me	nos	me	nos	me	nos
2.infor.	tú	ti		te		te		te	
2.formal	Ud. Uds.	Ud.	Uds.	se	se	le/ se	les/ se	lo/ la	los/ las
3.masc.	él ellos	él	ellos	se	se	le/ se	les/ se	lo	los
3.fem.	ella ellas	ella	ellas	se	se	le/ se	les/ se	la	las
3.neutro[19]	ello	ello		se		le/se		lo	

En términos morfológicos, los casos que más se parecen entre sí son el **sujeto** y el **OPREP**. Sus formas son idénticas con la excepción de dos: 1.sg. y 2.sg.infor. En los tres casos restantes--OREF, OD y OI--las mismas tres formas (<u>me</u>, <u>te</u>, <u>nos</u>) se emplean para representar a las personas 1.sg., 2.sg.informal y 1.pl. respectivamente. Hay cierto parecido morfológica entre los pronombres personales de segunda persona formal y de tercera persona de los casos OD y OI en este sentido: todas las formas del OD (<u>lo</u>, <u>los</u>, <u>la</u>, <u>las</u>) y las formas más usadas del OI (<u>le</u>, <u>les</u>) empiezan con -<u>l</u>. La misma palabra <u>se</u> se usa como forma única de 2.sg./pl.formal y 3.sg./pl. en el OREF y como forma alternativa en el OI, pero en realidad se trata de un caso de homofonía histórica: la <u>se</u> del OREF proviene de la <u>se</u> del latín, mientras que la <u>se</u> del OI tiene sus orígenes en la forma latina <u>illi</u>.

Los pronombres personales se dividen en dos categorías: los **tónicos** y los **átonos**. Los **TÓNICOS**--los que siempre reciben la acentuación tónica ('la fuerza de la voz' [en inglés *stress*])--son los **pronombres sujeto** y los **OPREP**. Los **ÁTONOS**--los que nunca reciben la acentuación tónica--son los demás: los **oref**, los **OI** y los **OD**. Los pronombres átonos suelen usar la abreviatura **"pa"**.

(2) Personas

A continuación sigue una tabla de las diferentes formas de los pronombres personales que aquí se organizan estrictamente según la **persona** que las describe:

1.sg.:	yo mí me
1.pl.:	nosotros nos
2.sg.infor.:	tú ti te
2.sg.formal:	Ud. se lo/la le/se
2.pl.formal:	Uds. se los/las les/se
3.sg.masc.:	él se lo le/se
3.pl.masc.:	ellos se los les/se
3.sg.fem.:	ella se la le/se
3.pl.fem.:	ellas se las les/se
3.neutro:	ello se lo le/se

● EJERCICIO 4.8--

(A) Dé el pro[nombre] per[sonal] que corresponde a cada una de las siguientes descripciones.

1. pro.per. sujeto de 1.sg.

2. pro.per. OREF de 2.sg. informal

3. pro.per. OD m. de 3.pl.

4. pro.per. OPREP de 2.sg. informal

5. pro.per. OD f. de 3.sg.

6. pro.per. OI de 3.pl.

7. pro.per. OREF de 1.pl.

8. pro.per. sujeto f. de 3.pl.

9. pro.per. sujeto neutro

10. pro.per. OI de 2.sg. informal

(B) Subraye y luego describa los pro.per. de estas oraciones.

1. No te voy a decir nada.

2. Ellos se levantaron a las siete.

3. Ese dinero me lo mandaron a mí, no a ella.

4. Quiero que él me traiga los periódicos de la semana pasada.

5. Pero resulta que ya los había tirado.

6. Quieren que se lo venda a ella.

7. Nos dijeron que estábamos perdidos.

8. Vístete ya, que nos van a recoger a las cinco.

9. Si obedece Ud. mis órdenes, se lo compro; si no, no.

10. "Me mató de un solo tiro", nos gritó el fantasma.

11. Nos bañamos todos los días a las ocho.

12. Prepárese para ir.

13. Es a él a quien quiero, no a Ud.

14. Las compramos en el Paraguay y nos las robaron aquí.

15. Las compañías chilenas y las argentinas las fabrican en las

afueras de las ciudades.

(3) Los diferentes casos: Para qué sirven, cómo se usan y de qué manera se forman

La palabra **caso** se usa en la lingüística para referirse a la función que tiene determinado elemento en la oración. Como ya se sabe, hay cinco casos: el sujeto, el objeto de preposición, el objeto reflexivo, el objeto indirecto y el objeto directo. Comentemos la función de cada uno de ellos a continuación.

SUJETO

El sujeto determina la forma que asume el verbo (p.ej. yo=tomé vs. tú=tomaste, etc.). También funciona como actor (el que lleva a cabo la acción de la oración) en una cláusula en la que hay verbo de acción. De igual manera funciona como el elemento encabezador "X" en una cláusula que establece esencia o equivalencia entre dos entidades ("Julieta ["X"] es policía") o que denota estado o condición ("Ramón ["X"] estaba gravísimo").

OBJETO DE PREPOSICIÓN (OPREP)

Las preposiciones monoléxicas más comunes son *a, ante, bajo, con, contra, de, desde, durante, en, entre, excepto, hacia, hasta, mediante, para, por, salvo, sin, sobre* y *tras*. La forma que toma el pronombre al encontrarse gobernado por e inmediatamente detrás de una preposición es siempre la del OPREP, por ejemplo:

No me lo dio a mí, sino a ti.

Esta es la casa de él, no la de Uds.

La preposición con se combina con mí y ti y produce las contracciones siguientes (a las cuales se agrega la sílaba -go):

con + mí → conmigo

con + ti → contigo

OBJETO REFLEXIVO (OREF)

Una oración reflexiva se caracteriza por la **correferencialidad** entre el n sujeto y el pronombre objeto (OD o OI, según el caso). ¿Qué es la **correferencialidad**? Es cuando el n sujeto y el pa objeto tienen la misma identidad y por eso se refieren a sí mismos. El sujeto y el OREF son idénticos en cuanto a su referencia: el sujeto = el OREF y el OREF = el sujeto. Este proceso se demuestra en las oraciones reflexivas siguientes donde la referencialidad del sujeto es idéntica a la del objeto y vice versa.

(1) <u>Máximo</u> <u>se</u> miró en el espejo.

En esta oración, Máximo-1 es idéntico a Máximo-1:

```
              O

        FN          FV

      n        v         od

  Máximo-1 miró  Máximo-1 →
  Máximo    miró  se  →
  Máximo  se miró.
```

lo cual produce una correferencialidad entre sujeto y OREF. Siguen otros ejemplos:

(2) Juan se rasuró ('Juan-1 rasuró a Juan-1')

(3) Yo me levanté ('Yo-1 levanté a yo-1')

(4) Mi suegro se cortó ('Mi suegro-1 cortó a mi suegro-1')

(5) **Verónica** *se* lastimó con la navaja.

(6) **El señor Torres** *se* está mirando en el espejo.

(7) **Yo** no voy a levantar*me* a las cinco.

(8) ¡Despiérta*te* **tú**! ¡Ya son las diez!

En cada una de estas oraciones el sujeto hace algo a sí mismo, correferencialmente: Verónica-1 lastima a Verónica-1 (los números adscritos nos dicen que se trata de la misma entidad en ambos casos), el Sr. Torres-1 mira al Sr. Torres-1, yo-1 no levanto a yo-1, tú-1 debes despertar a tú-1, y así por el estilo.

Las siguientes oraciones en cambio ofrecen una referencialidad distinta:

(9) **Verónica** lastimó a **Esteban** con la navaja.

(10) **El señor Torres** está mirando a **su esposa** en el espejo.

(11) **Yo** no voy a levantar*te* a las cinco.

(12) ¡Despiérta*lo* **tú**! ¡Ya son las diez!

Aquí el sujeto es una entidad y el objeto otra entidad; no hay correferencialidad entre los dos. La Verónica de la oración (9) no lastima a Verónica-1 sino a Esteban (etc.).

El contraste entre estos dos tipos de oración--las correferenciales (reflexivas) y las no correferenciales (las no reflexivas)--puede representarse con un árbol:

```
                    o

          fn 1          fv

        n          v        fn 2

                            n
```

A fin de que se realice la pronominalización reflexiva, la fn 1 = la fn 2: la fn 1 tiene que referirse a la fn 2 en plan de correferencialidad y vice versa, como es el caso en la oración siguiente:

(13) Verónica-1 lastimó a Verónica-2 →
     Verónica lastimó **se** →
     Verónica **se** lastimó.

Si la fn 1 no tiene correferencialidad con la fn 2 (como es el caso de la oración siguiente), la pronominalización reflexiva no se puede realizar:

(14) Verónica lastimó a Esteban ≠ Verónica se lastimó
     Verónica lastimó **lo** →
     → Verónica **lo lastimó**.

OBJETO DIRECTO (OD)

El objeto directo es siempre **el <u>primer recipiente</u> de la acción del verbo**. (Este concepto ya se ha presentado en el capítulo 3.) En una oración como la siguiente--

(5) Yo le di el libro a Susana.

el primer recipiente de la acción de <u>dar</u> es <u>el libro</u> porque cuando algo se le da a alguien, ese algo tiene que ser poseído o recogido por el actor de la oración ("yo" en este caso) antes de que el actor se lo pueda dar a alguien. Siguen otros ejemplos:

(6) No te pude comprar <u>las bicicletas</u>.
    adv OI fv   OD
(7) Dice que nos va a preparar <u>una deliciosa paella</u>.
    v conj OI   fv   OD
(8) Busqué <u>el dinero</u> en todas partes sin poder encontrarlo.
    v   OD   fprep   prep   fv   OD

Los cuatro OD de las oraciones 5-8 pueden **pronominalizarse** ('cambiarse de sustantivos a pronombres') con los resultados siguientes:

(9) No te <u>las</u> pude comprar.
        OD

(10) Dice que nos <u>las</u> va a preparar.
           OD

(11) <u>Lo</u> busqué en todas partes sin poder encontrarlo.
   OD

(12) Yo se <u>lo</u> di a Susana.
       OD

La formación del pronombre OD

Las estructuras que se han examinado hasta la fecha se explican mediante **reglas de reescritura** (como "fv → v [fn] [adv] [fprep]") y diagramas arbóreos sin la necesidad de que intervengan otros procesos para llevarnos del componente "O[ración]" al producto final que sea. Pero como demostrarán las frases siguientes, hay construcciones que necesitan transformarse de una forma bastante radical para quedar bien. Este transformarse se manifiesta por medio de **reglas de transformación**. A continuación se da una oración ("El perro perdió un hueso") que necesita aprovecharse de varias reglas de transformación (en este caso las de **sustitución** y **movimiento**) para producir la correcta realización de la oración deseada ("El perro lo perdió"):

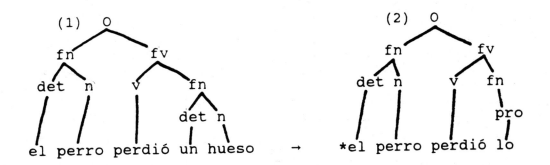

La oración *"El perro perdió lo" es incorrecta en el español moderno. Para que sea correcta, tiene que convertirse en "El perro **lo perdió**". Pero la regla de reescritura que genera la fn (de la que necesariamente se deriva el pronombre <u>lo</u> 'un hueso') no puede cambiarse de su versión presente-- fv → v fn --a una versión en la que se coloca la fn enfrente del v-- *fv → fn v --porque el resultado sería una oración incorrecta o muy excepcional, a saber:

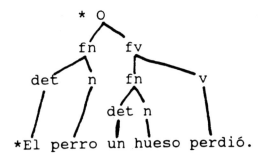

*El perro un hueso perdió.

De modo que para ir de:

(1) El perro perdió un hueso.
      s   **v**   **od**
                   (sustantivo)

al producto final deseado:

(2) El perro lo perdió.
      s   **od**   **v**
           (pro)

tenemos que aprovecharnos de una **transformación** como la siguiente. Esta transformación tiene dos etapas:

(a) **sustitución** del pronombre personal OD <u>lo</u> por el sustantivo OD <u>un hueso</u>:

<u>un hueso</u> → <u>lo</u>

(b) **movimiento** de <u>lo</u> a una posición que queda inmediatamente enfrente del verbo conjugado (el verbo "finito"):

*<u>perdió lo</u> → <u>lo perdió</u>

El proceso entero es como sigue:

El perro perdió un hueso.

                (a) **sustitución**, que da
perdió   lo

                (b) **movimiento**, que da
lo perdió

Inserción de la preposición <u>a</u> ante objetos directos [+ humano]

Además de los ya comentados procesos de **sustitución** y **movimiento**, hay otro proceso que se emplea frecuentemente: la **inserción**. La **inserción** consiste en agregar algo a la oración.

Examinemos estas dos oraciones:

(1) Magdalena buscó a la abuela.

(2) Magdalena buscó la cucaracha.

La misma estructura subyacente es compartida por estas dos oraciones, como nos revela el diagrama arbóreo:

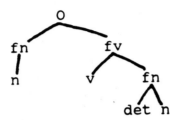

Sin embargo, si seguimos estrictamente el contenido del árbol, producimos una oración falsa (en este caso la #1) además de otra correcta (la #2):

(1) *Magdalena buscó la abuela.

(2) Magdalena buscó la cucaracha.

Como es sabido, hay que decir "Magdalena buscó **a** la abuela". Esto se debe a las características semánticas del n de la fv: el n <u>abuela</u> es [+humano], lo cual requiere que le anteceda la preposición <u>a</u>, mientras que <u>cucaracha</u>, [- humano], ni lo requiere ni lo permite.

OBJETO INDIRECTO (OI)

El OI suele ser el **segundo recipiente** de la acción del verbo (es decir, el que recibe la acción verbal después de recibirla el OD). El OI típico designa a la persona que recibe algo que alguien le da:

(13) Irma <u>te</u> dio una carta.
    S OI V   OD

(14) Vendieron la casa <u>a mi cuñado</u>.
     V   OD   OI como fprep

(Nótese que una versión alternativa de la oración 14 incluiría un pronombre OI redundante <u>le</u>: "Le vendieron la casa <u>a mi cuñado</u>." Este pronombre OI es redundante en el sentido de que sobra. El pronombre OI nos aporta exactamente la misma información--3.sg.--que ya nos dio la frase preposicional. Lo interesante es que de las dos versiones de este tipo de oración, la prescriptiva--la preferida por los gramáticos--es la redundante: "Le vendieron la casa a mi cuñado.")

(15) ¿<u>Me</u> compras el perro?

(16) <u>Nos</u> quitaron todos los objetos de valor.

Observe que en las oraciones (15) y (16) el OI **no recibe** la acción del verbo sino que de alguna forma u otra **se beneficia** de la acción ("¿<u>Me</u> compras el perro?") o es **afectado por** la acción ("<u>Nos</u> quitaron todos los objetos de valor"). Efectivamente es ambigua la oración (15) "¿<u>Me</u> compras el perro?" porque puede tener dos interpretaciones posibles: (a) '¿Compras un perro y me lo regalas?' o (b) 'Tengo un perro y lo quiero vender; ¿lo compras y me pagas el dinero a mí?')

La formación del pronombre OI

Ya se sabe que el pronombre complemento directo (pro OD) se forma mediante (1) una sustitución del sustantivo OD por un pro OD que copia todo lo del género y número de aquél, y (2) un movimiento de tipo "V pro → pro V" si la forma del v es finita (conjugada). **La formación del pronombre complemento indirecto (pro OI) es diferente** en el sentido de que **el pro OI proviene de una fprep**, como nos da a entender la siguiente oración fragmentada:

*Rogelio dio el dinero a mí

sujeto   v   OD   OI

Éste es su diagrama arbóreo:

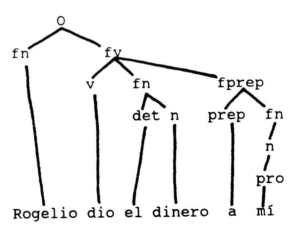

Para poder llegar de "*Rogelio dio el dinero a mí" a la versión correcta ("Rogelio me dio el dinero a mí"), hay que pasar por varias etapas transformativas. La primera etapa es ésta: **(1) la fprep se reproduce inmediatamente detrás del v y delante de la fn:**

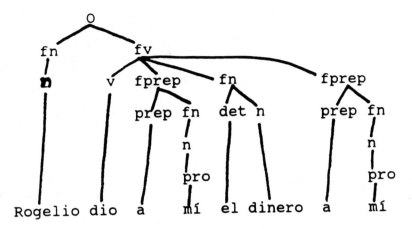

La segunda etapa es ésta: **(2) la fprep reproducida (a mí) se convierte en su pronombre personal átono equivalente (me)** mediante una doble transformación de <u>eliminación</u> y <u>sustitución</u>:

> **a   mí**
> *prep   proOI [+ tónica]/[- sujeto]*   →
>
> **me**
> *Ø proOI [- tónica]/[- sujeto]*

(O sea: **eliminación** de la prep <u>a</u>; **sustitución** de <u>me</u> por <u>mí</u>.)

El último paso va de *Rogelio dio me el dinero* a su nueva versión corregida, es decir, "Rogelio me dio el dinero" mediante una regla transformacional de **movimiento**:

> *Rogelio dio me el dinero
> *n sujeto v proOI fn(OD)*

que se convierte (mediante el "movimiento") en

> *n sujeto proOI v fn(OD)*
> Rogelio   me   dio el dinero.

(4) La sintaxis de los pronombres átonos (pa)

Ya acabamos de examinar los diferentes procesos mediante los que se generan los pronombres átonos (de aquí en adelante "pa") o sea los OREF, los OD y los OI. La presente sección examinará la relación sintáctica entre los tres tipos de pa además de la sintaxis de los pa con relación a otros componentes de la frase verbal y con el verbo en particular.

Estas tres oraciones--

> pa OD: El perro <u>**lo**</u> **perdió.**

pa OI: El perro **me** dio un hueso.

pa OREF: El perro **se** lastimó.   --

tienen en común la siguiente característica:

Hay una sola frase verbal y **un solo verbo conjugado** (perdió, dio, lastimó).

En este tipo de oración el pa (OD, OI, OREF) **se tiene que colocar inmediatamente delante del verbo.** Ninguna otra posición es aceptable (*El perro perdió lo / *El lo perro perdió / *Lo el perro perdió). **Pero eso no es el caso en muchas de las oraciones que se presentan a continuación:**

(1.a) El perro está dándo**me** un hueso. /
(1.b) El perro **me** está dando un hueso.

(2.a) El perro quiere dar**me** un hueso. /
 (2.b) El perro **me** quiere dar un hueso.

(3) ¡Perro!   ¡Dame un hueso!

(4) ¡Perro!   ¡No **me** des un hueso!

(5) ¿Dar**me** un hueso tú, perrito?

(6) En dándo**me** un hueso, el perro se deslizó.

(7.a) El perro **me** dio un hueso.
(7.b) El perro **me** ha dado un hueso.

Como demuestran las oraciones 1-7, en unas ocasiones el pa se une al verbo y se coloca detrás del verbo (3, 5, 6), en otras ocasiones no se une al verbo y se coloca delante del verbo (4, 7) y en dos ocasiones hasta puede colocarse delante o detrás de la frase verbal sin unirse a ella (1, 2). A fin de que la dificultosa colocación de los pa no nos parezca ni arbitraria ni demasiado complicada, la sección siguiente tratará de poner en orden el rompecabezas. Se presentarán tres reglas que explican todo lo que hay que saber de la sintaxis de los pa con relación a los verbos.

La colocación de los pa con relación al verbo

#1: **"vpa"** (unión y postposición) (una regla **obligatoria**):

El verbo se **une** al pa, que se coloca **detrás del** verbo al que está unido si el verbo es:

--un **mandato afirmativo**

(3--"¡**Da**me un hueso!")

--un **infinitivo** como **verbo único**

(5--"¿**Dar**me un hueso tú?")

es decir, infinitivo al que no le acompaña ninguna forma verbal finita

--un **gerundio** como **verbo único**

(6--"En **dándo**me un hueso, el perro se deslizó.")

es decir, un gerundio al que no le acompaña ninguna forma verbal finita

2: **"pa v / vpa"** (ésta es una regla de **selección optativa**
                                    o sea de selección entre dos posibles
                                    combinaciones verbales):

El pa se coloca, o inmediatamente **delante** de la frase verbal (sin unirse a ella), o inmediatamente **detrás** de la frase verbal, uniéndose a ella. (Es decir, o va delante de o va detrás del auxiliar más gerundio [está dando] o del verbo conjugado más infinitivo [quiere dar] que forman parte de una combinación). **El pa nunca interrumpe** estas combinaciones verbales metiéndose dentro de ellas. Siguen dos ejemplos:

(1.a/b) El perro (me) está dando(me) un hueso.

(2.a/b) El perro (me) quiere dar(me) un hueso.

3: **"pa v"** (una regla **obligatoria** de posición anterior):

El pa va inmediatamente delante de la forma del verbo si dicha forma es:

--un **mandato negativo**

(4--"¡No **me** des un hueso!")

--**finita y única** en la fv

(7.a--"El perro **me** dio un hueso")

--parte de un **tiempo perfecto**

(7.b.--"El perro **me** ha dado un hueso")

Hasta este momento nos hemos limitado a oraciones que incluyen un solo pa. **Si la oración contiene más de un pa**, la sintaxis de los pa múltiples es siempre ésta:

(1) REFL   (2) OI   (3) OD
*primer   segundo   tercer
elemento   elemento   elemento*

Siguen varios ejemplos de oraciones que contienen pa múltiples:

(1) Tráiga se   me   lo   → Tráigasemelo.

(2) No   se   me   lo traiga   → No se me lo traiga.

(3) Da   me   lo   → Dámelo.

(4) Voy a comprar te   lo   → Voy a comprártelo.

(5)   Te   lo voy a comprar → Te lo voy a comprar.

(6) ¿Comprar   te   lo yo?   → ¿Comprártelo yo?

La doble transitividad y la regla anti-lelo

La transformación del pa oi le(s) → se es obligatoria cuando le(s) se halla delante de cualquier pa OD que empiece con -l (lo, los, la, las). Así que una oración como la siguiente es agramatical:

> *No le los voy a dar.

Es decir, el español no quiere a los "lelos" ('tontos, simples'). De ahí que se realicen las siguientes transformaciones:

> Yo **le** lo voy a comprar → Yo **se** lo voy a comprar.

> Cómpre**le**lo → Cómpre**se**lo.

> etc.

La se que proviene de le(s) es OI y no REF; lo parecido de las formas se (OI) y se (REF) es pura coincidencia. Significan dos cosas diferentes y lo único que tienen en común es la forma. A continuación se ejemplifica el proceso generativo:

> *Rigoberto le lo dio a Felipe

> → Rigoberto se lo dio a Felipe.
>   n   OI OD v fprep OI

> **(Sustitución**--a le se le sustituye se.)

● EJERCICIO 4.9 ---

(A) Cambie todos los sustantivos OD, OI y REF a sus formas pa
correspondientes. Agregue todo lo que haga falta para
completar los fragmentos de oración. Siga el modelo.

MODELO:

<u>Mi mamá</u> envió <u>el dinero</u> a <u>Rubén</u>

→ **Ella se lo envió.**

1. la señora mandó una carta a Josefina ayer

2. Pancho-1 pegó un tiro a Pancho-1

3. los ladrones quitaron la bolsa a la pobre viejita

4. vamos a regalar esta pulsera a mi cuñada

5. mañana a las tres compro dos perros al Sr. Méndez

6. insisto firmemente en ofrecer el dulce a la muchachita esa

7. yo traigo el libro a ti

8. él-1 despertó a él-1 temprano

9. extrañamos a Andrés mucho

10. José-1 compró el condominio para José-1 ayer

11. da el dinero ahorita mismo a mí

12. voy a enviar dos paquetes a mis nietos

13. el señor halló a su hija donde menos esperaba

14. no le pienso escribir la carta a Susana sino a su hermano

15. no me traiga esos pantalones hasta que planche bien la camisa

(B) Indique cuáles de estas oraciones tienen correferencialidad.
Luego subraye todos los OREF.

1. Necesita lavarse los dientes y peinarse.

2. Me voy a acostar un rato. ¿Me despiertas a las siete?

3. Si no se defienden, perderán la guerra.

4. Yo sí sé lo que ése no sabe.

5. ¡Salte ya! ¡Vas a llegar muy tarde!

6. Ramón se lastimó en un accidente.

7. Elena se compró un carro nuevo y se lo regaló a su novio.

8. Ya te dijimos que nos vamos a cambiar a otra casa.

9. Si no se levantan a tiempo, los van a correr del trabajo.

(C) (i) Corrija todos los errores sintácticos y (ii) dé la regla que explique por qué necesitaban corregirse.

> **Ejemplo:** (i) *"Eusebio no quería me comprar un lapicero."
> (ii) Según la regla # 2, el pa OI _me_ debe colocarse, o inmediatamente delante de la combinación verbal <u>quería comprar</u>, o inmediatamente después de ella, uniéndose al infinitivo. Las versiones correctas son "Eusebio no me quería comprar un lapicero" o "Eusebio no quería comprarme un lapicero".

1. *La vecina la compró antes de la examinar bien.

2. *No los vendas me. Ya no queda me más dinero.

3. *Ahorita está la buscando, señora.

4. *El niño nos se extravió, pero por fin lo encontramos.

5. *Había escondido se en el sótano.

6. *Me pase el periódico.

7. *No voy a lo te dar.

8. *No me te vayas a perder.

9. *¿Te lo buscar yo? ¡Ni modo!

10. *En se lo regresando, olvidó se de cómo llamaba se así que no
    pudo encontrar la casa.

11. *¿Cuando lo me vas a cambiar?

12. *¿No quieres casarte con mí?

13. ¿El cheque? *Pero si ya le lo cambiamos, señor.

14. *Nos dijeron que no la mandaron a nosotros, no a ellos.

15. *Dijeron que a todos nosotros los iban a ver en la boda de
    Marisela y Rogelio.

16. *Dile a los muchachos que ya está la comida.

17. *Si ves Paula, dila que me eche un telefonazo.

----

(5) La ambigüedad pronominal: Formas y funciones ambiguas

Es **ambigua** toda palabra, frase, cláusula u oración que nos deje con la duda de qué es lo que quiere decir, o a qué se puede referir. Son ambiguos los pronombres subrayados de las siguientes oraciones (que por supuesto dejarían de ser ambiguos si se encontraran en un contexto más amplio):

(17) Mañana <u>la</u> van a ver.

   (¿A Ud. [femenino]? ¿a ella? ¿algún objeto [- humano] de género femenino? Un contexto más amplio le quitaría la duda, p. ej.: "¿La Estatua de la Libertad? Mañana <u>la</u> van a ver.")

(18) <u>Lo</u> quieren visitar.

   (¿A Ud. [masculino]?, ¿a él?, ¿algún sitio de interés?)

(19) Insisto en que <u>los</u> lleven a otra parte.

   (¿A Uds., a ellos, varios objetos de valor, etc.?)

(20) <u>Le</u> vamos a regalar un pasaje a la India.
   (¿A Ud., a él, a ella, a ... ?)

(21) <u>Se</u> lo voy a vender pronto.
   (¿A Ud./él/ella/Uds./ellos/ellas/los vecinos de al lado, los Gutiérrez, ... ?)

(22) <u>Nos</u> miramos en el espejo.

   (¿Yo me miré a mí mismo y tú te miraste a ti mismo? o ¿Todos nosotros miramos a todos nosotros recíprocamente?)

Son ambiguos en cuanto a su significado los pronombres siguientes:

OD: lo   los   OI: le/se   les/se   REFL: se   nos
     la   las

Estos pronombres ambiguos OD y OI pueden referirse a las siguientes personas o entidades:

<u>CASO</u>	<u>PRONOMBRE</u> <u>AMBIGUO</u>	<u>PERSONA O</u> <u>ENTIDAD</u>

OD:

   <u>lo</u>:   a Ud.(m.)/él/[entidad m.sg.]

la: a Ud.(f.)/ella/[entidad f.sg.]

los: a Uds.(m.; m. y f.)/ellos/[entidades m. o m. y f.]

las: a Uds.(f.)/ellas/[entidades f.]

OI:

le: a Ud./él/ella/[entidad]

les: a Uds./ellos/ellas/[entidades]

se (como forma alternativa de le o les):

a Ud./él/ella/[entidad]/Uds./ellos/ellas/[entidades]

Se objeto indirecto sustituye a le y a les--es decir, los reemplaza--al encontrarse juntos dos pronombres que empiezan con el grafema l. El primero de los dos, que es siempre el OI, se cambia a se forzosamente.

Se elimina la ambigüedad agregando una frase preposicional

Tanto los OD como los OI ambiguos fácilmente eliminan lo ambiguo agregando una frase preposicional que indica la persona a quien se refiere (o la entidad a la que se refiere):

(1) Se lo voy a vender pronto a él.

(2) Le vamos a regalar un pasaje a la India a Ud., no a él.

(3) Insisto en que los lleven a otra parte--a que lleven estos muebles a otra parte.

(4) Lo quieren visitar--quieren visitar a Jorge Julio.

La ambigüedad de los pronombres reflexivos

Los pro REF ambiguos--nos y se--se hallan en oraciones como las siguientes que son o **reflexivas puras** o **reflexivas recíprocas**:

(5) Isabel y Carmen se miran en el espejo.

(a) ORACIÓN REFLEXIVA PURA:

"Isabel-1 se mira a Isabel-1 y Carmen-1 se mira a Carmen-1 en el espejo" ('Isabel se mira a sí misma y Carmen también se mira a sí misma').

(b) ORACIÓN REFLEXIVA **RECÍPROCA**:

"Isabel mira a Carmen y Carmen mira a Isabel en el espejo."

Normalmente las oraciones reflexivas **recíprocas** incluyen a las palabras "un- a otr-" (uno a otro, una a otra, los unos a los otros, etc.) que sirven para identificarlas como tales.

En algunas ocasiones el REF se podría confundirse con el se **indeterminado** que se emplea en las **construcciones de voz media**:

(6) Se habla español (en esa tienda).

(7) Se vende casa (a precio módico).

(8) Se alquilan automóviles (en esta agencia).

Las construcciones de voz media se analizarán en el capítulo 5. Por el momento basta saber que la palabra se es reflexiva si hay correferencialidad entre se y el sujeto de la oración.

● EJERCICIO 4.10 ---

(A) Conteste las siguientes preguntas.

1.   ¿Qué queremos decir cuando indicamos que una palabra es ambigua?

2.   De todos los pro.per. ambiguos, ¿cuáles son los **más** ambiguos y por qué?

3.   ¿Cuáles pro.per. no son nada ambiguos y por qué no lo son?

4.   ¿Cómo puede quitársele lo ambiguo al pro.per. le de la oración siguiente?:
     "Y luego le dijeron que sí."

Capítulo 5--Temas morfosintácticos varios (Segunda parte)

(A) La transitividad

Lo ya presentado sobre verbos transitivos e intransitivos en diferentes partes de este texto se vuelve a presentar en la presente sección en forma concentrada, enfocada y sobre todo ampliada. También se estudiarán varios temas relacionados a éstos como la ausencia del objeto, a la vez que se verá la manera en que el análisis de estos temas puede facilitarse por medio de árboles y reglas de transformación.

(1) Verbos transitivos e intransitivos

El verbo **transitivo** es cualquier verbo que admite como complemento un objeto nominativo o pronominal--directo, indirecto o reflexivo. Un 90 por ciento de los verbos del español son transitivos siempre o lo son en parte. Siguen varios ejemplos de verbos transitivos y los objetos (en este caso directos) que pueden tomar:

    (1) Alicia *leyó* **el periódico**.

    (2) Hildebrando *escribió* **una novela** sobre sus experiencias.

    (3) La vecina de al lado *vendió* a **su perico** porque hablaba siempre.

En cambio, el verbo **estrictamente intransitivo** es cualquier verbo que **no admite** ningún tipo de complemento nominal o pronominal, séase directo, indirecto o reflexivo. Tomemos por ejemplo el verbo *acontecer* de la oración (4) en la que no se admite objeto directo:

    (4) *El accidente *aconteció* varias muertes.

(Aquí habría que emplear otro verbo para que tuviera sentido la oración:

    (5) El accidente *causó* varias muertes.)

En términos relativos el español no tiene muchos verbos que sean exclusivamente intransitivos. De hecho hay sólo unos 1500, de los que son de cierta frecuencia estos 109:

abogar, acaecer, acceder, acontecer, acudir, advenir, asentir, aterrizar, aullar, batallar, bostezar, callejear, chismear, chochear, clarecer, coexistir, coincidir, colaborar, comadrear, comerciar, comparecer, concurrir, congeniar, consistir, constar, conversar, convivir, cooperar, corresponder, decaer, degenerar, depender, desistir, durar, emerger, emigrar, enverdecer, enviudar, estallar, existir, fallecer, flotar, fluir, fluctuar, fraternizar, funcionar, galopar, gemir, germinar, gesticular, gimotear, gotear, gravitar, graznar, gruñir, holgazanear, inmigrar, insistir, ladrar, languidecer, limosnear, lloviznar, luchar, madrugar, maullar, militar, nadar, naufragar, neviscar, oscilar, palidecer, palpitar, parpadear, pecar, peligrar, permanecer, persistir, prescindir, prevalecer, proceder, progresar, provenir, reaccionar, reaparecer, rebuznar, recurrir, relampaguear, relinchar, residir, resultar, rugir, ser, simpatizar, sobresalir, sobrevivir, soler, sollozar, subsistir, surgir, suspirar, tiritar, traficar, triunfar, trotar, veranear, verdecer, viajar, yacer, zigzaguear

Siguen varios ejemplos agramaticales en los que en vano tratamos de usar un verbo intransitivo en una construcción transitiva. (La versión corregida se da en seguida entre paréntesis.)

(6) *La Unión Soviética *coexistió* los Estados Unidos. (→ La Unión Soviética *coexistió* con los Estados Unidos. [Aquí el complemento "con los Estados Unidos" es una frase preposicional.])

(7) *La población *dependió* los comestibles que se les vendían. (→ La población *dependió* de los comestibles que se les vendían.)

(8) *Mi hermano *permaneció* la casa todo el día. (→ Mi hermano *permaneció* en la casa todo el día.)

El verbo estricamente intransitivo no admite complementos OD nunca. Pero aún cuando no admite complementos OD, sí admite complementos de otro tipo, en particular los complementos adv ("René nadó **rápidamente**") y fprep que hacen las veces de adverbios ("René nadó **de la isla a la península**").

En cambio (y como ya es sabido), el verbo transitivo sí admite complementos OD:

(9) Mamá *hizo* **un pastel** para mi cumpleaños.

(10) Mi hermanita *dibujó* **un gato** con tinta negra en la pared.

Sin embargo, algunos verbos transitivos pueden prescindir de un complemento OD, aún cuando siempre existe la posibilidad de agregárseles uno, como demuestran los siguientes ejemplos:

(11) El rabino estudió [ ] arduamente toda la noche.

(Aquí el espacio en blanco entre los corchetes puede llenarse de cualquier OD que tenga sentido--*la biblia, sus libros, la historia del caso*, etc., pero **no tiene** que llenarse de ninguno.)

(2) La construcción intransitiva y la imposibilidad de OD; la construcción transitiva y la presencia o la supresión del OD

Los árboles nos ayudan a entender mejor la intransitividad y los verbos intransitivos. Examinemos la siguiente explicación y sus ejemplos. El árbol que corresponde a una oración cuyo verbo es intransitivo ("int") corresponde también a la **transformación** siguiente. (La transformación indica la fv se puede convertir en "vint", o en "vint + fadv", o en "vint + fprep"].)

fv → vint (fadv) (fprep)

Entre otras cosas esta regla nos dice que la fv de un verbo intransitivo **no puede tener fn** (porque entre lo que se encuentra a la derecha de la flecha no entra ninguna "fn"). Si el verbo es intransitivo, el OD es imposible. A continuación se da el árbol:

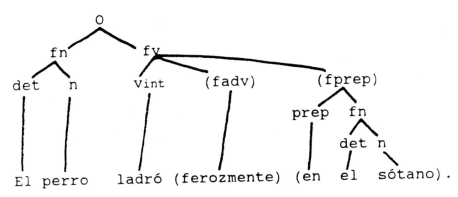

Lo que caracteriza cualquier construcción de este tipo es la **imposibilidad de OD** (*El perro ladró un ladrido).

En cambio, y como ya se sabe, los verbos **transitivos** (vtran) sí pueden tomar objeto directo, según indica la siguiente regla transformativa y su árbol correspondiente:

regla transformativa: fv → vtran **fn**

árbol:

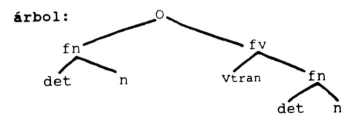

(1) Los sacerdotes celebraron una misa.
(2) Las cocineras comieron la ensalada.

Lo que caracteriza cualquier construcción de este tipo es la **presencia del objeto directo.** El OD está **presente.** Pero la presencia del OD es optativa; cuando el OD **se suprime**, da lugar a una **supresión de OD.** En varios contextos los verbos transitivos permiten que la el OD esté **suprimido** en la fv como aquí se ve:

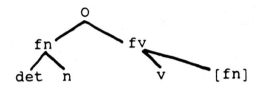

(3) Las cocineras comieron [ ]. [No se menciona qué comieron.]

(4) El coro cantó [ ]. [No se menciona qué cantó.]

(5) El asesino mató [ ]. [No se menciona a quién mató.]

(6) A Ana Lisa le encanta vender [ ]. [No se menciona qué es lo que le encanta vender.]

Los árboles representan con **corchetes** las fn de las construcciones transitivas en las que el OD está suprimido en la superficie, así:

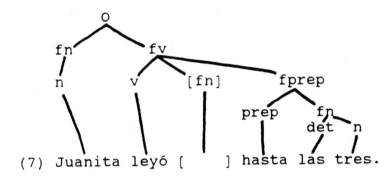

En la oración (7) no se menciona qué leyó Juanita, ni hace falta que se mencione por muy posible que sea la adición de cualquier fn OD ("un libro", "su revista") al espacio entre los corchetes. Sin embargo, la adición de cualquier fn OD es siempre una posibilidad.

En cambio, en una oración como la (8), la adición de una fn OD **no es una posibilidad.** Hay **fn inexistente** porque el verbo es intransitivo. En la (8) **no se puede llenar el hueco de la fn** (que se representa, o ^fn^ o ^), como demuestra el árbol siguiente:

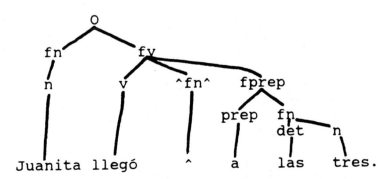

● EJERCICIO 5.1 --

(A) Cada vez que haya verbo, indique si es **transitivo** o **intransitivo**. Si el verbo **es transitivo**, diga si el objeto directo **está presente** en la superficie o si **está suprimido**.

1. Ayer acudieron todos a la junta y después chismearon mucho.

2. Piden pan pero no se lo dan.

3. Nos robaron el dinero y en seguida insistieron en violarnos.

4. Nunca preparan suficiente comida.

5. Anoche inmigró mi abuelo de Cartagena y ahora quiere permanecer aquí.

6. No sé. Lo haré como quieras. Dime nomás.

7. ¡Qué bien habla tu tía!

8. No vio lo que tenía en la mesa.

9. Antes de que colabores con ella, piénsalo bien.

10. Siempre lee y nunca come. A lo mejor algo tiene.

11. Él canta muy bonito, ¿no?

12. Mi mamá me lava la ropa, me compra el mandado, me hace la comida, me friega los trastes y me tiende la cama.

(B) (i) Encuentre los errores, (ii) corríjalos todos y luego (iii) explique lo que tiene cada uno de erróneo y por qué lo corrigió como lo corrigió.

1. *Ellos llegaron el rancho ayer.

2. *Nadó el lago en dos horas.

3. *No van a viajar el perro porque ladra demasiado.

4. *Van a salir la ciudad a las cuatro.

5. *La reina permanecerá su palacio hasta que deje de lloviznar.

(C) (i) Escriba una oración original que corresponda a cada uno de estos árboles. Luego (ii) diga si el v de la fv es intransitivo o transitivo. Y (iii) si el verbo es transitivo, diga si le acompaña o no un OD en la estructura superficial.

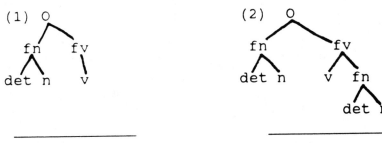

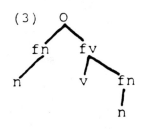

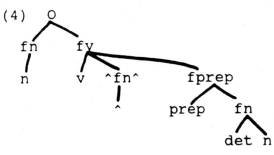

(B) La voz pasiva y la voz media

(1) La formación de la voz pasiva

VOZ ACTIVA:

Paco vendió el apartamento.

VOZ PASIVA:

El apartamento fue vendido por Paco.

Hasta ahora nos hemos limitado a formas verbales que se usan en frases y oraciones que están en la voz activa. Ahora nos toca presentar las formas de la otra voz del español, la **pasiva**.

En la voz <u>activa</u>, el **actor**--el que hace la acción--es también el **sujeto gramatical** (el que determina el número y la persona de la forma verbal conjugada). Por ejemplo:

Paco ,vendió el apartamento.

actor   **verbo**   **primer recipiente ("objeto directo")**
(el que **tran-**   **de la acción de** <u>vender</u>
realizó **sitivo**
la acción
de vender)
y también
sujeto
gramatical
(= el n que determina que la forma del verbo sea X
persona y número y no otro)

Otra característica de la voz activa es que el primer recipiente del efecto de la acción del verbo--<u>el apartamento</u> en este caso-- funciona como **objeto directo** y se le puede sustituir un pronombre de objeto directo (en este caso <u>lo</u>: "Paco lo vendió"). (Los pronombres de objeto directo--<u>me</u>, <u>te</u>, <u>lo</u>, <u>la</u>, <u>nos</u>, <u>los</u> y <u>las</u>--se analizaron en el capítulo 4.)

Al pasar de la voz activa a la voz pasiva, el **objeto directo** (o sea el recipiente de la acción) se convierte en **sujeto gramatical**:

VOZ ACTIVA: Paco vendió el apartamento.

VOZ PASIVA: El apartamento fue vendido   por   Paco.

objeto directo/   <u>ser</u> part.pas.   <u>por</u> **actor** = "agente"
recipiente de la   del verbo   en una cláusula
acción (= el   transitivo   encabezada por
nuevo sujeto   <u>por</u> que expresa
gramatical)   el agente
                               mediante el que
                               se hace la
                               acción del verbo

A continuación presentamos otros ejemplos de oraciones activas y sus equivalentes pasivas:

(1) ACTIVA: María recibió las invitaciones. →
    PASIVA: Las invitaciones fueron recibidas por María.

(2) ACTIVA: Los alumnos sacaron todos los libros. →
    PASIVA: Todos los libros fueron sacados por los alumnos.

(3) ACTIVA: El gato espantó a la rata ayer a las tres. →
    PASIVA: La rata fue espantada por el gato ayer a las tres.

Cualquier tiempo de la voz pasiva manifiesta siempre:

--una forma del verbo auxiliar ser, séase la conjugada ("La rata fue espantada"), la del participio pasado ("La rata ha sido espantada") o la del gerundio ("La rata está siendo espantada").

--un **participio pasado** del VL transitivo. (Este part.pas. funciona como adjetivo en el sentido de que hay **concordancia** entre él y el sustantivo que modifica, p.ej.):

(1) las invitaciones ... recibidas

(2) los libros . . . sacados

(3) la rata . . . espantada

En lo que sigue se presentan todos los tiempos verbales que aparentan admitir la voz pasiva. (Es de notarse que mientras más compuesto y más largo sea el tiempo, menos admisible es que dicho tiempo se use en voz pasiva. De hecho **no** se dan reflejos pasivos de los siete tiempos perfectos progresivos, que son los más largos y compuestos de todos.)

Si es **intransitivo** el verbo de cualquier oración activa ("Joaquín permaneció aquí todo el día") o si el verbo es **transitivo pero con OD suprimido o inexistente** ("Rebeca comió de dos a dos y media"), dicha oración **no admite la pasivización** ('transformación de la voz activa a la voz pasiva'). Así que una oración como la siguiente:

(1) Joaquín permaneció aquí todo el día.

no admite la pasivización:

(2) *Todo el día fue permanecido aquí por Joaquín.

porque el verbo *permanecer* es intransitivo. Tampoco admite pasivización la siguiente:

(3) Rebeca comió de dos a dos y media.

porque el OD está suprimido:

(4) *De dos a dos y media fue comido Rebeca.

Compárense las oraciones (3) y (4) con la siguiente, donde el verbo sí es transitivo y sí está presente un OD:

(5) [VOZ ACTIVA:] Rebeca comió un burrito.

⟶ (6) [VOZ PASIVA:] Un burrito fue comido por Rebeca.

(2) Los tiempos de la voz pasiva: Tabla morfológica

(Se presenta solamente la 3.sg. de cada tiempo. Para un análisis columnar completo del verbo auxiliar <u>ser</u>, vea las columnas verticales que se encuentran al final de esta página y al principio de la siguiente.)

REFLEJO PASIVO DE TIEMPOS <u>SENCILLOS</u>	REFLEJO PASIVO DE TIEMPOS <u>PERFECTOS</u>	REFLEJO PASIVO DE TIEMPOS <u>PROGRESIVOS</u>
f será vendido	habrá sido vendido	estará siendo vendido
c sería ------	habría --- -------	estaría ----- -------
pi es --------	ha ---- -------	está ------ -------
ps sea --------	haya ---- -------	esté ------ -------
ii era --------	había ---- -------	estaba ------ -------
is fuera ------	hubiera -- -------	estuviera --- -------
pret fue -------	hubo ---- -------	estuvo ----- -------

En general los reflejos pasivos de los tiempos progresivos son poco usados y los lingüistas más conservadores critican su uso.

ANÁLISIS MORFOLÓGICO COMPLETO DEL VERBO AUXILIAR <u>ser</u>

	s e r				s e r	
f	- - ré		ii	er a	
	- - rá	s		-- -	s
	- - --			-- -	
	- - re	mos		-- -	mos
	- - rá	n		-- -	n

```
c  - -  ría            is   fu e ra
   - -  --- s               -- - -- s
   - -  ---                  -- - --
   - -  --- mos              -- - -- mos
   - -  --- n                -- - -- n


pi  s oy          pret  -- i                ps  se a
    er e  s              -- -  ste              -- -      s
    es                   -- e                   -- -
    s o  mos             -- i mos               -- -      mos
    - -  n               -- e ro n              -- -      n
```

● **EJERCICIO 5.2** --

(A) Cambie las siguientes oraciones activas a sus equivalentes
    pasivas. Tenga cuidado de conservar el mismo tiempo verbal
    de la voz activa al convertirla a la voz pasiva.

1. Mis padres compraron una casa nueva.

2. Su hermano siempre recibe mucha ayuda del gobierno.

3. La tía Eduviges mandará un regalo costosísimo.

4. Miguel de Cervantes había escrito El Quijote.

5. La editorial Trespalos está publicando esa novela.

6. Mi abuelo cazaría todas las codornices del monte.

7. Un primo suyo siempre le mandaba mucho dinero.

8. El gobierno municipal todavía no ha construido la carretera.

9. Ramón siempre cuenta las historias más trágicas del mundo.

10. Ese mal hombre ya habrá abandonado a su familia.

(B) Describa la morfología de las siguientes formas verbales--tanto las activas como las pasivas--siguiendo este modelo:

Modelo: Los trastes fueron lavados por la sirvienta.

Esta oración está en la voz pasiva y es el reflejo pasivo del tiempo pretérito. El verbo auxiliar es <u>ser</u>. El participio pasado es del VL <u>lavar</u>.

1. Manuel eliminó a su esposa.

2. El perro fue atropellado por el carro.

3. En esta foto el caballo está siendo domado por el dueño de la finca.

4. El candidato a presidente ha sido asesinado por una banda de conspiradores.

5. Yo soy siempre mimado por mi esposa.

6. ¿Por qué nunca habías sido promovido a catedrático por tu universidad?

7. La tribu hambrienta devoró las semillas por necesidad.

8. Este niño será reprobado por su maestra si no estudia más.

----

(3) La voz media

La voz **activa** manifiesta al actor como sujeto gramatical, mientras que la voz **pasiva** manifiesta al actor como agente (agente que se encuentra en una frase preposicional iniciada por la preposición por). En cambio, la **voz media** <u>no tiene actor</u>. El hecho de que la voz media no tenga actor lo manifiesta la oración siguiente, donde se presenta un ejemplo de la tercera de las tres voces del español, la **voz media**:

VOZ MEDIA:

    Se escribió un libro.

ANÁLISIS DE LOS ELEMENTOS COMPONENTES DE LA VOZ MEDIA:

    Se   escribió   un libro.
    ?   **verbo**   **od/recipiente**
              léxico **de la acción**

¿Qué función tiene <u>se</u> en esta oración? No puede entenderse como pronombre personal reflexivo porque desde el punto de vista de la lógica un libro no puede escribir al mismo libro, o sea, no puede darse *"Libro-1 escribió libro-1". Lo que es más, en la oración "Se escribió un libro" no hay sujeto/actor; por eso no se puede producir el mismo paralelismo de estructura entre las oraciones (1) y (3) que se produce entre las oraciones (1) y (2):

    (1) Rubén se escribió una carta ['Rubén-1 escribió a Rubén-1
                     una carta'].

    (2) Rubén se vio en el espejo ['Rubén-1 vio a Rubén-1 en el
                     espejo'].

(3)   Se escribió un libro [' escribió un libro'].

Así que hay que darle otro nombre a la <u>se</u> de la oración (3) ("Se escribió un libro"). El nombre que más comúnmente se le da es el de "**se indeterminado**" por lo indeterminada que es la oración misma en cuanto al actor; de hecho **no hay actor**, y lo único que se sabe es la acción ("se escribió") y el resultado de esta acción ("un libro"). En la oración "Se escribió un libro" se contestan estas dos preguntas: (1) "¿Qué fue escrito?" "Un libro" (el recipiente de la acción); y (2) "¿Qué se hizo?" ("Se <u>escribió</u>--no se publicó, no se tiró, no se quemó, etc.--el tal libro"). **El actor no se menciona por una de dos razones: (a) porque es desconocido y no se puede mencionar, o (b) porque no hay interés en mencionarlo.** Esto es muy típico de las oraciones de voz media.

El hecho de que no haya actor es una característica esencial de las oraciones de voz media. Este hecho permite que nos aprovechemos de la voz media para expresar aquellas acciones en las que (1) se desconoce al actor, o (2) el actor se considera insignificante o por algún motivo no se lo quiere nombrar. En las oraciones de voz media, lo único que importa es la acción (verbo) y el recipiente de la acción (od). Esto lo demostrarán las oraciones siguientes:

VOZ ACTIVA   **VOZ PASIVA**   **VOZ MEDIA**

Rosaura describió el incidente.
                    El incidente fue descrito por Rosaura.
                                        Se describió el incidente.

Las tropas destruyeron la ciudad.
                    La ciudad fue destruida por las tropas.
                                        Se destruyó la ciudad.

Torturaron a las hijas del alcalde.
                    Las hijas del alcalde fueron torturadas.
                                        Se les torturó a las hijas
                                        del alcalde.

Los rebeldes quemaron los palacios.
                    Los palacios fueron quemados por los rebeldes.
                                        Se quemaron los palacios.

La oración de voz media admite un complemento [+ humano] que se refiere a la persona que se beneficia de la acción del verbo o que recibe directamente la acción del verbo:

   (a) [BENEFICIO] "Como mi tía es muy de la clase alta, en su
               casa hay mucha servidumbre y ella misma no hace ninguna
               labor doméstica. Se **le** barre el piso, se **le** friegan los
               trastes, se **le** lava y plancha la ropa . . . ¡todo!"

(b) [RECIPIENTE DIRECTO] "Se mató **a la enfermera.**"
"Se examinó **al niño.**"
"Se arrestaron **a más de mil personas.**"

La gramática prescriptiva siempre ha insistido en que haya concordancia de número entre el verbo y el recipiente de la acción de las oraciones de voz media, y que el recipiente determine dicha concordancia:

(1) Se escribió un libro.
3.<u>sg</u>. = sg.

(2) Se escribieron dos libros.
3.<u>pl</u>. = pl.

Sin embargo, son muchas las oraciones--sobretodo las cortas y las más populares--que no acatan la regla prescriptiva y que ponen el verbo en singular aun cuando el recipiente está en plural:

(3) Se vende coches.
3.sg. ≠ pl.

(4) Aquí se repara máquinas de coser.
3.sg. ≠ pl.

El que acepte la gramaticalidad de oraciones como la 3 y la 4 pensará que el recipiente de la acción--*coches, máquinas de coser*-- no puede constituir un sujeto gramatical sino un "seudo sujeto gramatical" que ha dejado de funcionar como tal.[20]

Los verbos intransitivos pueden usarse en construcciones de voz media, lo cual no se permite en construcciones de voz pasiva:

(5) Aquí se camina mucho.

(6) Siempre se descansa después de comer.

(7) Aquí no se nada nada porque el agua está contaminada.

(8) Se desfila mucho el primero de mayo en los países comunistas.

En estas oraciones el enfoque es netamente verbal: se enfatiza la acción. Una perífrasis de las oraciones 5 y 6, por ejemplo, emplearía un sustantivo verbal ("El **caminar** aquí es frecuente", "El **descansar** después de la comida es un hábito", "El **nadar** aquí está prohibido porque el agua está contaminada", "El **desfilar** el primero de mayo es frecuente en los países comunistas").

●EJERCICIO 5.3 --

(A) Cambie las siguientes oraciones a la voz pasiva (si son activas) o a la activa (si son pasivas). (Como ya se sabe, las intransitivas y las de sujeto inexistente no permitirán tal cambio.)

1. El programa fue visto por más de cien millones de personas.

2. Mi corazón latía fuertemente por miedo al chamuco.

3. Plácido Domingo y Alfredo Kraus llegaron a Sevilla el otro día.

4. Las tropas de Pancho Villa quemaron esa hacienda durante la Revolución Mexicana.

5. En este momento la ciudad es atacada por los pájaros.

6. La película duró tres horas y me gustó mucho.

7. La canción "Las mañanitas" fue cantada por Zenaida Zepeda.

8. No nos vendieron nada.

(B) Cambie cada una de estas oraciones a **las otras dos voces** correspondientes (es decir, a la voz activa/pasiva/media correspondiente, según el caso). Si la oración está en voz media, habrá que agregarse un actor--cualquier actor que a Ud. se le ocurra.

1. Guillermina fundó una organización para ayudar a la mujer obrera.

2. Los niños traviesos fueron castigados por los maestros.

3. Se reparan aparatos eléctricos.

4. El jardinero cuida nuestro jardín.

5. Siempre barre el piso la trabajadora doméstica.

6. Alicia ya maneja el carro de mamá.

7. Serán rotos estos pantalones por José Antonio.

8. Mi tatarabuelo estornudó dos veces ayer en el patio.

9. La embajadora fue fusilada por la terrorista.

10. La Sra. Anzaldúa siempre hace la masa para las tortillas.

(C) Escriba una oración de voz media con cada uno de estos renglones enteros combinando en una sola oración los diferentes fragmentos y haciendo todos los cambios y adiciones necesarios. (Ejemplo de cómo proceder:

x. tomar / taza de café →

"Se tomó una taza de café.")

1. examinar / pruebas / encontrar / muchos errores

2. recibir / algunas ofertas

3. viajar / en el verano

4. llegar tarde / citas / en ciertos países

5. mandar / carta / a mí

6. hornear / pan / temprano en la mañana

7. querer / mucho / a ti

8. descender / del avión / en esta foto

(D) Diga si la oración involucra una construcción reflexiva o una se indeterminada de voz media.

1. Quiero que te laves la cara.

2. Tú ya sabes que en esta casa se lava la cara y las manos antes de comer.

3. En las fiestas se tocan discos, se toman bebidas alcohólicas, se habla de cualquier cosa, se canta, se baila, y se lo pasa bien o mal según el caso.

4. La pobre señora ya está muy chocha y se habla mucho para sí.

5. Se le rascó la oreja al perro.

6. En un rascadero se rascan orejas y panzas entre muchas otras cosas.

7. El perro se rascó unas cien veces antes de morderse la pata.

8. Los niños se comieron toda la comida.

9. En mi casa se toma mucha cerveza.

10. Juan y Miguel se miraron en el espejo.

(C) La topicalización

Cuando **topicalizamos** un elemento lo **desplazamos hacia el principio de la oración a fin de darle mayor importancia y énfasis.** En algunos casos la topicalización se realiza mediante un sencillo movimiento de elementos; en otros casos--p. ej. la topicalización del OD (sustantivo y pronombre)--la transformación es más complicada. Veamos algunos ejemplos de los varios tipos de topicalización empleando la oración siguiente como base:

```
                        O

           fn              fv

     n     pro  v   fn      fprep#1              fprep#2

                det n      prep fn             prep  fn

                           n  fadj             det  n

                              adj
```

Susana me envió el informe por correo electrónico a las ocho.

(1) TOPICALIZACIÓN DE LA FPREP#1--**movimiento sencillo**

   Por correo electrónico Susana me envió el informe a las ocho.

(2) TOPICALIZACIÓN DE LA FPREP#2--**movimiento sencillo**

   A las ocho Susana me envió el informe por correo electrónico.

(3) TOPICALIZACIÓN DEL V Y SU PA DE LA FV--**movimiento sencillo**

   Me envió Susana el informe por correo electrónico a las ocho.

(4) TOPICALIZACIÓN DEL N OD--**movimiento más inserción de un pro OD
             que copia** ('repite') **todas las características
             concordantes** del sustantivo al que se refiere

   El informe me <u>lo</u> envió Susana por correo electrónico a las ocho.

La siguiente transformación refleja un movimiento sencillo más la
inserción que se elaboró en el (4):

1.a. Me envió Susana el informe por correo electrónico a las 8.

```
     pro    v       n     fn       fprep#1              fprep#2   →
     (OI)        (sujeto) (OD)
```

1.b. El informe me <u>lo</u> envió Susana por correo electrónico a las 8.

```
      fn        pro pro v    n       fprep#1              fprep#2
      (OD)      (OI) (OD) (sujeto)
                **inser-
                ción**
```

Las posibilidades de topicalización se encuentran limitadas por la siguiente regla sintáctica (o mejor dicho "sugerencia sintáctica", ya que la regla no se cumple siempre):

Ninguna frase preposicional o nominal debe separar al sujeto (Susana) de su verbo correspondiente (envió).

De ahí que los siguientes movimientos, o son dudosamente aceptables o son netamente incorrectos:

? Susana por correo electrónico me envió el informe a las 8.

? Susana a las 8 me envió por correo electrónico el informe.

? Susana el informe me envió por correo electrónico a las 8.

* Susana el informe por correo electrónico a las 8 me envió.

* Me envió por correo electrónico a las 8 el informe Susana.

● EJERCICIO 5.4 --

(A) Topicalice todos los elementos topicalizables de las oraciones siguientes.

1. Rubén no me quiso vender a mí un automóvil antiguo que tenía.

2. Lo tenía estacionado en el garaje detrás de la casa de su suegra.

3. Terminó por venderle ese carro a su suegro.

4. Rubén y yo ni siquiera nos saludamos el otro día cuando nos vimos en el gimnasio.

(D) La formación de preguntas.

Cualquier oración puede clasificarse, o como **declarativa** o como **interrogativa**. La oración **interrogativa** es cualquier oración que pregunta algo (o sea, la pregunta misma). La oración **declarativa** es cualquier oración que no pregunte.

Las **oraciones interrogativas (OINT)** son de dos tipos:

--las **confirmativas**, cuya respuesta sólo **confirma** o **niega** lo preguntado; por eso, las preguntas confirmativas pueden y suelen contestarse con <u>sí</u> o <u>no</u>:

> REBECA: "¿Estudias?"

> MARÍA DOLORES: "Sí." / "No."

aunque las confirmativas pueden contestarse con cualquier tipo de información que vaya más allá de lo meramente afirmativo o negativo:

> REBECA: "¿Estudias?"

> MARÍA DOLORES: "Bueno, Bequi, eso depende mucho de lo que entiendes tú por 'estudiar', porque para decirte la verdad, aunque tenía muchas ganas de estudiar hoy, pues tan pronto como abrí el libro me dio un sueño que para qué te cuento, así que ... "

--las **informativas** (que también pueden llamarse "preguntas informativas '/k/' + *dónde*" ya que el elemento interrogativo principal, o empieza con o contiene el sonido de /k/ [*qué, quién{es}, cómo, cuál, cuánto/o{s}, cuándo, por qué*), o es *dónde*). La respuesta a una pregunta informativa **nunca** puede ser <u>sí</u>/<u>no</u> porque las informativas piden una información que va más allá de lo meramente confirmativo. Esto se demuestra con los siguiente ejemplos:

> (1) [PREGUNTA INFORMATIVA:] ¿Dónde vives?

> (1.a [RESPUESTA INAPROPIADA:] *Sí.

> (1.b [RESPUESTA APROPIADA:]) En Humacao, isla de Puerto Rico.

El árbol que corresponde a las OINT **confirmativas** refleja una adición a la regla de reescritura de O en la que figura **el int (el 'elemento interrogativo')** confirmativo como elemento optativo:

O → (int) fn fv

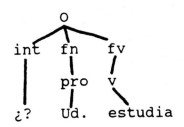

La adición de "int" a la reescritura de O tiene los siguientes efectos: (1) en lo escrito convierte la oración declarativa ("Ud. estudia.") a su equivalente interrogativa "¿Ud. estudia?", y luego (2) convierte en lo hablado la típica **entonación descendente** de las **oraciones declarativas** a una **entonación ascendente** que tipifica a las **preguntas confirmativas.** Siguen dos ejemplos:

O-DECLARATIVA: Ud. estudia.

INT CONFIRMATIVA: ¿Ud. estudia?

De interés secundario es la transformación de movimiento que opcionalmente se da cuando se coloca el verbo delante de la fn:

```
    fn v → v fn :          fn        v
                          ¿Ud. estudia? →

                          ¿Estudia Ud.?
                            v        fn
```

El árbol que corresponde a las OINT **informativas** es idéntico al de cualquier oración declarativa que incluya la fprep, la fadv o la fadj necesarias para la generación de <u>qué</u>, <u>quién(es)</u>, <u>cómo</u>, <u>cuándo</u>, <u>cuánto/a(s)</u>, <u>cuál(es)</u>, <u>dónde</u> o <u>por qué</u> como elemento interrogativo principal. La palabra interrogativa se coloca al principio de la OINT por medio de una transformación:

(1) O
```
        O
      /   \
    fn     fv
    |     /   \
   pro   v    fprep
    |    |    /   \
    |    |  prep   n
    |    |   |     |
    |    |   |    pro
    |    |   |     |
   Ud. estudia por  qué  →  ¿Por qué estudia Ud.?
```

```
 pro     v     prep  pro  →  prep  pro    v     pro
  1      2      3     4       3     4      2      1
```

(2) O
```
        O
      /   \
    fn     fv
    |     /   \
   pro   v    fadv
    |    |      |
    |    |     adv
    |    |      |
   Ud. estudia dónde  [=adverbio de lugar]  →  ¿Dónde estudia Ud.?
```

```
 pro     v      adv                              adv    v    pro
  1      2       3                                3     2     1
```

(3) O
```
           O
         /   \
       fn     fv
       |     /  \
      pro   v    fn
       |    |   /  \
       |    | fadj  n
       |    |  |     \
       |    | adj     \
       |    |  |       \
      Ud. estudia cuántas materias  →  ¿Cuántas materias estudia Ud.?
```

```
 pro     v     adj/cuant   n   →  adj/cuant    n      v     pro
  1      2        3        4         3         4      2      1
```

● EJERCICIO 5.5 --

(A)   (i) Diga si la pregunta del ejercicio es confirmativa o informativa. Luego (ii) indique si la versión de la pregunta que sale en este ejercicio es o no es el resultado de una transformación. Y si la pregunta lo es, (iii) escriba la oración declarativa de la que se entiende que ha salido la pregunta. EJEMPLO DE CÓMO PROCEDER:

x.   ¿Adónde vas a ir mañana?

(i) Esta pregunta es informativa.
(ii) Sí es el resultado de una transformación.
(iii) Ha salido la pregunta de esta oración declarativa:
       "[Tú] vas a ir mañana a [X parte]."

1.   ¿Estudia Ud. español?

2.   ¿Con quién fue él a la alberca?

3.   ¿Cómo terminaste el cuento?

4.   ¿A quién vamos a visitar mañana?

5.   ¿Ellos viven aquí?

6.   ¿No vio la señora Velásquez a su hijo nunca?

7.   ¿Te tuviste que casar?

8. ¿En qué parte de la ciudad viven los Licón?

9. ¿Cuándo por fin nos va Ud. a regresar el primer examen parcial?

10. ¿Cuántas veces le he tenido que hacer la misma pregunta?

(E) Los pronombres relativos

(1) Formas, orígenes y funciones de los pro rel

Hay diez pro rel. Son: *que; quien(es); el que/los que/la que/las que; el cual/los cuales/la cual/las cuales; lo que; lo cual; cuyo/a(s); donde; cuando; como.* En cuanto a su **forma**, las diez se dividen en dos categorías: (1) los concordantes de número y/o género, y (2) los <u>no</u> concordantes de número y/o género. (Los concordantes son: *quien[es]; el que ... ; el cual ...; cuyo/a[s].*) Respecto a sus **orígenes** hay dos categorías también: (1) los que son productos de una pronominalización, y (2) los que no lo son. La tabla siguiente distingue entre los dos:

Son productos de una pronominalización (porque hay sustantivo que suprimir al pronominalizarse):

<u>la</u> ~~persona~~ <u>que</u> vive allí → <u>la que</u> vive allí
<u>las</u> ~~personas~~ <u>que</u> vimos allí → <u>las que</u> vimos allí

<u>**No**</u> **son productos de una pronominalización** (porque su sustantivo es inexistente--no hay sustantivo que suprimir):

<u>lo</u> Ø <u>que</u> está en el piso

<u>lo</u> Ø <u>cual</u> no le gusta nada

La **función** que tiene cada pro rel se comentará brevemente a continuación.

(1) **QUE**

> **número y género:** invariable--no es concordante

> **función:** El pro rel que puede tener cualquier tipo de sustantivo como antecedente, tanto el [+ humano] como el [- humano]:

> "Buscaron al ingeniero que diseñó este puente."

> [+ humano]

> "Cruzaron el puente que conectaba Belén a La Paz."

> [- humano]

> Como **pronombre relativo,** que siempre necesita antecedente, lo cual quiere decir que **no puede constituir el primer elemento de una oración.** (Por lo tanto, cualquier que que inicia una oración no es pronombre relativo sino otra cosa--**conjunción subordinativa** ["¿Quieres que haga algo él?" "Sí. ¡Que me traiga el periódico!"], **pronombre interrogativo** ["¿Qué quiere Ud. que hagamos nosotros?"], o **pronombre admirativo** ["¡Qué fácil es el estudio de la gramática del español!"].

(2) **QUIEN / QUIENES**

> **número y género:** es concordante de número pero no de género

> **función:** el antecedente de quien/quienes) **sólo puede ser [+ humano]:**

> "Es tu jefe quien llama."

> "El presidente a quien asesinaron era popular."

> (Cf. "El pastel *quien preparaste nos gustó a todos.")

(3) **EL QUE / LOS QUE / LA QUE / LAS QUE:**

> **número y género:** el antiguo determinante concuerda plenamente; el elemento que no concuerda

función: es omnifuncional--el antecedente puede ser [+ humano] o [- humano]:

"<u>Mi vecina, la que</u> inventó un nuevo sistema de calefacción solar, acaba de hacerse multimillonaria."

"<u>Su invento, el que</u> ganó un valioso premio, será un beneficio para toda la humanidad."

Como puede funcionar sin antecedente expresado, puede iniciar la oración:

"<u>El que</u> no hace la lucha no triunfa."

"<u>Las que</u> quieran contestar la pregunta que levanten la mano."

(4) **EL CUAL / LOS CUALES / LA CUAL / LAS CUALES**

número y género: el antiguo determinante concuerda plenamente; el elemento <u>cual</u> concuerda sólo de número

función: Esta serie de los pronombres relativos con <u>cual</u> puede tener antecedentes + humano y - humano pero **no puede iniciar una oración**, es decir, que no puede funcionar sin antecedente expresado. (Los pronombres de la serie <u>el que</u> permiten la siguiente construcción más su transformación: "El que quiero es el más costoso" → "El más costoso es el que quiero". La serie <u>el cual</u> no permite ni la una ni la otra: *"El cual quiero es el más costoso" →≠ *"El más costoso es el cual quiero".)

(5) **LO QUE**; (6) **LO CUAL**

número y género: no son concordantes porque los dos son neutros (compárense con los otros neutros como p. ej. los demostrativos <u>esto/eso/aquello</u> y los posesivos pronominales <u>lo mío/lo tuyo/lo suyo/lo nuestro</u>)

función: El antecedente expresado no puede ser un sustantivo o un pronombre marcados por número y género sino (1) toda una cláusula, o (2) algo que todavía está por definirse o identificarse:

"Dice doña Arcadia que a su nieto le ha dado por salir de noche, <u>lo cual</u>/<u>lo que</u> no le gusta nada."

(Si el relativo fuera <u>la cual</u> [o <u>la que</u>], podría referirse a <u>noche</u>; si fuera <u>el cual</u> se referiría a su nieto. <u>Lo cual</u> se refiere en esta oración a "lo de que a su nieto le ha dado por salir ... " o sea a la cláusula entera sin concentrarse en ninguno de sus antecedentes nominativos.)

La gran diferencia entre <u>lo que</u> y <u>lo cual</u> es ésta: <u>lo que</u> puede iniciar una oración mientras que <u>lo cual</u> no lo puede hacer:

"<u>Lo que</u> no me parece bien es su forma de hablar."

"*<u>Lo cual</u> no me parece bien es su forma de hablar."

(7) **CUYO/CUYOS/CUYA/CUYAS**

número y género: se comporta el plenamente concordante <u>cuy-</u> como cualquier adjetivo de la serie de los <u>gordo</u> (véase el capítulo 4)

función: indica posesión y sirve de enlace entre el sustantivo posesor y el sustantivo poseído:

<u>un libro</u> cuya <u>portada</u> representa . . .

posesor   **poseído**

(el libro   (la portada
tiene una   es del libro)
portada)

Es de notarse que el pronombre relativo posesivo <u>cuy-</u> concuerda con el poseído y no con el posesor:

un libro cuy<u>a</u> portad<u>a</u>

(Cf. *un libro cuyo portada)

(8) **DONDE**, (9) **CUANDO** y (10) **COMO**

número y género: no son concordantes

función: Estos tres pronombres tienen correferencialidad con adverbios o frases adverbiales, como demuestran los siguientes ejemplos:

"No se acuerda <u>del sitio</u> *donde* lo había dejado."

(Esta relación pronominal es producto de las siguientes transformaciones:

No se acuerda del sitio.

     =

Lo había dejado en el sitio. →
lo había dejado donde →
donde lo había dejado →

No se acuerda del <u>sitio=donde</u> lo había dejado.)

"Nos vemos a <u>la hora</u> *cuando* se pone el sol."

"No me gusta <u>la manera</u> *como* se comporta."

(2) Restricciones en cuanto a los ambientes en los que aparece el pro rel

Como revelarán las siguientes secciones ([a], [b] y [c]), algunos pro rel se pueden usar en unos ambientes pero no en otros. Aun cuando estas consideraciones ambientales son muchas y varias, sí pueden establecerse las siguientes reglas generales:

(1) El pro rel *que* no puede ser objeto de preposición excepto en algunas construcciones hendidas (vea la sec. [c]).

(2) El pro rel *que* puede alternar con los pro rel concordantes (*quien, el que* ... , *el cual* ...) pero no puede alternar con los pro rel no concordantes (*lo que* y *lo cual*).

(3) El pro rel *quien(es)* sólo admite antecedentes [+ humano].

(4) En las cláusulas restrictivas (sec. [a]) los pro rel *quien(es), el que* ... y *el cual* ... sólo pueden ser objetos de preposición. (En las cláusulas no restrictivas [sec. {b}], estos tres pro rel funcionan en cualquier caso.)

(5) En las construcciones no hendidas (secs. [a], [b]), los pro rel *el que* ... y *el cual* ... son sinónimos sintácticos absolutos (es decir, los dos aparecen en los mismos ambientes exactamente; son intercambiables).

(6) En las construcciones no hendidas (secs. [a], [b]), los pro rel *lo que* y *lo cual* sólo admiten antecedentes adjetivales o sentenciales ('oraciones enteras').

(7) En las construcciones hendidas (sec. [c]), el pro rel *lo que* tiene una gran extensión de uso--admite cualquier antecedente [- humano] posible--mientras que el pro rel "neutro", *lo cual*, no tiene papel alguno que jugar en dichas construcciones.

(8) El pro rel *cuyo* sirve exclusivamente para indicar posesión.

A continuación se presentan todos los ambientes en los que pueden figurar nuestras nueve pro rel. Estos ambientes se organizan según dos principios: el de la **restrictividad clausal**, y el del **hendimiento**, un concepto nuevo que en la sección (c) se comentará ampliamente.

La cláusula restrictiva vs. la cláusula no restrictiva

¿Qué es una **cláusula restrictiva**? Es cualquier cláusula que restringe o limita su antecedente. Vea el ejemplo siguiente:

El perro <u>que desenterró el hueso</u> es de mi vecino, mientras que el perro <u>que se puso a ladrar</u> es mío.

Las cláusulas subrayadas son restrictivas. Son "restrictivas" en el sentido de que contrastan explícitamente a un perro (el del vecino) con otro perro (el mío), así restringiendo al perro del vecino al que desenterró el hueso (cosa que no hizo el otro) y a mi perro al que se puso a ladrar (cosa que no hizo el de mi vecino).

En cambio, las cláusulas **no restrictivas** no plantean contraste explícito alguno. La oración siguiente ejemplifica la cláusula no restrictiva:

El perro, <u>que desenterró el hueso</u>, es de mi vecino.

La información no restrictiva suele ser de tipo parentético-- información no esencial que se agrega casi sin querer. La cláusula no restrictiva va entre comas o es anticipada por una coma.

(a) LAS CLÁUSULAS RESTRICTIVAS

Cláusulas restrictivas con un <u>pro rel que es el sujeto de la cl-sub</u>

(1) La muchacha que vive allí   es mi amiga.
          *quien vive allí
          *la que vive allí
          *la cual vive allí

(2) El hueso que está por debajo de la tierra   es de mi perro.
          *el que está por debajo de la tierra
          *el cual está por debajo de la tierra

Los ejemplos (1) y (2) demuestran que si el pro rel es el sujeto de su cl-sub (<u>vive allí</u>) en una cláusula restrictiva, el pro rel sólo puede ser <u>que</u>.

Cláusulas restrictivas con un <u>pro rel que es el OD/OI de la cl-sub</u>

En este tipo de oración el pro rel es el OD o el OI de su cl-sub. La oración siguiente contiene un pro rel que es el OD de su cláusula subordinada:

La señora que vimos ayer es panameña.
         vimos ayer <u>a la señora</u> → (**substitución**)
         vimos ayer <u>que</u> → (**cambio de posición**)
    <u>que</u> vimos ayer

--OD:

[+ HUMANO]:

(3) La señora que vimos ayer es panameña.
       *quien vimos ayer
       *la que vimos ayer
       *la cual vimos ayer
       *a que vimos ayer
       a quien vimos ayer
       a la que vimos ayer
       a la cual vimos ayer

[- HUMANO]:

(4) La mesa que vimos ayer es de madera.
      *la que ...
      *la cual ...

--OI:

[+/- HUMANO]:

(5) La mujer a *que le escribieron una carta es panameña.
      a quien ...
      a la que ...
      a la cual ...

(6) La mesa a *que le quitaron una pata es de madera.
      a la que ...
      a la cual ...

Los ejemplos (4), (5) y (6) demuestran que en una cláusula restrictiva, los pro rel *quien(es)*, *el que* ... y *el cual* ... sólo pueden ser objetos de preposición (en este caso de <u>a</u>). El pro rel <u>que</u>, en cambio, no se deja gobernar por una preposición.

Cláusulas restrictivas que expresan POSESIÓN (cuyo):

(7) El autor cuyo libro es campeón de ventas ha ganado mucho dinero.
(8) El libro cuyo autor se murió anoche no va a tener otra edición.

(9) La mujer cuyo país conozco bien es panameña.
(10) La mujer a cuya hermana conozco bien es panameña.

(11) Los libros cuyas páginas mancharon son nuevos.
(12) Los libros a cuyas páginas les quitaron los títulos son nuevos.

Como ya se ha indicado, el pro rel *cuyo* sirve exclusivamente para indicar posesión--tanto de posesores [+ humano] ("*el autor*") como de posesores [- humano] ("*el libro*"). (Interesa notarse que el español popular reemplaza con la frase relativa *que su* el pro rel posesivo *cuyo*:

(7) El autor <u>que su</u> libro es campeón de ventas ha ganado ...)

Cláusulas restrictivas con un <u>pro rel que es gobernado por una prep</u>

En este tipo de oración la cl-sub es gobernada por una preposición, como se verá a continuación:

La tarjeta de crédito con la que pago es nueva. →
　　　　　　　　　　　　　pago con la tarjeta →
　　　　　　　　　　　　　pago con la que →
　　　　　　　con la que pago

antecedente nominal:

(13) La señora con *que andaba es panameña.
　　　　　　　quien
　　　　　　　la que
　　　　　　　la cual

(14) La tarjeta de crédito con *que pago es nueva.
　　　　　　　　　　　la que
　　　　　　　　　　　la cual

posesión (cuyo):

(15) El dueño de cuyos negocios hablamos tiene mucho dinero.
(16) El negocio de cuyos dueños hablamos tiene mucho dinero.

antecedente indefinido/negativo/demostrativo neutro:

(17) Hay algo de lo que siempre se ríe.
                  lo cual
(18) No hay nada de lo que se ría.
                lo cual
(19) Es aquello de lo que siempre se ríe.
                lo cual

Como se acaba de demostrar en las siete oraciones muestra anteriores (13 a 19), el pro rel <u>que</u> sigue sin ser el objeto de una preposición. Ergo, si la cl-sub es gobernada por una preposición, urge emplear los pro rel *quien(es)* o *el que/el cual* según la naturaleza [+/- humano] del antecedente de la cl-m.

alternancia entre pronombres relativos pluriléxicos y <u>donde</u>, <u>cuando</u>, <u>como</u>:

(20) El apartamento en el que vive queda lejos.
                    el cual
    El apartamento (en) donde vive queda lejos.

(21) La noche en la que se marchó fue un sábado.
                la cual
    La noche   cuando se marchó fue un sábado.

(22) No le gusta la manera en la que ellos se comportan.
                    la cual
    No le gusta la manera   como ellos se comportan.

(23) No comprendo la razón por la que ella se echó a reír.
                    la cual
    No comprendo la razón *porque/*por qué ella se echó a reír.

Como se acaba de demostrar en las oraciones 20-23, hay posible alternancia entre los pro rel pluriléxicos *el que/el cual* y los pro rel *donde/cuando/como*, pero no la hay entre *el que/el cual* y los pro rel *porque/por qué*.

(b) LAS CLÁUSULAS <u>NO</u> RESTRICTIVAS

Cláusulas no restrictivas con un antecedente sujeto

(24) Manuel, que ya se jubiló, vive ahora en Chihuahua.
        quien
      ?el que
       el cual

(25) Este libro, que es anónimo, ya se ha hecho campeón de venta.
                ?el que
                el cual

(El signo "?" indica que es de dudosa aceptabilidad la serie <u>el que</u> si el pro rel de la cláusula no restrictiva sí es sujeto. La serie <u>la cual</u>, en cambio, es plenamente aceptable en este ambiente.)

Cláusulas no restrictivas con un antecedente OD u OI

--OD:

(26) Alfredo Garza, que conozco muy bien, es mi amigo.
                  a quien
                  al que
                  al cual

(27) Estas sillas, ?que me vendió él, costaron un ojo de la cara.
               las que
               las cuales

(El signo "?" indica que no se está del todo seguro si es aceptable el pro rel <u>que</u> con antecedente OD [- humano]. En cambio, son plenamente aceptables las series <u>el que</u> y <u>el cual</u>.)

--OI:

(28) Alfredo Garza, que le hablé hace rato, ya estará en casa.
                  a quien
                  al que
                  al cual

(29) Estas sillas, a *que les falta una pata, no sirven para nada.
                 a las que
                 a las cuales

Cláusulas no restrictivas que expresan POSESIÓN (<u>cuyo</u>)

(30) Silvia, cuyo hámster mordió a mi hermanita, lo piensa matar.
(31) La silla, cuyas patas se robaron, ya no sirve para nada.

(32) José, cuya casa resultó ser una ganga, está feliz de la vida.
(33) José, a cuya hermana no conozco, pronto me la va a presentar.
(34) José, a cuya casa le renovaron el sótano, ya cobra más renta.

(35) Amparo, con cuyo primo me llevo muy bien, me invitó a cenar con él.
(36) Hay que reparar esta máquina, cuyo motor no anda, lo antes posible.

Cláusulas no restrictivas con un <u>antecedente preposicional</u>

(37) Elena, con *que comparto una casa, es muy simpática.
         quien
         la que
         la cual

(38) Estos lentes, con *que leo, necesitan limpiarse.
            los que
            los cuales

Cláusulas no restrictivas con un <u>antecedente sentencial o adjetival</u>

--sentencial:

(39) Mónica va a regresar a El Paso, *que me da mucho gusto.
                        lo que
                        lo cual

--adjetival:

(40) Mónica es divertida, *que Enriqueta no es.
              lo que
              lo cual

(c) CONSTRUCCIONES HENDIDAS, SEUDO-HENDIDAS Y SEUDO-HENDIDAS INVERSAS

Se emplean estas construcciones con el fin de darle énfasis al elemento focalizado o sea el **foco**. Se le puede dar énfasis en una construcción (seudo-)hendida a cualquiera de estos elementos:

    --el n (ya como sujeto, ya como OD, OI u OPrep)
    --el adj
    --el vl (verbo léxico)
    --el adv

La construcción (seudo-)hendida se entiende mejor si nos la imaginamos como sigue: ha de empezar siempre con una oración **base**.

ORACIÓN BASE:

    (w) Manuel está hablando.
        foco

(Aquí el foco es el n sujeto de la oración.)

Una vez establecida la oración base, ésta se expande agregando los elementos de hendidura que son (a) una forma conjugada del verbo <u>ser</u>, y (b) el pronombre relativo, produciendo así una oración **hendida**:

ORACIÓN HENDIDA:

> (x) *Es* Manuel *que/quien/el que* está hablando.
> <u>ser</u> **foco**   **pro. rel.**
>   **focalizador**

Las oraciones hendidas empiezan con la forma conjugada de <u>ser</u> y el foco. Además de estas oraciones hay dos variantes en los que los mismos componentes tienen una sintaxis diferente de la de las hendidas y diferente la primera de la segunda--la **seudo-hendida** y la **seudo-hendida inversa**:

ORACIÓN SEUDO-HENDIDA:

> (y) *El que/Quien* está hablando *es* Manuel.
> **pro. rel.**   <u>ser</u> **foco**
> **focalizador**

Las seudo-hendidas empiezan con el pro rel (precedido por la preposición que lo rige si hay). El foco va al final.

ORACIÓN SEUDO-HENDIDA INVERSA:

> (z) Manuel *es el que/quien* está hablando.
> **foco** <u>ser</u> **pro. rel.**
>   **focalizador**

Las seudo-hendidas inversas empiezan con el foco, al cual le sigue la forma de <u>ser</u> y tras éste el pro rel.

Recapitulemos estas cuatro construcciones mediante una tabla:

BASE:		Manuel		está hablando.	
HENDIDA:	Es	Manuel	que quien el que	está hablando.	
SEUDO-HENDIDA:			Quien El que	está hablando	es Manuel.
SEUDO-HENDIDA INVERSA:		Manuel es	quien el que	está hablando.	
		foco	**pro.rel.** **focalizador**		

En cuanto al uso de los pro rel, la gran diferencia entre las oraciones bases (es decir, las no hendidas) y las oraciones con hendidura es ésta: las oraciones con hendidura usan mucho más el pro rel no concordante *lo que* que las oraciones no hendidas. La regla general es como sigue: **sólo los antecedentes [+ HUMANO] rechazan <u>lo que</u> como pro rel; si el antecedente es [- HUMANO], el pro rel es, o <u>lo que</u> o <u>que</u> o (si se indica) <u>cuando</u> o <u>donde</u>.**

Primero examinemos una tabla completa de todas las posibles construcciones hendidas; a continuación damos una muestra parcial de varias construcciones seudo-hendidas y seudo-hendidas inversas.

CONSTRUCCIONES HENDIDAS (MUESTRA COMPLETA)

[+ HUMANO]:

(1) Es Manuel que   está hablando.
            quien
            el que

(2) Es a Manuel a que   estoy mirando.
             quien
            al que

(3) Es a Manuel a que   le escribo la carta.
            quien
            al que

(4) Es (de) Manuel de *que   me acuerdo bastante.
                    quien
                del que
    Es de Manuel   que

(5) Es (con) Manuel con *que   voy al aeropuerto.
                    quien
                    el que
    Es con Manuel   que

[- HUMANO]:

(6) Es el hueso que   está en el sótano.
            lo que

(7) Es la biblioteca que   busca Manuel.
                    lo que

(8) Es a la biblioteca que le faltan más libros.
    Es a la biblioteca lo que le faltan más libros.
    Es la biblioteca a lo que le faltan más libros.

(9) Es de la telenovela de que todos hablan.
                  lo que

(10) Es con una computadora con que escribo.
     Es con una computadora con lo que escribo.

(11) Es por el campestre que me paseo siempre.
     Es el campestre por lo que me paseo siempre.
     Es por el campestre por lo que me paseo siempre.
     Es (por) el campestre por donde me paseo siempre.
     Es por el campestre (por) donde me paseo siempre.

(12) Es para el sábado que   lo traerán.
              para cuando

(13) Es chismear todo el día lo que hace Tomasito.
(14) Es que chismee todo el día lo que quiere Tomasito.
(15) Es chismeando todo el día lo que está haciendo Tomasito.
(16) ?Es chismeado todo el día lo que ha hecho Tomasito.

(17) Es alegremente que chismea.
           como

(18) Es feliz que está (después de chismear mucho).
      lo que
      como

CONSTRUCCIONES SEUDO-HENDIDAS.   **CONSTRUCCIONES SEUDO-HENDIDAS INVERSAS.**

(UNA MUESTRA PARCIAL)

[+ HUMANO]:

*Que está hablando es Manuel.   Manuel es *que está hablando.
 El que   el que
 Quien   quien

A *que estoy mirando es Manuel.   Manuel es *que estoy mirando.
  quien   a quien
 Al que   al que

A *que le escribo la carta es a Manuel. Manuel es a *que le escribo la carta.
  quien   quien
 Al que   al que

De *que me acuerdo bastante es de Manuel. De Manuel es de *que me acuerdo
                                   bastante.

Con *que voy al aeropuerto es (con) Manuel. (Con) Manuel es con *que voy al
  quien   aeropuerto.   quien
  el que   el que

[- HUMANO]:

*Que está en el sótano es el perro.   El perro es *que está en el sótano.
Lo que   lo que

*Que busca Manuel es la biblioteca.   La biblioteca es *que busca Manuel.
Lo que   lo que

A *que le faltan más libros es a la biblioteca.
  lo que   La biblioteca es *que le faltan más libros.
                                        a lo que

De *que todos hablan es de la telenovela. De la telenovela es de *que todos
  lo que   hablan.   lo que

Con *que escribo es con una computadora. Con una computadora es con que escribo.
  lo que   lo que

Para *que me lo traerán es para el sábado. Para el sábado es para *que lo
  cuando   traerán.   cuando

*Que hace Tomasito es chismear todo el día.
Lo que
                              Chismear todo el día es *que hace Tomasito.
                                      lo que

*Que quiere es que chismee todo el día. Que chismee todo el día es *que quiere.
Lo que   lo que

● EJERCICIO 5.6 --

(A) Indique si la serie que represente este pronombre relativo es concordante o no. Y si es concordante, describa la naturaleza de su concordancia (sólo de número, tanto de número como de género).

1. el cual

2. que

3. lo que

4. quien

5. cuyo

6. el que

7. lo cual

8. donde

9. como

10. cuando

(B) Escriba una oración original con cada uno de estos pro rel en la forma en la que se presenta a continuación.

1. lo que

2. cuyo

3. la que

4. el que

5. el cual

6. la cual

7. los cuales

8. quien

9. lo cual

10. que

11. las que

12. quienes

(C) Encuentre el error en cada una de las siguientes oraciones. Entonces corríjalo, explicando por qué la construcción errónea no se permite.

1. *El quien no sepa la respuesta será castigado duramente.

2. *La mansión cuya incendio se reportó en el periódico será restaurada.

3. *La puerta detrás de cual se escondía el ladrón se abría lentamente.

4. *Lo cual no me gusta es su manera de hablar.

5. *Las películas las que vimos ayer volverán el mes el que entra.

6. *Los señores a cual mataron el año pasado me dejaron toda su fortuna.

(D) Complete las siguientes oraciones con el pro rel necesario. Donde exista más de una posibilidad, escríbalas todas. (En algunos casos también habrá que agregar una preposición.)

1. El río _____ nadábamos estaba muy crecida.

2. Toda la gente _____ yo asistía a la primaria me acompañó a la secundaria.

3. Todos comprendieron _____ dijo.

4. La razón _____ no te pude contestar la llamada es porque estaba muy ocupado.

5. Los libros _____ le recomendé han sido muy útiles.

6. La señora _____ vivo ya piensa mudarse de casa.

7. El jefe _____ le dio un infarto ahora se siente mejor.

8. Ya no quiero hablar con el tipo _____ me insultó.

9. Los compañeros _____ me juntaba siempre eran Gumersindo y Venancio, _____ ya han regresado a su tierra nativa.

10. Esta máquina de escribir, _____ diseño está muy pasado de moda, se la pienso regalar a un museo.

11. La permanencia en el trabajo, _____ todo trabajador batalla, sigue tan efímera como siempre.

12. José es muy sincero, _____ hace que lo quiero mucho.

13. _____ ves aquí es todo _____ tengo en la vida.

14. A estos jóvenes no les dio el cólera, pero _____ mandaron al trópico sí les dio.

15. Cuando a Roma fueres, haz _____ vieres.

16. _____ quieran participar en el banquete que me avisen por escrito.

17. Hay una fábrica enfrente de _____ está una taquería.

18. Todas las noches se emborracha, _____ hace sufrir mucho a su esposo.

19. Yo soy muy mimado, _____ Fidel no es.

20. Mis vecinos, _____ no he visto en dos semanas, deben

    estar de vacaciones.

21. _____ no vi en la clase fue a Elsa.

22. _____ voy a quejarme es con el rector.

(E) Cambie todas las siguientes construcciones de base a sus tres
    variantes hendidas. Provea todas las alternativas. Siga este
    modelo:

BASE:	Manuel		está hablando.

HENDIDA:	Es	Manuel	que quien el que	está hablando.

SEUDO-HENDIDA:		Quien El que	está hablando	es	Manuel.

SEUDO-HENDIDA INVERSA:	Manuel es	quien el que	está hablando.

1. Mi mamá me mima mucho.

2. El gato se enfermó.

3. El tren siempre llega tarde.

4. Los chinos comen mucho arroz.

5. Las máquinas ya no andan bien.

6. No me gustó lo que comí.

7. Alguien me lo regaló.

(F) Los pronombres interrogativos

(Antes de empezar a leer esta materia, conviene repasar del presente capítulo la sección "D", donde se habla profusamente de los diferentes tipos de pregunta: la **confirmativa** y la **informativa**.)

(1) Morfología y función

Los pronombres interrogativos quizás debieran llamarse "pro-vocablos interrogativos" porque no todos ellos sustituyen a sustantivos ("nombres"). Como revelará la próxima lista de interrogativos, hay pro-adverbios y pro-adjetivos además de pro-nombres ("pro-sustantivos"):

LOS INTERROGATIVOS ESPAÑOLES

vocablo:	parte de la oración:	ejemplos de su uso:
<u>cómo</u>	adjetivo o adverbio	"¿Cómo estás?" "Enfermo." (adjetivo) "¿Cómo caminas?" "Rápido." (adverbio)
<u>cuál</u>	sustantivo o pronombre	"¿Cuál de los dos quieres?" "El blanco." (sustantivo)
<u>cuándo</u>	adverbio	"¿Cuándo llegarás?" "A la una."
<u>cuánto</u>	adjetivo	"¿Cuánto dinero traes?" "Mucho."
<u>dónde</u>	adverbio	"¿Dónde está?" "En el garaje."
<u>por qué</u>	adverbio	"¿Por qué se fue?" "Porque tenía prisa."
<u>qué</u>	sustantivo o pronombre	"¿Qué preparaste?" "Guacamole."
<u>quién</u>	sustantivo o pronombre	"¿Quién lo mató?" "Él."

Estos ocho interrogativos se escriben con acento ortográfico al encontrarse al principio de una pregunta informativa (pregunta que no limita su función a la mera confirmación de algo). Si estas ocho palabras **no** se encuentran al principio de una pregunta informativa, **no** se escriben con acento.

En cuanto a su morfología, los ocho interrogativos permiten la siguiente clasificación:

NO CONCORDANTES:

cómo   cuándo   dónde   qué   por qué

CONCORDANCIA EXCLUSIVA DE NÚMERO:

cuál(es)   quién(es)

CONCORDANCIA DE NÚMERO Y GÉNERO:

cuánto/a(s)

(2) Los pronombres interrogativos y las oraciones subordinadas

En una oración como la siguiente--

(1) Quieren saber de dónde es.--

la palabra <u>dónde</u> lleva el típico acento escrito de los pronombres interrogativos pero no parece formar parte de una pregunta porque no hay signos interrogativos (¿?) y porque <u>dónde</u> no está al principio de la oración. Pero la palabra <u>dónde</u> sí tiene fuerza interrogativa por dos razones: (1) **porque la cláusula en la que figura puede separarse del resto de la oración y formar pregunta;** (2) **porque la pregunta que formaría sería una pregunta informativa** que no se limitaría a la pura confirmación de lo preguntado:

(2) Quieren saber de dónde es. →

Quieren saber [algo:]   ¿De dónde es?

Cualquier palabra interrogativa que se encuentre en una cláusula que pueda separarse para luego constituir una pregunta informativa ha de llevar acento escrito. La cláusula matriz de este tipo de oración ("Quieren saber [algo] ... ") contiene típicamente un verbo de comunicación, de interrogación, de percepción o de información:

(3) Me <u>preguntaron</u> qué hora era. [verbo de interrogación]

(4) Ya <u>sabían</u> cómo andaba el asunto. [verbo de información]

(5) ¿Por qué no me <u>dices</u> quién lo hizo? [verbo de comunicación]

Es en la cláusula subordinada donde se encuentra la pregunta informativa como elemento **encajado** ('metido dentro de algo que es más grande que él').

(3) Las preguntas informativas "/k/" vs. las preguntas confirmativas de contestación <u>sí</u>/<u>no</u>

Compárense las dos preguntas siguientes, que se hacen la una después de la otra (y se entiende que la misma persona las hace):

(6) "¿<u>Cuándo</u> vas a lavar el carro? ¿<u>Cuando</u> ya sea muy tarde?"
             1   2

La <u>cuando</u> # 2 no lleva acento ortográfico a pesar de que está al principio de una pregunta directa marcada con signos interrogativos (¿?). La razón por la cual no lleva acento es ésta: la <u>cuando</u> #2 inicia una pregunta **confirmativa** que funciona como **fragmento de pregunta** que ya empezó en otra parte, precisamente en la pregunta **informativa** anterior. Examinemos con más detalle la relación entre estas dos preguntas:

1: ¿<u>Cuándo</u> vas a lavar el carro?

2: ¿[Lo vas a lavar] <u>cuando</u> ya sea muy tarde?

La pregunta # 2--la **confirmativa**--**PREGUNTA CONTESTANDO** en este sentido: que da una posible respuesta ("cuando ya sea demasiado tarde") a la pregunta informativa original ("¿Cuándo vas a lavar el carro?"). Como la buena pregunta confirmativa que es, la # 2 constituye una pregunta a la que se suele contestar **sí o no** según el caso. La pregunta # 1 es **pregunta informativa** porque no puede contestarse con un sí o un no. (De ahí que no tendría sentido el siguiente intercambio: "¿Cuándo me vas a lavar el carro?" *"Sí.")

<u>Cómo</u>, <u>cuándo</u>, <u>dónde</u> y <u>por qué</u>--los cuatro pro-vocablos interrogativos adverbiales--pueden funcionar como simples adverbiales sin acentuación ortográfica en preguntas confirmativas. A continuación se presentan más ejemplos del ya estudiado fenómeno <u>cuándo</u>/<u>cuando</u>:

PREGUNTAS INFORMATIVAS	PREGUNTAS CONFIRMATIVAS (<u>sí</u>/<u>no</u>)
1. "¿<u>Cómo</u> te sientes?	¿<u>Como</u> la vez pasada?"
2. "¿<u>Cuándo</u> me echas un telefonazo?	¿<u>Cuando</u> te dé la gana?"

3. "¿Dónde dejaste el dinero? .... ¿Donde lo dejaste ayer?"

4. "¿Por qué me abandonaste? ..... ¿Porque ya no me querías?"

Es de notarse que al cambiar de función por qué a porque no sólo pierde su acento escrito sino se escribe como una sola palabra. Otro pro-vocablo (pronominal) interrogativo que pierde su acento al cambiar de función es qué:

5. "¿Qué opina Ud. de mí? . . . . ¿Que soy un pobre idiota?"

● EJERCICIO 5.7 --

(A) Use cada una de estas palabras en una oración original. Fíjese muy bien en la acentuación escrita o la falta de ella.

1. quién

2. como

3. cuánto

4. qué

5. donde

6. que

7. quien

8. cómo

9. porque

10. por qué

11. dónde

12. cuál

13. cuanto

14. cual

(B) Acentúe por escrito las palabras subrayadas si hace falta. Luego explique su decisión refiriéndose al tipo de pregunta del que se trata (confirmativa, informativa, encajada).

1. ¿<u>Que</u> dices? ¿<u>Que</u> si no me caso con tu hermana me pegas un tiro?

2. El niño no sabía <u>cual</u> escoger.

3. Todavía no me han dicho en <u>donde</u> te has metido.

4. Los mendigos quisieron saber <u>cuanto</u> de limosna les iba a dar.

5. El agente me preguntó <u>cual</u> de los tres deseaba, y le contesté

   <u>que</u> no sabía <u>que</u> decirle.

6. ¿Por <u>que</u> te quieres vestir de payaso? ¿<u>Porque</u> hoy es carnaval?

7. En seguida <u>cuando</u> les hice la pregunta me contestaron <u>que</u> en el cementerio es <u>donde</u> lo tenían enterrado <u>porque</u> ahí tenía comprada la fosa.

8. ¿<u>Como</u> que <u>como</u> <u>como</u> un cerdo? ¿A poco estoy gordo?

9. Es muy importante que me diga <u>adonde</u> se fue María del Carmen.

10. Todavía no me han dicho en <u>donde</u> te has metido.

11. El soldado no sabía si el guerrillero se murió <u>cuando</u> lo fusilaron o si su muerte ocurrió <u>cuando</u> fue enterrado.

(G) Los pronombres admirativos

Tres de los pronombres interrogativos--<u>cómo</u>, <u>cuánto</u> y <u>qué</u>--también se emplean como **adjetivos cuantificadores admirativos** o como **adverbios intensificadores admirativos** ('para expresar admiración ante tal o cual cosa o hecho'). (Los admirativos se llaman también **exclamativos**.) Son:

<u>cómo</u>:

"¡<u>Cómo</u> eres necio, Epifanio!"

<u>cuánto</u>/<u>cuántos</u>/<u>cuánta</u>/<u>cuántas</u>:

"¡<u>Cuánta</u> tarea nos da esta maestra!"

<u>qué</u>:

"¡<u>Qué</u> fácil es aprender a escribir el español!"

En estos tres casos, del pro-vocablo admirativo sirve para **intensificar**:

¡<u>Cómo</u> eres necio ... ! = eres **extraordinariamente** necio

¡<u>Cuánta</u> tarea ... ! = una **cantidad exagerada** de tarea

¡<u>Qué</u> fácil ... ! = es **muy** fácil / es **extremadamente** fácil

Estos tres pro-vocablos admirativos aparecen al principio de la oración admirativa. Pero no son pro-vocablos admirativos todos los <u>como</u>/<u>cuanto</u>/<u>que</u> que se encuentran al principio de oraciones admirativas. Los hay que <u>no</u> funcionan de intensificadores porque desempeñan otras funciones:

<u>como</u> (sin acento):

¡<u>Como</u> perdiste la llave, no te voy a abrir la puerta!

(Aquí <u>como</u> significa 'puesto que, ya que, dado el hecho de que'. No intensifica a ningún adjetivo como lo hizo en "¡Cómo eres necio!")

<u>cuanto</u> (sin acento):

¡<u>Cuanto</u> más aprendas, más vas a entender!

(Aquí <u>cuanto</u> es sinónimo de <u>mientras</u>; no modifica sustantivo--intensificándolo--como lo hizo en "¡Cuánta tarea ... !")

<u>que</u> (sin acento):

¡<u>Que</u> te levantes ya!

(Esta oración es una versión elíptica--acortada--de "¡Quiero que te levantes ya!" donde <u>que</u> funciona como conjunción subordinativa, relacionando la cláusula matriz--Quiero [algo]--con la cláusula subordinada ([que] te levantes ya). La <u>que</u> de esta oración no intensifica ningún adjetivo [cf. "¡Qué fácil ... !"].)

●**EJERCICIO 5.8** --

(A) Escriba una oración original con cada una de las siguientes palabras. (Algunas son pro-vocablos admirativos y otras no.)

1. qué

2. cuanto

3. cuánto

4. cuántas

5. como

6. cómo

7. que

8. cuánta

(B) Ponga el acento ortográfico en la palabra subrayada si hace
    falta. Luego explique su decisión.

1.   ¡Que peligrosa puede ser la vida!

2.   ¡Como no te había visto en treinta años, ni modo que te
     reconociera!

3.   ¡Como habla ese señor!

4.   ¡Que menso es aquel chofer!

5.   ¡Cuanto dinero tiene ahorrado en el banco!

6.   ¡Que ya no me toques, condenado!

7.   ¡Cuanto menos piensas que vales, más maltratas a tu cuerpo!

8.   ¡¿Como diablos quieres que yo estudie con tanto ruidajo?!

(H) Los verbos copulativos (ser/estar)

La explicación tradicional de un verbo copulativo--ser, estar, parecer, quedar--es que sirve para "conectar" un sujeto con su atributo predicativo nominativo, adjetival o adverbial: "Este joven **es** inteligente", "Raquel **ha sido** arqueóloga", "Mi abuelo **está** feliz". Pero ¿qué significa lo de **conectar**? Significa esto:

(1) en el caso de un atributo predicativo **adjetival**, el verbo copulativo dice que **al sujeto de la oración se le tiene que atribuir la característica del adjetivo:**

Mi abuelo está <u>feliz</u>. = Tengo un abuelo <u>feliz</u>.
sujeto   **verbo adje-**   **adjpred**
          copu- tivo
          lativo predi-
          (vcop) cativo
                  (adjpred)

El joven es <u>tonto</u>. = He aquí a un joven <u>tonto</u>.

sujeto   **vcop**   **adjpred**   **adjpred**

(2) en el caso del atributo predicativo **nominativo**, el verbo copulativo **establece una equivalencia--de tipo casi matemático " = " --entre el sustantivo del sujeto y el sustantivo del predicado:**

Raquel ha sido arqueóloga.   -- Raquel = arqueóloga
sustan- vcop   **sustantivo**   **sustan-**   **sustantivo**
tivo   **del predi-**   **tivo**   = **del predi-**
del   **cado**   **del**   **cado**
sujeto   **sujeto**

Felipe   fue   piloto. --   Felipe   =   piloto

La doctora Méndez será especialista   La dra. M. = especia-
                          en medicina   lista en
                          tropical.   medicina
                                                tropical

Estas atribuciones de características (con ser o estar más parecer y quedar) y estas equivalencias de n = n se representan con las siguientes reglas de reescritura y árboles respectivamente:

fv → vcop fadj   (atribución de características)

fv → vcop fn   (equivalencia de n = n)

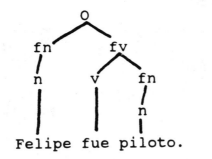

Felipe fue piloto.

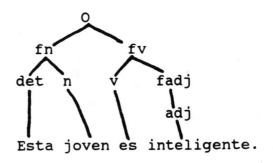

Esta joven es inteligente.

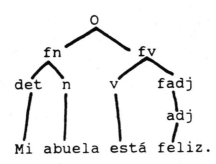

Mi abuela está feliz.

El payaso parece ridículo.

(1) **Ser** vs. *__estar__ con complementos nominativos

Aquí la regla es sencillísima: **si el complemento del predicado es nominativo (o sea, un sustantivo), el vcop sólo puede ser __ser__:**

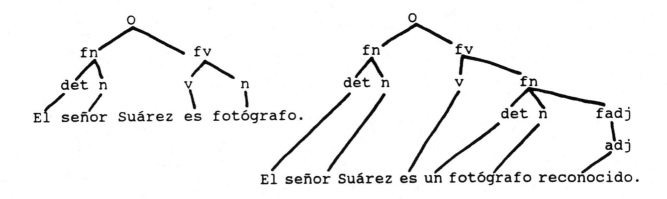

El señor Suárez es fotógrafo.

El señor Suárez es un fotógrafo reconocido.

Es de notarse que el sustantivo predicado que se encuentra tras __ser__ sólo lleva det art si es modificado por un adjetivo ("es **un** fotógrafo **reconocido**"); de otro modo no acepta det art, así que "es fotógrafo" es correcto y "*El señor Suárez es un fotógrafo" no lo es (excepto en ocasiones muy excepcionales).

(2) Ser vs. estar con complementos adjetivales

Los árboles no nos ayudan gran cosa a distinguir entre (a) ser como vcop en una frase verbal con frase adjetival y (b) estar en este mismo tipo de frase. Para saber cuándo se usa ser y cuándo se usa estar con este tipo de complemento, hay que recurrir a un análisis semántico, es decir, un **análisis de significado**. Si empleamos un análisis de significado, entendemos la diferencia entre estos pares de oraciones:

1.a. <u>Eres</u> muy guapo.   (SER)
   b. <u>Estás</u> muy guapo.   (ESTAR)

2.a. Ella <u>es</u> pálida.   (SER)
   b. Ella <u>está</u> pálida.   (ESTAR)

3.a. ¡Qué frío <u>es</u>!   (SER)
   b. ¡Qué frío <u>está</u>!   (ESTAR)

4.a. La lechuga <u>es</u> verde. (SER)
   b. La lechuga <u>está</u> verde. (ESTAR)

Fiel a sus orígenes en el latín, el verbo ser (resultado histórico de una fusión de los verbos latinos <u>sedere</u> y <u>esse</u>) se usa para atribuir la **es[s]e[ncia]** y las características **esenciales** del adjetivo predicativo al sustantivo que modifica. En la oración 4.a. se habla de la lechuga, una de cuyas características esenciales es su **verdor--<u>ser</u> 'verde'**. Se supone que una de las características esenciales del hombre de la 1.a.--característica que ha venido a entenderse como la **norma** de este hombre--es la guapura ('<u>ser</u> guapo'). De la misma manera la mujer de la 2.a. tiene la tez pálida, lo cual es parte de su esencia o lo que se entiende como su norma. En la oración 3.a., se estará hablando de la Antártida o de cualquier otra parte donde la esencia--la norma, lo que se espera de esa parte--es <u>ser</u> frío de clima ("¡Qué frío es [el clima de Antártida]!").

El verbo <u>estar</u>, en cambio--y fiel éste también a sus orígenes latinos (<- <u>stare</u> 'encontrarse, hallarse')--nos habla del **estado** ('status') en que se encuentra el sustantivo modificado y la característica que ese adjetivo predicativo modificador le atribuye. Así que en todas las oraciones <u>b.</u> de la serie--1.b. ("Estás muy guapo"), 2.b. ("Ella está pálida"), 3.b. ("¡Qué frío está!") y 4.b. ("La lechuga está verde")--se está hablando de un **estado** (quizás transitorio) en el que se halla el sustantivo. Dicho estado puede interpretarse también como una *desviación o apartamiento de una norma o de una esencia* que el que está hablando tiene en mente. Recapitulemos nuestros cuatro ejemplos, agregándoles algunos comentarios que establecerán un contexto más amplio que esperamos facilite la comprensión sobre **estado** y **desviación de una norma**:

1.b.   Estás muy guapo [hoy/por fin/de repente, aunque en esencia no eres guapo].

2.b.   Ella está pálida [, más pálida que de costumbre, extraordinariamente pálida para ser ella].

3.b.   ¡Qué frío está [para ser Texas en agosto, donde la esencia--la norma--del clima es que en agosto hace calor]!

4.b.   La lechuga está verde [de una manera exagerada, más verde que nunca].

Resumen:

ser

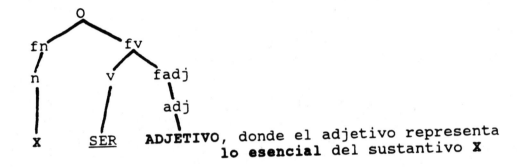

ADJETIVO, donde el adjetivo representa **lo esencial** del sustantivo **X**

estar

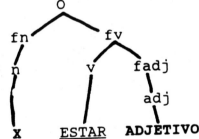

ADJETIVO, donde el adjetivo representa **un estado** en el que se encuentra el sustantivo **X** o donde el adjetivo representa una **desviación** de la relación normal o sea la norma establecida entre **X** y el adjetivo

(3) Ser vs. estar con complementos adverbiales

Los complementos adverbiales pueden ser las *frases adverbiales mismas--*

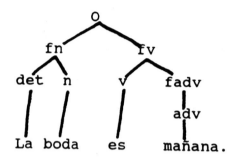

o las *frases preposicionales* que se utilizan con valor adverbial:

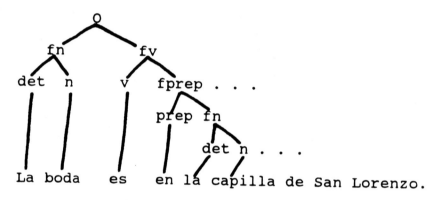

(En ambos casos lo grueso del predicado contesta la pregunta "¿dónde?", una de las funciones primordiales del adverbio, que también contesta preguntas como "¿cuándo?", "¿cómo?", "¿de qué manera?", "¿hasta qué punto?" y "¿desde qué punto de vista?")

Tanto ser como estar pueden funcionar como vcop en una oración con complemento adverbial:

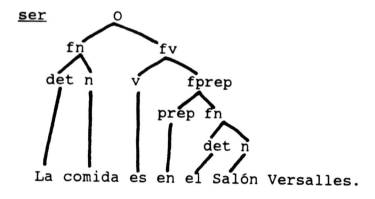

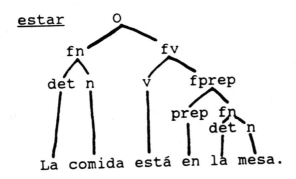

¿Por qué se usa <u>ser</u> en una oración y <u>estar</u> en otra? La explicación es como sigue:

Si el n de la fn del sujeto--<u>la comida</u>--es **evento**, el vcop es <u>ser</u>.

Si el n de la fn del sujeto **no es evento**, el vcop es <u>estar</u>.

(En la oración # 1 <u>la comida</u> denota **el evento de un banquete**, es decir, la ceremonia, el ritual y todo lo que le acompaña, pero en la # 2 denota sólo **los ingredientes de los que está hecho lo que se va a comer**.)

● **EJERCICIO 5.9** --

(A) Explique por qué se usa <u>ser</u> o <u>estar</u> en estas oraciones. Al dar su explicación, tenga cuidado de mencionar (1) de qué tipo de complemento se trata (nominal, adjetival, adverbial); (2) las reglas que da el texto con respecto al uso de <u>ser</u> o <u>estar</u> en dicho tipo de complemento.

1. Segismundo <u>es</u> muy triste de carácter, y ahora <u>está</u> más triste que nunca.

2. El examen <u>está</u> en el escritorio.

3. El examen <u>es</u> a las dos.

4. Mi prima Conchita <u>es</u> maestra de primaria.

5. Yo no sabía que su esposo <u>era</u> tan juguetón.

6. Bilbao <u>es</u> una ciudad fea, y con esta niebla <u>está</u> feísima.

7. El Comandante Pérez <u>estuvo</u> en la cárcel por cuatro años.

8. La clase <u>es</u> de 6 a 7:20 de la tarde.

9. Cuando lo conocí por primera vez, Juan <u>era</u> gordo pero ahora <u>está</u> flaquísimo.

10. Este barrio siempre <u>ha sido</u> un infierno.

11. La señorita Quintana <u>está</u> en Venezuela pero <u>es</u> cubana.

12. La boda <u>fue</u> en la sinagoga Beth Israel.

13. ¡Qué verdes _están_ estos campos!

14. La nieve _es_ blanca.

15. Mi abuela estaba en su casa.

16. Todos mis amigos están contentos.

17. La ceremonia será en la catedral a las ocho de la tarde.

18. Aquella isla es un paraíso.

19. Los tigres son muy feroces.

20. Estos tigres están muy feroces hoy.

(B) Escriba una oración original que corresponda a cada una de los árboles siguientes, usando una forma de <u>ser</u> o <u>estar</u> como representación de cada nodo verbal.

(1)
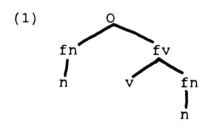

_____

(2)
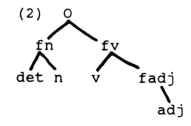

_____

(3)
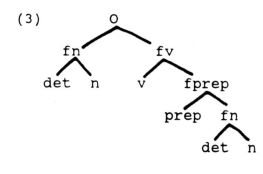

_____

(4)
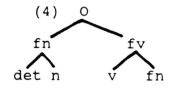

_____

(5)
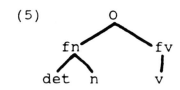

_____

(6)
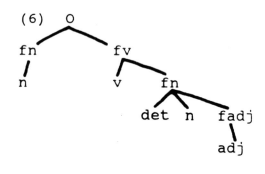

_____

(I) El aspecto (el pretérito vs. el imperfecto)

Como se recordará del capítulo 3, el español tiene dos tiempos pasados indicativos: el pretérito (pret) y el imperfecto de indicativo (ii). Lo que distingue el uno del otro no es el tiempo (los dos son del tiempo pasado) sino el **aspecto**, que puede definirse como el tipo de acción del que se trata. Si la acción es vista por el hablante como incompleta o repetidamente habitual, se usa el ii; si desde el punto de vista del que habla la acción se da por terminada, se usa el pret. Compárense los pares de oraciones siguientes:

> 1.a. Se salía Ramón.
> b. -- salió -----.
>
> 2.a. El plato caía.
> b. --------- cayó.
>
> 3.a. Las mujeres pasaban todo el día en casa cocinando.
> ----------- pasaron ----------------------------.

En las oraciones (a), la accion ii aún está en proceso; todavía no termina; continúa. El que dice estas tres oraciones no se interesa por el comienzo de la acción ni por el fin, sino nada más por el hecho de que la acción aún continúa. En las oraciones (b), en cambio, la acción--pret--se da por terminada; ya sucedió; ya no continuó. El contraste entre 3.a. y 3.b. agrega otra dimensión al contraste entre el aspecto ii imperfectivo y el aspecto pret perfectivo: la de las acciones habituales repetidas, que forman parte de las imperfectivas ("Las mujeres pasaban todo el día en casa . . . " = 'Durante otras épocas históricas, las mujeres no acostumbraban salirse de casa . . . '), mientras que las acciones pret siguen refiriéndose a lo ya terminado o, en este caso, a lo que aconteció una sola vez en una sola ocasión ("Las mujeres pasaron todo el día en casa . . . " = 'Ese día entero las mujeres lo pasaron en casa'). Se limita el pret a **ese día**. La acción no es ni repetida ni habitual.

El ii se emplea para expresar algo que ya sucedía, que ya había empezado a darse o a existir antes de que el pret lo interrumpiera. El pret es el aspecto interruptor por excelencia; al combinarse en una misma oración con el ii, la interrumpe siempre, como demostrarán las oraciones siguientes:

> (1) Mientras **comían** los Álvarez, **sonó** el teléfono.
>
> [acción preexistente,   [acción que repentinamente
> anterior al enfoque   interrumpe la acción pre-
> de la oración]   existente]

(2) Se **preparaba** para marcharse cuando de repente **recibió** un
   recado.

   [mientras hacía los   [de buenas a primeras llegó
   preparativos que ya   un mensaje que lo interrumpió
   había iniciado . . .]   todo]

El ii también se emplea para expresar el trasfondo, el estado
preexistente con la que nos encontramos al enterarnos de qué sucede
en determinado momento. De ahí que el ii es el aspecto que se usa
para expresar la hora (siempre "Eran las tres" y nunca *"Fueron las
tres"), y figura también en muchas expresiones climatológicas y
ambientales:

(3) **Hacía** frío y **soplaba** un viento agudísimo.

(4) El sol **brillaba** y los pajaritos **cantaban** alegremente.

El pret se emplea siempre para expresar lo acabado; no importa qué
tan largo haya sido lo que se declara terminado:

(5) El rey Felipe II **reinó** de 1556 a 1598.

(6) Ucrania **formó** parte de Rusia y luego de la Unión Soviética
   de 1667 a 1991.

● EJERCICIO 5.10 --

(A) Explique la diferencia de aspecto y de significado entre los
   siguientes pares de oraciones. En muchos casos su explicación puede consistir en una expansión del contexto o en una
   perífrasis del material.

   Ejemplo: (a) Lo comías con mucho cuidado.
              (b) Lo comiste con mucho cuidado.

   Explicación: En (a), el sujeto--tú--todavía se hallaba
   en el acto de comer en el momento descrito. En (b), el
   sujeto ya había dejado de comer, así que se trata de una
   acción terminada.

1.a.   No me trajo nada.
  b.   No me traía nada.

2.a.   Manejaron lentamente.
  b.   Manejaban lentamente.

3.a.   Corría como loco.
  b.   Corrí como loco.

4.a.   Mis suegros vivían en Santiago en aquel entonces.
  b.   Mis suegros vivieron cuatro años en Santiago.

5.a. Se oían extraños ruidos que emanaban de una parte lejana.
  b. Se oyeron extraños ruidos que emanaron de una parte lejana.

6.a.   Siempre íbamos a Houston los fines de semana.
  b.   Fuimos a Houston el fin de semana pasado.

(B) Llene los espacios en blanco con la forma verbal correcta. (Las formas a escoger se encuentran al final del ejercicio. No todas las formas se usarán.)

Cuando yo _____ muchacho, siempre _____ mi mamá
         1   2

y yo a pasar una semana o dos con los padres de ella--mis abuelos--

en el pueblito donde ella _____ . Mi abuelo _____ en una
                              3   4

maderería y mi abuela _____ de la casa. A veces nos _____
                          5   6

mi papá pero generalmente _____ demasiado ocupado y no
                              7

_____ por más de un día o dos. A mis abuelos no les _____
   8   9

las ciudades grandes así que sólo nos _____ en tres ocasiones.
                                          10

Nunca me olvidaré de la última vez que _____ a mi abuelo
                                            11

con vida. _____ en diciembre de 1955, cuando yo ya _____
              12   13

trece años de edad. _____ a un restaurante y mientras
                        14

_____ de repente mi abuelo _____ muy pálido y _____
   15   16   17

el estómago con las dos manos. Mi mamá _____ mucho y le
                                           18

_____ qué le _____ . Él _____ que no _____
   19   20   21   22

comer verduras y que _____ bien sólo cuando _____ a carne
                         23   24

y papas cocidas. No _____ más preguntas. En junio del año
                        25

siguiente _____ mi abuelo a sangrar internamente y luego
              26

_____. Lo _____ al hospital pero ya no _____
   27   28   29

nada que hacer. _____ dos días después de unas úlceras
                       30

estomacales que se habían hecho cancerosas.

gustaban	se ponía	se limitaba
se encargaba	vi	llevaban
se puso	visitaban	pasó
visitaron	nació	pudo
se asustó	tenía	hubo
nacía	gustaron	se hacían
era	acompañaba	preguntaba
estuvo	veía	empezó
fue	se agarró	podía
se agarraba	se asustaba	llevaron
se quedaba	trabajaba	había
comíamos	fui	se sentía
tuvo	se limitó	se quedó
acompañó	preguntó	se sintió
íbamos	se hicieron	decía
trabajó	dijo	se moría
fuimos	se desmayó	comimos
se encargó	pasaba	se desmayaba
estaba	se murió	empezaba
contestó		

(J) La hipoteticalidad

La hipoteticalidad se refiere a una característica importante de todas aquellas oraciones que contienen una cláusula que empieza con la conjunción si, sin acento (cf. el adverbio sí, que es muy distinto). La cláusula que empieza con si se llama la **prótasis**. En muchas oraciones hipotéticas es la primera en aparecer:

      (1) **Si** te portas bien, te voy a dar un dulce.

      (2) **Si** tuviérmos tres mil millones de francos suizos, compraríamos muchos palacios y se los regalaríamos a los pobres.

La otra cláusula, la que le sigue a la coma (que no siempre se escribe) o a la pausa (que se representa con coma si ésta se incluye), se llama la **apódosis**. Siguen más ejemplos de oraciones hipotéticas de diferentes tipos y sus dos cláusulas:

(3) Si hace frío, me tapo bien.
    prótasis   **apódosis**

(4) Si hubiera ganado las elecciones, habría cambiado el mundo.
     prótasis   **apódosis**

(5) Habría cambiado el mundo si hubiera ganado las elecciones.
     apódosis   **prótasis**

(6) ¿Por qué te quieres marchar del país si ya te casaste con tu
     apódosis   **prótasis**
                                  novia embarazada?

La **prótasis** suele encontrarse al principio de la oración (números 1, 2, 3, 4) pero puede hallarse al final también, como revelan las oraciones 5 y 6.

La hipoteticalidad abarca oraciones de todos los tipos que se extienden desde la representación de hechos verdaderos y comprobados hasta la representación de declaraciones contrarias a la realidad (es decir, falsas) o imposibles de realizar. Se trata en efecto de diferentes **gradaciones de verosimilitud**, es decir, de qué tan cierto es lo que se declara o anuncia.

Hay cinco categorías de enunciados porque hay cinco gradaciones de verosimilitud. Ahora nos toca explicarlas y ejemplificarlas.

(1) Las cinco gradaciones de verosimilitud

GRADACIÓN # 1:   **Lo anunciado en la prótasis es verdadero y real-- es todo un hecho. La apódosis suele consistir en una pregunta.**

Aquí la conjunción _si_ significa 'ya que, puesto que, dado el hecho de que, como'. La prótasis anuncia lo que ya se sabe que es cierto porque es una verdad muy evidente o porque ya lo sabíamos desde antes de anunciarse en la oración presente. Siguen varios ejemplos con explicación.

(1)   Si estudiaron cinco horas [y ya sabemos que lo hicieron], ¿por qué reprobaron el examen?

(2)   Si nuestro planeta es redondo [y ya queda comprobado que lo es], ¿por qué todavía hay gente que insiste que es plano?

(3)   Si no está lloviendo [y acabamos de ver que no], ¿por qué te pusiste el impermeable?

(4)   Si te dan una beca que cubre todos los gastos [y ya me dijiste que así es], ¿por qué me dices que no puedes pagar la colegiatura?

GRADACIÓN # 2:   **Lo anunciado en la prótasis es una potencialidad omnipresente** que siempre puede realizarse.

Esta gradación se usa para representar verdades "generales", es decir, verdades científicas o creencias populares que reflejan la sabiduría que el pueblo extrae de su experiencia milenaria. La diferencia entre esta gradación y la # 1 es que la prótasis de la # 1 refleja una verdad que se limita a un solo hecho, evento o fenómeno, mientras que la verdad de la gradación # 2 es general y se aplica potencialmente a un sinnúmero de ocurrencias y casos. Por eso el verbo--tanto el de la prótasis como el de la apódosis--suele estar en los tiempos presente o imperfecto de indicativo. Siguen ejemplos:

(1) Si repruebas un curso, lo tienes que repetir.

["Los cursos reprobados se repiten"--declaración general, que no nos dice nada sobre cualquier caso particular.]

(2) Si un adulto domina bien un idioma, nunca se le olvida. [Otra regla general que ha sido comprobada por las investigaciones de la sicolingüística.]

(3) Si el río suena, agua lleva. [Una verdad general en forma de proverbio que se refiere a cualquier río o que no se refiere a ninguno en particular.]

(4) Si un niño hablaba español en una escuela tejana, se le castigaba. [Esta verdad general ya pasó a la historia a finales de los años sesenta, pero durante la época en la que era vigente sí se extendía a un número hipotéticamente ilimitado de casos.]

GRADACIÓN # 3--'UNA PROBABILIDAD ALTA': **Es bastante probable que lo anunciado en la prótasis se haga realidad.**

El verbo de la prótasis es casi siempre una forma del presente de indicativo; el de la apódosis suele ser presente de indicativo también pero puede ser tiempo futuro. Es de notarse que todas las oraciones ejemplares siguientes deben compararse con sus complementos de la GRADACIÓN # 4 a fin de que se entienda la importantísima diferencia entre las dos gradaciones.

(1) Si me dan la beca, puedo pagar la colegiatura.

[A lo mejor se la dan; el que habla se siente más o menos seguro.]

(2) Si me abres la puerta, puedo pasar.

[Se trata de una posibilidad bastante alta de que se lleve a cabo la acción a la que se refiere en la prótasis.]

(3) Si me insultas, te pego un tiro.

(4) Si no apruebo el examen, no podré graduarme.

GRADACIÓN # 4--"UNA BAJA PROBABILIDAD": **Es menos probable y más hipotético que lo anunciado en la prótasis se haga realidad.**

Como la probabilidad de lo que se anuncia en la prótasis es baja, el "resultado" de la apódosis se considera más remoto. De ahí que el verbo de la apódosis suele estar en el tiempo condicional, mientras que el verbo de la prótasis es típicamente una forma del imperfecto de subjuntivo. (Si la manera de hablar es coloquial, el verbo de las dos cláusulas puede estar en el imperfecto de indicativo.)

Los enunciados siguientes deben compararse con sus equivalentes más probables de la gradación # 3.

(1) Si me dieran la beca, podría pagar la colegiatura.
    imperfecto   **condicional**
    de subjuntivo

(2) Si me abrieras la puerta, podría pasar.

(3) Si me insultaras, te pegaría un tiro.

(4) Si no aprobara el examen, no podría graduarme.

La gradación # 4 se emplea frecuentemente para "suavizar" una petición, es decir, para expresarla con más cortesía, como en el ejemplo siguiente (5.b.):

5.a. Si me da el dinero, se lo agradeceré mucho.
  b. Si me diera el dinero, se lo agradecería mucho.

GRADACIÓN # 5:   **Lo anunciado en la prótasis representa una imposibilidad absoluta** (algo que nunca podríarealizarse) o una **neta falsedad, algo que es contrario a la realidad.**

El verbo de la prótasis es siempre una forma de imperfecto de subjuntivo mientras que el de la apódosis suele ser condicional pero también puede ser imperfecto de subjuntivo. Por la misma razón deben clasificarse como oraciones de gradación # 5 las cláusulas que empiezan con <u>como si</u>: son enunciados falsos ("Habla <u>como si</u> <u>**fuera**</u> mexicano [pero no lo es]") y piden siempre el imperfecto de subjuntivo.

A continuación se ejemplifican otros enunciados de la gradación # 5 con sus respectivas explicaciones.

(1) Si no fuera católica [pero lo soy], me divorciaría de ti.

(2) Si me hubiera casado con Penélope [pero **no** me casé con ella], habría sido feliz.

(3) Si hubieras nacido en Lisboa, habrías aprendido a hablar portugués. [Pero naciste en Idaho.]

(4) Si mi hijo se casara, me daría todos los nietos con los que siempre he soñado. [Pero ya no lo va a hacer porque se está muriendo del SIDA.]

● **Ejercicio 5.11** --

(A) Clasifique estas oraciones según la gradación que cada una tiene de hipoteticalidad.

1. Ay papi, si me compras un Alfa Romeo descapotable, te prometo comportarme como la niñita buena que de veras soy.

2. Oye, si no te hubiéramos chipleado toda tu vida, no tendríamos que sobornarte ahora con carros para que te portaras bien.

3. Si nunca me has dejado hacer lo que quería, ¿por qué me dices ahora que soy chiple?

4. Si empieza a nevar, vamos a tener que posponer el viaje.

5. En tiempos de Stalin si alguien contaba cualquier chiste en contra del gobierno se le llevaba a la cárcel luego luego.

6. Si no estuviera tan ocupado, podría darme una escapada a Nueva York para ver cine de arte.

7. Si me prestaras tu coche, te llevaría al aeropuerto.

8. Si mis amigos no hubieran cancelado sus planes, me habría ido de vacaciones a San Juan.

9. Si me quedo en Brownsville es porque no puedo dejar de ver todos los días a mi mamá, mis tíos, mis primos y todos mis amigos de la infancia.

10. Si tuviera tres millones de dólares, me iría a pasear a Acapulco, Puerto Vallarta, Mazatlán, Cancún y Cozumel.

(B) Escriba una oración que corresponda a cada una de estas descripciones.

1. gradación 3: comprar (prótasis), dejar (apódosis)

2. gradación # 1: aprobar (prótasis), quejarse (apódosis)

3. gradación # 2: dedicar (prótasis), aprender (apódosis)

4. gradación # 5: vivir--<u>como si</u>

5. gradación # 4: traer (prótasis), pagar (apódosis)

6. gradación # 5: haber viajado (prótasis), haber visto (apódosis)

7. gradación # 5: estar viviendo (prótasis), estar gozando (apódosis)

8. gradación # 1: sentir (prótasis), ir (apódosis)

ÍNDICE ALFABÉTICO DE MATERIAS

a: inserción (véase **inserción de la preposición a**)
acción repetida 72
acentuación tónica 121, 122, 141
activa (véase **voz activa**)
actor 270, 275-276
adición de consonante 119, 123, 124, 127, 159
adición de frase preposicional 197
adición de vocal radical 133, 134
adición de vocal radical diptongada 159
adj (véase **adjetivo ...**)
adjetivo 19, 20, 32, 176, 228-223, 235-240
adjetivo atributivo 235
adjetivo atributivo: posición postnominativa 235
adjetivo atributivo: posición prenominativa 235
adjetivo predicativo 235
adjetivo: morfología 228-2223
adjetivo: sintaxis 235-240
adjetivo vs. sustantivo: diferencia entre 21-23
adv (véase **adverbio ...**)
adverbio 19, 26-27, 32
ambigüedad 196-197
ambigüedad pronominal 261-263
ambiguo 196-197
ambivalente de género 208
apódosis 330-333
árbol lingüístico 15
art (véase **artículo**)
artículo (véase **determinante artículo**)
artículo vs. pronombre personal: diferencia entre 30
aspecto (véase **tiempo y aspecto**)
atemporal (véase **formas verbales infinitas/atemporales**)
atiempo (véase **formas verbales infinitas/atemporales**)
átono (véase **pronombre personal átono**)
atributivo (véase **frase nominativa atributiva**)
atributo predicativo adjetival 316, 318-319
atributo predicativo adverbial 320-321
atributo predicativo nominativo 316, 317
aumentativo 92

c (véase **condicional**)
c → qu 169
c → z 171-172
cambio de consonante 119, 123, 125, 158, 160
cambios ortográficos verbales 167-173
categorías semánticas (del subjuntivo) 60, 61-67
categorías semánticas de la cláusula matriz 62, 63-67
categorías sintácticas de la cláusula subordinada 62
cerrazón vocálica 117, 122, 125, 126, 139, 159, 160, 163
ch + i = ch 173

cl (véase **cláusula**)
cláusula 12, 18, 176
cláusula adjetival 60
cláusula adverbial 60
cláusula coordinada 35
cláusula matriz 36, 44
cláusula nominativa 60
cláusula no restrictiva 238-239, 293, 296-298
cláusula no restrictive que expresa posesión 297-298
cláusula restrictiva 238-239, 293-296
cláusula restrictiva que expresa posesión 295
cláusula subordinada 36, 44
comentario (categoría semántica motivadora del subjuntivo) 77-78
complemento adj (véase **atributo predicativo adjetival**)
complemento adv 265 (véase también **atributo predicativo adverbial**)
complemento fprep 265
complemento OD 265
complemento infinitivo 61, 65, 66
compuesto (véase **tiempos compuestos**; véase **sustantivo singular compuesto**)
concordancia 31, 176-182, 186, 194-195
concordancia de género 180
concordancia de sujeto y verbo 178
concordancia de número 180, (y voz media) 277
concordancia entre n, adj, cuant y det 178-179
condicional perifrástico (véase **tiempo condicional perifrástico**)
condicional sintético (véase **tiempo condicional sintético**)
conj (véase **conjunción ...**)
conjugación (véase también **primera conjugación, segunda conjugación, tercera conjugación**) 94, 104-106
conjunción 19, 35-36, 39-42
conjunción adverbial 73
conjunción compuesta 35-36
conjunción descontinua 40
conjunción sencilla 35-36
conjunción subordinativa vs. pronombre relativo 289
conjunciones adverbiales que siempre generan el subjuntivo 73
conjunciones adverbiales que no siempre generan el subjuntivo 74
consonantización 139, 164
construcción elíptica 40
construcción hendida 298-301
construcción seudo-hendida 298-302
construcción seudo-hendida inversa 298-302
contracción 189
convencimiento 153
coordinación adversativa 41
coordinación copulativa 42
coordinación distributiva 42
coordinación disyuntiva 42
coordinación explicativa 42
copulativos (véase **verbos copulativos**)
corchetes 267

correferencialidad 66
cuantificador 19, 31-32, 236, 313

dem (véase **demostrativo**)
demostrativo (véase **determinante demostrativo**)
desaparición de la última consonante de la raíz 150
desaparición de la vocal temática 149
desaparición vocálica 139
desplazamiento de la acentuación tónica de la vocal radical 127-
        129, 136
det (véase **determinante ...**)
determinante 20, 29-30, 176, 184, 236
determinante artículo 20, 30, 188-189
determinante artículo definido 188-189
determinante artículo indefinido 188-189
determinante demostrativo 20, 29, 184-188
determinante demostrativo no pronominal 186, 187
determinante demostrativo pronominal 186, 187
determinante posesivo 20, 29, 184, 192-198
determinante posesivo no pronominal 193-194
determinante posesivo no pronominal antepuesto 193-194
determinante posesivo no pronominal pospuesto 193-194
diéresis (adición de) 171
diminutivo 92
diptongación 117, 121, 122, 123, 124, 134, 135, 158, 159
diptongo 117
directo (objeto) (véase **objeto directo**)
distinción (adjetival) 238
distribución de tendencias morfológicas (verbales) 126
doce procesos ortográficos (véase **cambios ortográficos verbales**)
duda (categoría semántica motivadora del subjuntivo) 69-75
duda y cláusula adjetival 71
duda y cláusula adverbial 73
duda y cláusula nominativa 70-71

eliminación (regla transformación) 253
eliminación de consonante 158, 159
eliminación de vocal radical 164
encabezado de la frase nominativa 179
entonación ascendente 285
entonación descendente 285
enunciado 11, 12
epiceno (véase **sustantivo epiceno**)
exclamativo (véase bajo **pronombre admirativo**)

f (veáse **frase ...** ; véase **futuro**)
fn (véase **frase nominativa**)
formas verbales finitas 98
formas verbales infinitas/atemporales 99, 106
fórmula de cortesía 96
fadj (véase **frase adjetival**)
fadv (véase **frase adverbial**)

fprep (véase **frase preposicional**)
frase adjetival 15, 16, 176
frase adverbial 17-18, 26
frase nominativa 15, 176
frase nominativa atributiva 235
frase nominativa inexistente (véase **sujeto inexistente**)
frase preposicional 15, 16, 26 (véase también **adición de frase preposicional**)
frase preposicional de forma 26
frase preposicional de función adverbial 26
frase verbal 15, 176
frase 15, 18
futureidad (véase **duda**)
futuro (véase **tiempos futuros sintéticos**)
futuro de subjuntivo 57
futuro perifrástico (véase **tiempos futuros perifrásticos**)
futuro sintético (véase **tiempos futuros**)
fv (véase **frase verbal**)

g → gu 169-170
g → j 172
generalización (adjetival) 238
género 181, (de sustantivos) 206-222
género artificial 181, 206-207, 210-222
género artificial indeciso 220-221
género natural 181, 206-210, 211
gerundio 99, 163-164
gradaciones de verosimilitud 330-333
grados de proximidad 184, 185
gu → g 172
gu → gü 170

h (adición de) 170-171
hecho expresado en cláusula subordinada 78
hendida (véase **construcción hendida**)
hipoteticalidad 154, 330-333

i.i. (véase **imperfecto de indicativo**)
i.s. (véase **imperfecto de subjuntivo**)
imperativo (véase **mandato directo**)
imperfecto de indicativo 147-148
imperfecto de subjuntivo 55-56, 67, 111
imperfecto progresivo de indicativo 59
imperfecto progresivo de subjuntivo 59
impreciso (de género) 210, 212-215
incertidumbre (véase **duda**)
indicativo 52
indirecto (objeto) (véase **objeto indirecto**)
inexistencia (véase **duda**)
inf (véase **infinitivo**)
infinitivo (véase también **complemento infinitivo**) 99
inserción de la preposición a 250-251

int (véase **intransitivo**; véase **[elemento] interrogativo**)
intensificador 20, 32
intercambio entre *a* <--> *e/i* 110-111
interrogativos 236
intransitividad 264-267
intransitivo 264-267, 271-272, 277
irregular (verbo) 53-54, 56
irregularidad asistemática (verbal) 133-136
irregularidad morfológica verbal 115-117
irregularidad ortográfica 129, 135

ll + *i* = *ll* 172-173

m (véase **masculino**; véase **matriz**)
mamíferos 181
mandato afirmativo 63
mandato directo 63
mandato indirecto 64, 65
mandato negativo 63
mandato subordinado 64, 65
matriz (véase **cláusula matriz**)
media (véase **voz media**)
MLG (véase **morfema ligado gramatical**)
modelo /i/ del PISUB 144-145
modelo /u/ del PISUB 141-144
modo indicativo (véase **indicativo**)
modo subjuntivo (véase **subjuntivo**)
morfema 87
morfema libre 88
morfema libre concordante 88
morfema libre concordante truncado 88
morfema libre no concordante
morfema ligado 88-90
morfema ligado gramatical 89, 90
morfemas ligados gramaticales verbales 94-96, 98-99, 101-102, 104-
    106, 110-112, 115-117, 119-129, 133-136, 137-139, 140-145,
    147-148, 148-150, 152-154, 155-160, 162-164, 165-166
morfema ligado léxico 89, 90-92
morfología 87
movimiento 249, 253, 282
múltiple clasificación gramatical 197-198

n (véase **sustantivo**)
negación (véase **duda**)
no-experiencia (véase **duda**)
nombre (véase **sustantivo**)
nombre propio 23
numeral 236
número (singular/plural) 95, 202-205

ñ + *i* = *ñ* 173

O (véase **oración**)
OD (véase **objeto directo**)
OI (véase **objeto indirecto**)
OPREP (véase **objeto de preposición**)
OREFL (véase **objeto reflexivo**)
objeto antecedente dudoso 71
objeto antecedente no dudoso 71
objeto de preposición 242-243
objeto directo 242-243, 248-251
objeto directo suprimido 266-267, 271-272
objeto indirecto 242-243, 251-253
objeto reflexivo 2460248
O-cor (véase **oración compuesta de cláusulas coordinadas**)
oración 11, 12, 38
oración compuesta 39-42, 44
oración compuesta de cláusulas coordinadas 39-42
oración compuesta de cláusula(s) subordinada(s) (véase también **o-sub**) 39, 44-49
oración declarativa 284
oración interrogativa 284-286
oración interrogativa confirmativa 284-286
oración interrogativa informativa 284-286
oraciones-que-sí-son-cláusulas 38
oración sencilla 38-39
ortografía (véase **irregularidad ortográfica**)
ortográficos (véase **cambios ortográficos verbales**)
O-sub (véase **oración compuesta de cláusula[s] subordinada[s]**)
o-sub adjetival (véase también **cláusula adjetival**) 45, 46-47, 48
o-sub adverbial (véase también **cláusula adverbial**) 45, 47, 48
o-sub nominativa (véase también **cláusula nominativa**) 45-46, 48

pa (véase **pronombre átono**)
p.i. (véase **presente de indicativo**)
p.s. (véase **presente de subjuntivo**)
p.pas. (véase **participio pasado**)
par homofónico 218-220
partes de la oración 19
participio pasado 99, 157-160, 271
participios pasados irregulares del patrón A (-to) 158-159
participios pasados irregulares del patrón B (-cho) 160
pasado (véase **tiempos pasados**)
pasiva (véase **voz pasiva**)
pasivización (véase **voz pasiva**)
patrón A (del PISUB) 137-139
patrón B (del PISUB) 140-145
patrón de irregularidad (verbal) 119
patrón (verbal) irregular I 120-121
patrón (verbal) irregular II 122
patrón (verbal) irregular III 122-124
patrón (verbal) irregular IV 124-126
patrón (verbal) irregular V 126-127
patrón (verbal) irregular VI 127-129

patrones misceláneos (del PISUB) 145
perf. (véase **perfecto**)
perfecto (véase **tiempos perfectos**)
perfecto progresivo (véase **tiempos perfectos progresivos**)
persona (primera, segunda, tercera) 95, 243
persuasión (categoría semántica motivadora del subjuntivo) 61-62, 65
PISUB 137-139, 140-145
plural que no admite singular 215
pluralización de sustantivos 202-205
plurivalencia 22
pluscuamperfecto de indicativo 58
pluscuamperfecto de subjuntivo 58
pluscuamperfecto progresivo de indicativo 59-60
pluscuamperfecto progresivo de subjuntivo 60
pos. (véase **posesivo**)
posesivo (véase **determinante posesivo**)
posesivo antepuesto (véase **determinante posesivo no pronominal...**)
posesivo pospuesto (véase **determinante posesivo no pronominal...**)
posesivo pronominal 193-194, 194-198
posesivo pronominal neutro 196
posibilidad (véase **duda**)
posición del sujeto 13-14
predicado 12, 13, 15
prefijo 90, 91
pregunta (véase **oración interrogativa**)
pregunta informativa "/k/" 309-310
prep (véase **preposición**)
preposición 20, 33-34
preposición compuesta 33-34
preposición sencilla 33-34
presencia de sujeto 266-267
presente de indicativo 52, 110-111
presente de subjuntivo 52, 53-54, 110-111
presente perfecto de indicativo 58
presente perfecto de subjuntivo 58
presente perfecto progresivo de indicativo 59
presente perfecto progresivo de subjuntivo 59
presente progresivo de indicativo 58
presente progresivo de subjuntivo 59
pret (véase **pretérito**)
pretérito 111, 137-139, 140-145
pretérito/imperfecto de subjuntivo (véase **PISUB**)
pretérito vs. imperfecto (véase **tiempo y aspecto**)
previo conocimiento (artículos definidos e indefinidos) 188
probabilidad 153
proceso de irregularidad (verbal) 119
progresivo (véase **tiempos progresivos**)
prótasis 330-333
pro (véase **pronombre ...**)
pro-adjetivos 307
pro-adverbios 307

pronombre 20, 27-29, 176
pronombre admirativo 289, 313-314
pronombre átono (véase **pronombre personal átono**)
pronombre indefinido 20, 28, 29
pronombre interrogativo 20, 28, 289, 307-310, y oraciones
 subordinadas 308-310
pronombre personal 20, 27-28, 242-243, 246-256
pronombre personal átono 243, 253-256
pronombre personal tónico 243
pronombre personal sujeto 94
pronombre relativo 20, 28, 288-302
pronombre relativo: su función 289-292
pronombre relativo posesivo 291
pronominalización 194-195, 249, 288
pro rel (véase **pronombre relativo**)
pro-sustantivos 307
pro-vocablos interrogativos 307
prueba de <u>eso</u> 45

raíz (del verbo) 54, 99, 101, 141
refl (véase **reflexivo**)
reflexivo (objeto) (véase **objeto reflexivo**)
reflexivo puro 262-263
reflexivo recíproco 262-263
regla de reescritura 249
regla de transformación 249
regular (verbo) 53-54, 56, 98-99
regularidad verbal 98
regularización (de la conjugación verbal) 115

<u>se</u> indeterminado (de voz media) 263, 276-277
segunda conjugación 111-112
segunda persona 63, 95-96
segunda persona formal 95
segunda persona informal 95
semánticas (véase **categorías semánticas**)
sencillo (véase **tiempos sencillos**)
<u>ser</u> vs. <u>estar</u> (véase **verbos copulativos**)
seudo-hendida (véase **construcción seudo-hendida**)
seudo-hendida inversa (véase **construcción seudo-hendida**)
sintaxis 12, (de los pronombre átonos) 253-256
subjuntivo 52-54, 57-67, 69-75
subjuntivo de comentario (véase **comentario**)
subjuntivo de duda etc. (véase **duda**)
subjuntivo de persuasión (véase **persuasión**)
subjuntivo en la cláusula matriz 75
subjuntivo motivado por adjetivos en la matriz 67
subjuntivo motivado por sustantivos en la matriz 67
subyacente 180
sufijo 90, 91
sujeto 12, 13, 15, 246
sujeto existente en la cláusula subordinada 66

sujeto gramatical 270
sujeto inexistente 13, 66
sujeto inexistente en la matriz 66
sujeto inexistente en la cláusula subordinada 66
sujeto presente 266-267
sujeto suprimido 13, 40, 266-267
superficie 179-180
supresión de objeto 266-267
supresión de sujeto 40, 266-267
sustantivo 20, 21, 202-205, 206-222
sustantivo de género femenino que toma el, un 221-222
sustantivo epiceno 209-210
sustantivo -ma masculino 212
sustantivo -n de género femenino 213
sustantivo -n de género masculino 213-214
sustantivo singular compuesto 209, 215
sustantivo común 23
sustitución 249, 253, 256, 294

tercera conjugación 111-112
tercera persona: su gran importancia 96
terminación femenina (de sustantivo) 210-211
terminación masculina (de sustantivo) 216-218
terminación personal 102
terminación (verbal) 55, 56
tiempo (verbal) 99
tiempo y aspecto 99, 101, 325-326
tiempo condicional perifrástico 152-154
tiempo condicional sintético 148-150
tiempos compuestos 57-60, 155-160
tiempos futuros perifrásticos 152-154
tiempos futuros sintéticos 105, 148-150
tiempos pasados 106, 137-139, 140-145
tiempos perfectos 58, 156-157
tiempos perfectos progresivos 59-60, 156, 165-166
tiempos presentes 105-106, 110-112, 119-129
tiempos progresivos 58-59, 156, 160-164
tiempos sencillos 57, 98-99, 105-106
tónico (véase **pronombre personal tónico**)
topicalización 281-283
tran (véase **transitivo**)
transformación 250, 266
transitividad 264-267
transitivo 264-267, 271-272

usted/ustedes 95-96

v / V (véase **verbo ...**)
vpa ('verbo + pa')
vocal central 110-111
vocales anteriores 110-111
vocales posteriores 110

verbo 15, 20, 24-25
verbo auxiliar *estar* 162-163
verbo auxiliar *haber* 157
verbo copulativo 20
verbo de persuasión 61, 65
verbo intransitivo 20
verbo transitivo 20
verbos copulativos 316-321
verbos irregulares (véase **irregular**)
verbos regulares (véase **regular**)
vocal radical 117
vocal temática 53, 99, 101, 110-111, 141
voz activa 269-273, 275-276
voz media 263, 275-277
voz pasiva 269-273, 275-276

$z \rightarrow c$ 170

NOTAS

1. Una excepción aparente a esta regla son las frases como un coche comedor, un amante tigre, etc., pero como éstas son en realidad **dos FN**--'un coche que es también un comedor', 'un amante que es también un tigre'--su calidad de excepción es más aparente que real. La FN un pueblo portugués por ejemplo no equivale a '*un pueblo que también es un portugués'.

2. Hemos optado por no presentar de manera alguna las formas alternativas--las formas en las que el morfema del tiempo y aspecto es /se/ en vez de /ra/--por dos razones: (1) la mayoría de los hispanohablantes prefieren /ra/ a /se/ (sólo en España se prefiere /se/), y (2) el único tiempo que goza de formas alternativas es el imperfecto de subjuntivo; ningún otro las tiene. Además, no hemos querido colmarle el plato a nuestros alumnos, que con lo que necesitan aprender en este capítulo ya tienen de sobra y más.

3. El subjuntivo sí puede darse en una cláusula matriz pero únicamente si dicha cláusula empieza con cualquiera de las siguientes entidades: posiblemente, probablemente, quizá, quizás, tal vez y ojalá y. Ejemplos: "Quizás regreses a tiempo." "Tal vez regreses a tiempo." "Posiblemente regreses a tiempo." "Ojalá y regreses a tiempo."

4. Tras no saber si se usa también el modo indicativo--en este caso el futuro ("No sé si llegaremos a tiempo")--con igual o mayor frecuencia. Quizás la resistencia del idioma al modo subjuntivo tras no saber si se deba al hecho de que la cláusula subordinada no empieza con que sino con si. (Es muy conocida la regla que dice que sólo puede darse el modo indicativo tras si si la cláusula subordinada está en el tiempo presente.)

5. De aquí en adelante la forma verbal que corresponde a "2.sg. for." y "3.sg." se representará exclusivamente como una sola, dado el hecho de que sí es una sola siempre. (Nunca hay diferencia entre la forma que corresponde a 2.sg.for. y la que corresponde a 3.sg.) Lo mismo vale para la correspondiente a 2.pl.for. y 3.pl.: es siempre una sola forma.

6. Los guiones seguidos (---- o --- o --) y el guion solitario (-) indican la repetición de elementos.

7. De aquí en adelante se dejarán de señalar el número y la persona correspondientes a las diferentes formas verbales. Se sobreentenderá que la primera de las cinco formas es siempre la que corresponde a 1.sg., la segunda a 2.sg.inf., la tercera a 2.sg.for./3.sg., la siguiente a 1.pl. y la última a 2.pl.for./3.pl.

8. De aquí en adelante se usarán las siguientes abreviaturas cuando hacen falta para los tiempos verbales sencillos:

f futuro
c condicional
p.i. presente de indicativo
p.s. presente de subjuntivo
i.i. imperfecto de indicativo
i.s. imperfecto de subjuntivo
pret pretérito

9. En el habla popular hasta esta distinción se elimina: viv/e/ /mos, sal/e/ /mos, abr/e/ /mos . . .

10. La *u* tras *g* se agrega por razones ortográficas y no morfológicas. Vea la última sección del presente capítulo.

11. Es de notarse que el alófono [p] es la variante sorda del alófono [b], así que esta alternancia acontece entre las variantes sorda y sonora de lo que podría considerarse un solo sonido.

12. La adición de la diéresis es un cambio ortográfico y no un cambio morfológico.

13. Como la forma rio es monosilábica y no forma parte de ninguna combinación homofónica, no debe llevar acento ortográfico. Sin embargo, las normas anteriores a la reforma ortográfica de los años 1950s que promulgó la Real Academia sí la tildaban, y por eso todavía se ve escrita la forma rio con acento. (También se ven tildadas las otras formas monosilábicas pretéritas por la misma razón.)

14. El cambio *c* → *z* en la 3.sg. es estrictamente ortográfico.

15. El mismo presente de indicativo (tiempo sintético como lo son todos los tiempos sencillos) puede usarse para expresar futureidad también:

[Te prometo que] mañana hablo con él.

16. Para algunos lingüistas hay un noveno artículo, el llamado "artículo neutro" lo, que sirve para convertir en frases pronominales a los adjetivos m.sg.--lo breve, lo bueno ("Lo bueno, si breve, dos veces bueno"), lo hermoso, etc. Otra manera de entender el lo neutro es de considerarlo como una reducción de la frase pronominal "lo que es _____" ("lo [que es] breve", "lo [que es] bueno", "lo [que es] hermoso"). El lo neutro se emplea también en construcciones como las siguientes: (1) con adjetivos marcados por género y número ("¿No te fijaste en lo ricas que están estas tortas?"), y (2) con adverbios ("Con lo rápido que corre, es seguro que va a

ganar la carrera").

17. Hay cuatro palabras--las interjecciones *ah, bah, eh, oh*--que terminan en el grafema <u>h</u>, pero ninguna de ellas se usa comúnmente como sustantivo. Los cinco grafemas o dígrafos restantes--<u>-ñ</u>, <u>-q</u>, <u>-rr</u>, <u>-v</u> y <u>-w</u>--nunca aparecen en posición final de palabra excepto en algún nombre propio de origen netamente extranjero.

18. Reconocemos la naturaleza completamente neologística del vocablo *postceder*, pero de todos modos lo hemos empleado porque suena tan bien como antónimo de *preceder* que hubiera sido una falta de buen gusto recurrir al verdadero antónimo, *seguir*, el que recomiendan los diccionarios. En este texto, pues, *postceder* significará 'ir después de [un sustantivo, por ejemplo]', y así se entenderá.

19. El pronombre personal sujeto <u>ello</u> tiene un uso que se limita efectivamente a la prosa culta y el lenguaje legal o técnico. Es sinónimo de <u>el hecho</u> y se encuentra en frases como "Y ello es que ... " ('Y el hecho es que ... '). Como buen neutro--y al igual que <u>esto</u>/<u>eso</u>/<u>aquello</u>--no tiene ni género ni plural.

20. Otra manera de entender por qué hay dos versiones--(a) "Se venden coches" y (b) "Se vende coches"--que se hacen la competencia entre sí es darle toda la razón a (b). Podría dársele toda la razón a (b) porque si lo analizamos con cierta lógica, el verbo en <u>**todas**</u> las oraciones de voz media debe ir en singular siempre. Como toda construcción de voz media prescinde forzosamente tanto de actor (lo cual es típico de las oraciones de voz activa) como de agente (lo típico de las oraciones de la voz pasiva), en la voz media no hay "hacedor de la acción" que pueda servir para pluralizar el verbo--y en ningún caso deberían servir como entidades pluralizadoras los objetos directos.

En torno al autor

Richard V. Teschner se doctoró en 1972 en la Universidad de Wisconsin-Madison en Lingüística Hispánica. Ha impartido cursos en la UW-Parkside (Kenosha), la Universidad de Iowa y (desde junio de 1976) en la Universidad de Texas en El Paso (UTEP), donde en 1988 recibió la promoción a catedrático en el Departamento de Lenguas y Lingüística. Sus publicaciones incluyen cuatro ediciones de antologías, dos bibliografías con extensión de libro, un examen de nivelación y un diccionario del español mexicoamericano además de varias ediciones de ocho libros de texto, entre ellos *Camino oral: Fonética, fonología y práctica de los sonidos del español*; *Español escrito: Curso para hispanohablantes bilingües*; *Destinos: An Introduction to Spanish*, y *Analyzing the Grammar of English: A Brief Undergraduate Textbook*. Entre los cursos que frecuentemente imparte se encuentran Estructura del español, Estructura del inglés, y Fonética y fonología del español. Ha publicado cerca de 50 artículos en revistas especializadas y ha leído el mismo número de ponencias y discursos plenarios. En 1988 fue presidente de la American Association of Teachers of Spanish and Portuguese (AATSP) y también de la Linguistic Association of the Southwest (LASSO).